ELISABETH LICHTENBERGER, HEINZ FASSMANN,
DIETLINDE MÜHLGASSNER

STADTENTWICKLUNG UND DYNAMISCHE FAKTORIALÖKOLOGIE

ÖSTERREICHISCHE AKADEMIE DER WISSENSCHAFTEN
KOMMISSION FÜR RAUMFORSCHUNG

BEITRÄGE ZUR STADT- UND REGIONALFORSCHUNG
HERAUSGEGEBEN VON ELISABETH LICHTENBERGER

BAND 8

VERLAG DER ÖSTERREICHISCHEN AKADEMIE DER WISSENSCHAFTEN
WIEN 1987

ELISABETH LICHTENBERGER
HEINZ FASSMANN
DIETLINDE MÜHLGASSNER

STADTENTWICKLUNG UND DYNAMISCHE FAKTORIALÖKOLOGIE

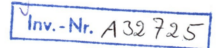

VERLAG DER ÖSTERREICHISCHEN AKADEMIE DER WISSENSCHAFTEN
WIEN 1987

Vorgelegt von w. M. Hans Bobek in der
Sitzung am 11. Oktober 1985

Gedruckt mit Unterstützung durch den
Fonds zur Förderung der wissenschaftlichen Forschung

ISBN 3 7001 1014 6
Copyright © 1987 by
Österreichische Akademie der Wissenschaften
Wien
Herstellung: G. Grasl, A-2540 Bad Vöslau

Inhaltsverzeichnis

Vorwort 13

Teil I: Perspektiven, Theorien und Methoden einer komplexen Stadtentwicklungsanalyse 15

1. *Perspektiven der Stadtentwicklung im internationalen Kontext* 16
1.1. Das Take-off von Suburbia und die Krise der Kernstadt 16
1.2. Von der Stadt der arbeitsteiligen Gesellschaft zur Stadt der Freizeitgesellschaft 20
1.3. Die Aufspaltung der Wohnfunktion in Arbeits- und Freizeitwohnungen . 22
1.4. Von der sozialen zur demographischen Segregation 24

2. *Zur Theorie und Methodik der Faktorialökologie* (Eine Literaturanalyse) . . . 27
2.1. Die sozialökologische Theorie 27
2.2. Die Faktorenanalyse im Rahmen der Meßtheorie (H. Faßmann) 30
    2.2.1. Einleitung 30
    2.2.2. Variablen- und Populationsauswahl 31
    2.2.3. Die Robustheit der Faktorenanalyse 32
    2.2.4. Probleme der technischen Parameter der Faktorenanalyse 34
    2.2.5. Das Problem der Einfachstruktur 35
    2.2.6. Verbale Etikettierung faktorenanalytischer Ergebnisse 35
2.3. Die Verknüpfung der Faktorenanalyse mit räumlichen Aussagesystemen (H. Faßmann) 36
    2.3.1. Die Verknüpfung der Faktorenanalyse mit kartographischen Aussagesystemen 36
    2.3.2. Die Faktorenanalyse und taxonometrische Verfahren 37

3. *Raummodelle und Theorien zur Stadtentwicklung* 39
3.1. Die Revision der Sozialökologie:
Soziale-Mitte-Konzepte und Sozialgradienten von Städten 39
3.2. Duale Stadtmodelle 41
3.3. Theorien und Konzepte zur Stadtentwicklung 43
    3.3.1. Überblick 43
    3.3.2. Ein duales Zyklusmodell von Stadterweiterung und Stadterneuerung 44

3.3.3. Die Reproduktion der baulichen Struktur von Städten: Blight und Stadtverfall 47
3.3.4. Ein duales Modell des Geschäftslebens und des Commercial Blight 49
3.3.5. Institutionelle Bauträger, soziale Klassen und Wohnklassen 50
3.3.6. Die Aufspaltung der Wohnfunktion, Instabilität der Bevölkerung und Ghostbevölkerung 51
3.3.7. Das Konzept eines dualen Arbeitsmarktes 51

4. *Zur Methodik einer komplexen Stadtentwicklungsanalyse* 53

4.1. Sekundärforschung versus Primärforschung 53
4.2. Zur Forschungsstrategie einer komplexen Stadtentwicklungsanalyse ... 56
4.3. Die Methodik der schrittweisen und dynamischen Faktorenanalyse (gemeinsam mit H. Faßmann) 59
    4.3.1. Die Reevaluierung der Faktorenanalyse 59
    4.3.2. Die Faktorenanalyse als Instrument der Hypothesentestung 60
    4.3.3. Regeln zur Datenauswahl 61
    4.3.4. Interpretationshorizonte einer schrittweisen Faktorenanalyse ... 62
    4.3.5. Regeln zur Etikettierung der Faktoren 64
    4.3.6. Die Methode der dynamischen Faktorenanalyse (H. Faßmann) .. 65
    4.3.7. Die Methode der komparativen Faktorenanalyse (H. Faßmann) .. 67
    4.3.8. Die Vorzüge der Verknüpfung von Faktorenanalyse und multipler Regressionsanalyse 68
    4.3.9. Prinzipien der räumlichen Disaggregierung 69
4.4. Komparative dynamische Faktorialökologie: ein interurbaner Vergleich (H. Faßmann) 69

Teil II: **Das Wiener Beispiel** 75

1. *Sozialökologische Modelle von Wien in den sechziger Jahren und in der Gegenwart* 76

1.1. Das sozialökologische Modell von Wien in den sechziger Jahren 76
1.2. Wien in der Gegenwart: Von der Asymmetrie zur Bipolarität: Ein Szenario 78

2. *Phänomene der Stadtentwicklung in Wien in der Nachkriegszeit* 81

2.1. Einleitung 81
2.2. Die Umverteilung der Bevölkerung in der Stadtregion und in der Kernstadt 84
2.3. Die Aufspaltung des Wohnstandortes und die neue Instabilität der Bevölkerung 86
2.4. Von der sozialen Klassengesellschaft zur Altersklassengesellschaft 92
2.5. Die Gastarbeiter in der Stadt 108

2.6. Die unzureichende Schnittstelle von Wohnungen und Haushalten 110
2.7. Die Segmente des Wohnungsmarktes 114
2.8. Von der Wohnungsverbesserung zur Stadterneuerung 118
2.9. Der Dualismus des Arbeitsmarktes und die Entindustrialisierung 126
2.10. Stadtverfall und Blightphänomene 129

3. *Stadtraum, Gesellschaft und Wirtschaft in Wien 1981: Ergebnisse einer Faktorenanalyse* 135
3.1. Einleitung: Die theoretisch-methodische Vorgangsweise 135
    3.1.1. Theorien und Schritte der Faktorenanalyse 135
    3.1.2. Zur Datenauswahl 135
    3.1.3. Die Etikettierung der Faktoren 139
    3.1.4. Das Dilemma der statistischen Grundlagen (D. Mühlgassner) ... 140
    3.1.5. Die räumliche Bezugsbasis 144
3.2. Die Faktorenanalyse der Gesamtstadt 1981 (D. Mühlgassner) 146
    3.2.1. Einleitung 146
    3.2.2. Das Sozialsystem 146
    3.2.3. Der Wohnraum und die ökologischen Milieus 149
    3.2.4. Die arbeitsteilige Differenzierung und die Ghostbevölkerung ... 153
3.3. Zwischen- und nachkriegszeitliche „Außenstadt" (D. Mühlgassner) ... 157
    3.3.1. Einleitung 157
    3.3.2. Das Sozialsystem 157
    3.3.3. Ökologische Milieus 158
    3.3.4. Die arbeitsteilige Differenzierung und die Ghostbevölkerung ... 161
3.4. Die gründerzeitlichen „Innenstadt" 164
    3.4.1. Einleitung 164
    3.4.2. Das Sozialsystem 164
    3.4.3. Ökologische Milieus 166
    3.4.4. Die arbeitsräumliche Differenzierung 167
    3.4.5. Die Ghostbevölkerung 168
3.5. Die Inneren Bezirke 169
    3.5.1. Einleitung 169
    3.5.2. Das Sozialsystem 170
    3.5.3. Ökologische Milieus 172
    3.5.4. Die arbeitsräumliche Differenzierung 174
    3.5.5. Ghostbevölkerung und Stadtverfall 175

4. *Die Veränderungen von Gesellschaft und Wohnraum in Wien 1971-1981: Ergebnisse einer dynamischen Faktorenanalyse* (D. Mühlgassner) 179
4.1. Einleitung 179
4.2. Die Dimensionen des gesellschaftlichen Wandels 181
4.3. Der Wandel von Gesellschaft und Wohnraum 184
4.4. Die Entwicklungsfaktoren in der Gesamtstadt, Innenstadt und Außenstadt 186

4.5. Zusammenfassung 191

5. *Das ökologische Umfeld spezifischer Phänomene in Wien 1981: Ergebnisse einer multiplen Regressionsanalyse* 193

5.1. Einleitung 193
5.2. Die Effekte des Baumilieus 194
5.3. Die Indikatorfunktion der Mieten 204
5.4. Das ökologische Milieu der Ghostbevölkerung 206
5.5. Demographische Milieus 210
5.6. Sozialmilieus 215
5.7. Der Wandel der sozialökologischen Milieus 1971-1981 218

Zusammenfassung 223

Summary 233

Anhang 241

Literaturverzeichnis 247

Index 257

Tabellenverzeichnis

T 1. Dynamische Faktorenanalyse Wien – München – Hamburg 72
T 2. Dynamische Faktorenanalyse Wien – München – Hamburg: Innenstadt und Außenstadt im Vergleich 73
T 3. Die Umverteilung der Bevölkerung in der Stadtregion Wien 1951-1981 . 85
T 4. Die Umverteilung der Bevölkerung in der Kernstadt von Wien 1961-1981 86
T 5. Die Instabilitätsbilanz der Bevölkerung in Wien 1981 88
T 6. Die Instabilitätsbilanz der Bevölkerung in den Inneren Bezirken von Wien (I-IX) 1981 91
T 7. Die Reduzierung der traditionellen sozialen Klassen von Arbeitern und Selbständigen und das Take-off der Angestellten in Wien 1961-1981 ... 94
T 8. Der Rückgang der Arbeiter und Selbständigen in der Innenstadt und Außenstadt von Wien 1961-1981 96
T 9. Die Umverteilung der Senioren in Wien 1961-1981 98
T 10. Die Zunahme der Einpersonenhaushalte in Wien 1961-1981 100
T 11. Die Verschiebung der Vierpersonenhaushalte aus den Inneren Bezirken an den östlichen und südlichen Stadtrand von Wien 1961-1981 102
T 12. Das Comeback der Kinder unter 6 Jahren in die Äußeren Bezirke des gründerzeitlichen Stadtkörpers von Wien 1971-1981 102
T 13. Ausstattung und Zahl der Wohnräume der Substandardwohnungen in Wien 1981 113
T 14. Bauperioden, Rechtsformen und Ausstattungstypen der Wiener Wohnungen 1981 116
T 15. Die Reduzierung von Altbauwohnungen und Gründerzeitwohnungen in Wien 1961-1981 119
T 16. Die Abnahme der potentiellen Substandardwohnungen in der gründerzeitlichen Innenstadt und in der Außenstadt von Wien 1971-1981 122
T 17. Die Neubautätigkeit in der gründerzeitlichen Innenstadt und in der Außenstadt von Wien 1945-1980 123
T 18. Die „programmierte" Segregation der Wohnbautätigkeit in der gründerzeitlichen Innenstadt und in der Außenstadt von Wien seit der Zwischenkriegszeit 124
T 19. Die innere Tertiärisierung der Betriebe in Wien 1981 128
T 20. Schrittweise Faktorenanalyse – Variablenset I 136
T 21. Schrittweise Faktorenanalyse – Variablenset II 137
T 22. Ausstattungskategorien der Wiener Wohnungen 1981 143
T 23. Die Differenzierung der Gesellschaft in der Gesamtstadt von Wien 1981 148
T 24. Die Differenzierung des Wohnraums in der Gesamtstadt von Wien 1981 150
T 25. Ökologische Milieus in der Gesamtstadt von Wien 1981 152
T 26. Die Differenzierung von Gesellschaft, Wohnraum und Arbeitsstätten in der Gesamtstadt von Wien 1981 154

T 27. Die Differenzierung der Gesellschaft in der „Außenstadt" von Wien 1981 158
T 28. Ökologische Milieus in der Außenstadt von Wien 1981 159
T 29. Die Differenzierung von Wohnraum, Gesellschaft und Arbeitsstätten in der Außenstadt von Wien 1981 162
T 30. Die Differenzierung der Gesellschaft im gründerzeitlichen Stadtgebiet von Wien 1981 165
T 31. Ökologische Milieus im gründerzeitlichen Stadtgebiet von Wien 1981 .. 167
T 32. Ghostbevölkerung im gründerzeitlichen Stadtgebiet von Wien 1981 ... 169
T 33. Die Differenzierung der Gesellschaft in den Inneren Bezirken von Wien 1981 171
T 34. Ökologische Milieus in den Inneren Bezirken von Wien 1981 172
T 35. Die Inneren Bezirke von Wien als Arbeitsraum 1981 174
T 36. Ghostbevölkerung und Blight in den Inneren Bezirken von Wien 1981 .. 176
T 37. Indexwerte der dynamischen Faktorialökologie von Wien 1971-1981 .. 180
T 38. Die Dimensionen gesellschaftlichen Wandels in Innenstadt, Außenstadt und Gesamtstadt von Wien 1971-1981 183
T 39. Die Dimensionen des Wandels von Gesellschaft und Wohnraum in Innenstadt, Außenstadt und Gesamtstadt von Wien 1971-1981 185

Figurenverzeichnis

F 1. Die Aufspaltung der Wohnstandorte bei Gastarbeitern und Zweitwohnbevölkerung 22
F 2. Standortwechsel im Lebenszyklus zwischen Hauptwohnsitz und Zweitwohnsitz 24
F 3. Selection Bias in der Faktorenanalyse 33
F 4. Forschungsablauf Faktorenanalyse – Clusteranalyse 38
F 5. Zentral-peripheres und peripher-zentrales Sozialgefälle und bausoziale Aufwertung und Abwertung 41
F 6. Das duale Zyklusmodell von Stadterweiterung und Stadterneuerung ... 45
F 7. Forschungsstrategien in der Primärforschung und Sekundärforschung .. 54
F 8. Räumliche Aggregierungsniveaus und potentieller Verbund von Sekundärforschung und Primärforschung 56
F 9. Theoretische Konstrukte und Datenbasis der Stadtentwicklungsanalyse . 57
F 10. Schema der Forschungsstrategie 58
F 11. Interpretationshorizonte im Ablaufprogramm der Faktorenanalyse 63
F 12. Dynamische Faktorenanalyse mittels Indexwerten 66
F 13. Matrix der Ähnlichkeit von Faktorenstrukturen 67
F 14. Das sozialökologische Stadtmodell von Wien in den 60er Jahren 77

Figurenverzeichnis

F 15. Das duale Stadtmodell von Wien in der Gegenwart 79
F 16. Die Veränderung der Segregationsindizes in der Innen- und Außenstadt von Wien 1961-1981 106
F 17. Die Segregationskurven nach Bildung und sozialrechtlicher Position in der Innen- und Außenstadt von Wien 1981 107
F 18. Haushaltsgrößen und Wohnungsgrößen in Wien 1960 111
F 19. Die „neue" Wohnungsnot der Kleinhaushalte in Wien 1981 112
F 20. Commercial Blight und neue Geschäftszentren in Wien 1983 132
F 21. Die Etikettierung der Faktoren 140
F 22. Die Verknüpfung von „Milieu"- und Arbeitsstättenfaktoren in der Gesamtstadt von Wien 1981 156
F 23. Die Verknüpfung von „Milieu"-Faktoren in der Außenstadt von Wien 1981 160
F 24. Die Verknüpfung von „Milieu"- und Arbeitsstättenfaktoren in der Außenstadt von Wien 1981 163
F 25. Die Verknüpfung von Ghostbevölkerung und Blightphänomenen in den Inneren Bezirken von Wien 1981 177
F 26. Korrelationsmatrix von Entwicklungsfaktoren (1971-1981) für die Gesamtstadt von Wien 187
F 27. Korrelationsmatrix von Entwicklungsfaktoren (1971-1981) für die gründerzeitliche Innenstadt von Wien 189
F 28. Korrelationsmatrix von Entwicklungsfaktoren (1971-1981) für die Außenstadt von Wien 191
F 29. Das Regressionsmodell der Baumilieus in der Gesamtstadt von Wien 1981 195
F 30. Gemeindebau und Eigentumswohnbau in dualen Regressionsmodellen von Gesamtstadt, Innenstadt und Außenstadt von Wien 1981 200
F 31. Die Funktion des Altbaus in der Innenstadt und am östlichen und südlichen Stadtrand von Wien 1981 202
F 32. Die Funktion der Miete: eine multiple Regressionsanalyse von Gesamtstadt, Innenstadt und Außenstadt in Wien 1981 203
F 33. Die Regressionanalyse der Ghostbevölkerung in der Gesamtstadt, Innenstadt und östlichen und südlichen Außenstadt von Wien 1981 209
F 34. Die Milieus von alten Leuten und Kindern unter 6 Jahren in der Gesamtstadt, Innenstadt und Außenstadt von Wien 1981 211
F 35. Die Milieus von Einpersonenhaushalten und Vierpersonenhaushalten in der Gesamtstadt, Innenstadt und Außenstadt von Wien 1981 213
F 36. Die Milieus von Arbeitern, Gastarbeitern und Selbständigen in der Gesamtstadt von Wien 1981 216
F 37. Marginale Gruppen im potentiellen Substandardmilieu von Wien 1981 . 217
F 38. Die Veränderungen des Wohnmilieus in der Innenstadt und Außenstadt von Wien 1971-1981 220
F 39. Der Austausch demographischer Milieus zwischen Innenstadt und Außenstadt von Wien 1971-1981 220

Kartenverzeichnis

K 1. Bevölkerungsentwicklung von Wien 1961-1981 87
K 2. Wien-zentrierte Bürger 1981 89
K 3. Die Verteilung der Selbständigen in Wien 1981 93
K 4. Die Verteilung der Arbeiter in Wien 1981 95
K 5. Die Verteilung der über Sechzigjährigen in Wien 1981 97
K 6. Die Verteilung der Einpersonenhaushalte in Wien 1981 99
K 7. Die Verteilung der Vierpersonenhaushalte in Wien 1981 101
K 8. Die Verteilung der Kinder unter 6 Jahren in Wien 1981 103
K 9. Die Verteilung der männlichen Wohnbevölkerung in Wien 1981 105
K 10. Die Verteilung der Gastarbeiter in Wien 1981 109
K 11. Die potentiellen Substandardwohnungen in Wien 1981 121
K 12. Die Neubautätigkeit in Wien 1945-1981 125
K 13. Die Abgrenzung von gründerzeitlicher Innenstadt und zwischen- und nachkriegszeitlicher Außenstadt in Wien 145
K 14. Altbauwohnungen in Wien 1981 196
K 15. Gemeindebauwohnungen in Wien 1981 197
K 16. Eigentumswohnungen in Wien 1981 199
K 17. Das Mietenniveau in Wien 1981 205
K 18. Die Verteilung der Ghostbevölkerung in Wien 1981 207

Vorwort

Die vorliegende Publikation „Stadtentwicklung und dynamische Faktorialökologie" verfolgt die Zielsetzung, die festgefahrene Diskussion über Sozialraumanalyse und Faktorialökologie in neue Bahnen zu lenken, und zwar durch
1. die Einbringung neuer Perspektiven aus der interkulturellen komparativen Stadtforschung, wie den Einfluß des Wechsels von gesellschaftspolitischen Systemen auf die Stadtentwicklung,
2. den Aufgriff weiterer Theorien, wie
– die Produktzyklus-Theorie für das Problem der Reproduktion und Erneuerung der baulichen Struktur von Städten und
– den institutionellen Forschungsansatz im Hinblick auf die Entscheidungsträger auf dem Wohnungs- und Arbeitsmarkt,
3. die Verwendung von faktorenanalytischen Modellen als Instrument für die Hypothesentestung und die komparative und longitudinale Analyse.

An Hand des empirischen Beispiels von Wien wird im zweiten Teil der Publikation eine Modellstudie darüber vorgelegt, in welcher Weise arealstatistische Daten durch Einbringung neuer Theorien und Theorieteile sowie mittels eines besseren statistischen Instrumentariums analysiert werden müssen, um weitergehende Erkenntnisse als bisher gewinnen zu können.

Aufgrund des Datenschutzes für Individualdaten und der eskalierenden Kosten für die Primärforschung besitzt die vorliegende Forschungsarbeit auch allgemeine Relevanz für die Arbeitsökonomie von Forschungsprojekten in den Sozialwissenschaften und in der Stadt- und Regionalforschung.

Die Arbeit ist aus einer Forschungskooperation entstanden. Die Herausgeberin konnte empirisches Wissen aus der interkulturellen vergleichenden Stadtforschung ebenso wie über die Stadtentwicklung von Wien einbringen. Ihre Bestrebungen um eine methodische Verbesserung des statistischen Instrumentariums in der geographischen Stadtforschung wurden von Dr. Heinz Faßmann aufgegriffen, der die zahlreichen Testläufe der Faktorenanalyse sowie der multiplen Regressionsanalyse durchgeführt hat. Aus zahlreichen Diskussionen entstand die vorliegende methodische Strukturierung der schrittweisen dynamischen Faktorenanalyse.

Eine Voraussetzung hierfür war die von Dr. Heinz Faßmann an der Kommission für Raumforschung der Österreichischen Akademie der Wissenschaften in den letzten Jahren aufgebaute graphische Datenbank, die Entwicklung der Software für die EDV-Kartographie sowie die Implementierung eines umfangreichen Datensets über Wien, welches den Zeitraum von zwanzig Jahren umfaßt.

Frau Dr. Dietlinde Mühlgassner, Oberassistent am Geographischen Institut der

Universität Wien, beschäftigt sich seit langem mit der Frage des Stellenwerts statistischer Daten und dem Problem des Commercial Blight in Wien. Sie hat die Auswertung der Faktorenanalyse für den Zeitpunkt 1981 für die gesamte Stadt und die Außenstadt von Wien sowie für die Veränderungen im Jahrzehnt von 1971 bis 1981 übernommen.

Es ist eine erfreuliche Verpflichtung für die Herausgeberin, den beiden jüngeren Wissenschaftlern für die exzellente Kooperation zu danken.

Wien, Dezember 1986   Elisabeth Lichtenberger

Teil I: Perspektiven, Theorien und Methoden einer komplexen Stadtentwicklungsanalyse

1. Perspektiven der Stadtentwicklung im internationalen Kontext

1.1. Das Take-off von Suburbia und die Krise der Kernstadt

Die Krise der Kernstadt und der Aufschwung von Suburbia bestimmen die Entwicklung des nordamerikanischen Siedlungssystems. Hier lösen sich die Städte unter dem Einfluß von Suburbanisierung und Urban Sprawl auf und zerfallen als physische Einheiten. Eine Zukunftsvision erscheint am Horizont, perfekte Telekommunikation und zeitsparende Verkehrstechnologien sind ihre Voraussetzungen. Von Wissenschaftlern wird die Stadt als räumlich definierbares System bereits in Frage gestellt. Sie wandelt sich in einer „perfekt verstädterten" Gesellschaft zu einem „Nonplace".

B. J. L. BERRY hat als erster den Vorgang der *„Counterurbanisation"* (Desurbanisierung; Entstädterung) erkannt und beschrieben, bei der städtischen Infrastruktur und Dienste nahezu ubiquitär vorhanden sind und sich die Aktivitäten der Gesellschaft dispers im Raum verteilen, da aufgrund der hohen Bewertung der Umweltqualität die intermetropolitane Peripherie zunehmend an Attraktivität gewinnt.

Die Counterurbanisation wird getragen von einem neuen Siedlungssystem, *Suburbia*, das sich längst aus den alten Organisationsformen der Kernstädte der Metropolitan Areas herausgelöst und zu einem selbständigen sozio-ökonomischen Siedlungssystem entwickelt hat, in dem heute etwa die Hälfte der Bevölkerung der USA lebt. Aktions- und Wahrnehmungsräume der breiten Mittelschichten werden von der räumlichen Organisation von Suburbia bestimmt, wo von Privatunternehmen in perfekt standardisierter Organisation säuberlich verpackte räumliche Pakete zur Erfüllung der Daseinsfunktionen Wohnen, Freizeit, Bildung, Geschäftsleben, Versorgung und Verkehr für eine Konsumgesellschaft mit hohem Lebensstandard angeboten werden. Die in Suburbia lebende Bevölkerung hat freilich die Probleme, die sich in den bereits bestehenden Siedlungsstrukturen ergeben, aus dem Blickfeld geschoben. Worin bestehen diese?

Mit dem enormen Take-off von Suburbia sind *gravierende Verfallserscheinungen* in anderen Siedlungssystemen verbunden, und zwar in allen Bereichen des Wohnens und Wirtschaftens. Auf der einen Seite ist ein *Wüstungsprozeß in den Kernstädten* in Gang gekommen, von dessen Ausmaß man sich in Europa kaum eine Vorstellung machen kann. Jüngste Zahlen dokumentieren, daß z. B. in Philadelphia 40.000 Häuser in den inneren Stadtteilen leerstehen. Die Bodenpreise sind in innerstädtischen Verfallsgebieten auf Null gesunken, und trotz der staatlichen Initiierung einer neuen Frontier-Bewegung, welche Interessenten für eine Gebühr von nur einem Dollar den Besitztitel an einem leerstehenden Objekt zuerkennt, schreitet der Verfall in den Wohngebieten um den CBD, d. h. den zentralen Geschäftsdistrikt, weiter fort. Die massiven Blight-("Pilzbefall")-Phänomene in allen Bereichen des Wohnens, Wirtschaftens und der Lebensqualität betreffen zunächst den gründerzeitlichen Baubestand, breiten sich aber gegenwärtig auch schon auf die älteren Suburbs aus, die ebenfalls zu „verschatteten" Gebieten geworden sind. Dasselbe gilt für die Kleinstädte am Rande von großen Verdichtungsräumen.

Andererseits erreicht die verstädterte Gesellschaft auf dem Wege der Suburbanisierung und dem damit verbundenen Kapitaltransfer jedoch nicht die Peripherie des ländlichen Raumes. Ökonomisch und ökologisch – d. h. nicht für die Freizeitgesellschaft geeignete – marginale Teile desselben werden ebenfalls von Verfalls- und Blight-Phänomenen betroffen. Die Sozialbrache und der Siedlungsverfall in ländlichen Räumen haben in Nordamerika Ausmaße erreicht, welche ein Viertel und mehr der Fläche von Bundesstaaten umfassen. Übertragen auf die Maßstäbe des europäischen Kontinents würde dies bedeuten, daß ein Staat wie die Bundesrepublik Deutschland mit einem Viertel der Fläche bereits einem Wüstungsprozeß anheimgefallen wäre.

In gesamtstaatlicher Perspektive können Regionalökonomen darauf hinweisen, daß die vor einem halben Jahrhundert noch recht beachtlichen interregionalen sozio-ökonomischen Disparitäten im Laufe der letzten Jahrzehnte weitgehend abgebaut wurden. Gleichzeitig damit sind jedoch neue *intra-metropolitane Disparitäten* zwischen den Kernstädten, Kleinstädten und Suburbs entstanden.

Die *Blight-Phänomene in den Kernstädten* haben in unterschiedlichem Ausmaß das Interesse der Stadtforschung erweckt. Zwar wurden bereits in den fünfziger Jahren ausgedehnte Surveys in Millionenstädten wie Chicago, San Francisco, St. Louis und Detroit durchgeführt, um die Ausdehnung der Slumbildung zu erfassen, die wissenschaftliche Forschung hat sich jedoch nur mit dem Verfall des Geschäftslebens (*„Commercial Blight"*), d. h. mit dem Niedergang zahlreicher zentraler Geschäftsbezirke beschäftigt, welche ihre Funktionen in zunehmendem Maße an die neuen Zentren in den Suburbs verlieren. Über den *„Residential Blight"*, d. h. den Verfall des älteren Wohnbaubestandes, liegen Untersuchungen nur im Zusammenhang mit der Ghettobildung der schwarzen Bevölkerung vor. Für das Ödfallen weiter Teile des inneren Industriegürtels um die Downtown (*„Industrial Blight"*) fehlen Untersuchungen völlig.

Der optimistischen, zukunftsorientierten Grundhaltung amerikanischer Wissenschaftler entsprechend, hat sich die Forschung vielmehr in den letzten Jahren auf den Vorgang der Downtown-Erneuerung und der *Gentrification*, d. h. der bausozialen Aufwertung, konzentriert. Worum handelt es sich dabei? Zwei Prozesse tragen diese *partielle Reevaluierung der Kernstädte*, nämlich

1. der *Aufschwung des quartären Sektors der Wirtschaft,* darunter insbesonders der des Geld- und Versicherungswesens, deren Headquarters die Suburbanisierung nicht mitgemacht haben, und

2. die *fortschreitende Segregation der Bevölkerung,* bei der nicht mehr nur eine Trennung nach Einkommen und Besitz bzw. eine Trennung nach der Hautfarbe, sondern in äußerst dramatischer Weise eine Auseinanderschichtung nach dem Le-

bensalter und nach den Haushaltstypen erfolgt. Es verändern sich die Standortansprüche im Lebenszyklus. Das „antiurbane Präferenzmodell", welches die „natürliche Vorliebe" für kleine Siedlungen und naturnahes Wohnen ins Treffen führt und mit der Umweltbelastung und allgemeinen Streßsituationen in den Kernstädten operiert, hat auf dem Weg über die Marktmechanismen eine Überproduktion an Einfamilienhäusern in den Suburbs und in der rurbanen Zone sowie in den Kleinstädten zur Folge gehabt, welche den Bedarf unter den geänderten demographischen Verhältnissen überschreitet. Der Einfamilienhausbesitz ist ferner in den USA mit der sehr hohen Lokalsteuer für die Erhaltung von Schulen ebenso belastet wie mit hohen Transportkosten und der Notwendigkeit für einen Haushalt, über zwei Autos zu verfügen.

Ein „Ausbruch" aus den Suburbs und die „Rückkehr in die Kernstädte" erfolgt daher bei verschiedenen Gruppen:

1. von aus dem Berufsleben ausgeschiedenen Bevölkerungsteilen, soweit diese nicht in eine „Pensionopolis" übersiedeln, und

2. von jungen Berufstätigen, zum Großteil unverheirateten Personen, welche die Anonymität in der Kernstadt der sozialen Kontrolle im Suburb vorziehen, die Freizeit nicht für Pflegemaßnahmen in Haus und Garten verwenden wollen und — last not least — die Konfrontierung mit anderen sozialen Schichten und ethnischen Gruppen nicht scheuen.

Werden diese neuen *Segregationsmodelle einer postindustriellen Gesellschaft*, in der die Desurbanisierung in Form von Suburbs von den Präferenzen von Mittelschichten getragen wird und andererseits den Kernstädten die Start- und Spätphasen des Lebenszyklus ebenso wie die sozialen Desorganisationserscheinungen und ethnischen Probleme zugeschrieben werden, auch die europäische Stadtentwicklung bestimmen?

Anhänger einer Konvergenztheorie in der Entwicklung von Stadtsystemen vertreten die Auffassung, daß sich auch in Europa die Desurbanisierung als Innovationsprozeß ausbreiten wird, ähnlich wie vor mehr als einem Jahrhundert die Industrialisierung Kontinentaleuropa, von Nordwesten nach Osten ausgreifend, erfaßt hat. Nicht diskutiert wird von den Anhängern dieser Theorie freilich, ob sich mit diesem Vorgang einer Desurbanisierung auch eine Krise der Kernstadt und ein schleichender Verfallsprozeß zwangsläufig verbinden muß.

Gemeinsam mit G. HEINRITZ ist die Autorin dieser Frage zunächst bei einer Vergleichsanalyse von Wien und München* nachgegangen.

Beide Stadtregionen sind annähernd gleich groß und forschungsmäßig gut untersucht, ferner können sie als beste Repräsentanten der angesprochenen Entwicklungstendenzen von Krise der Kernstadt und Aufschwung von Suburbia im deutschen Sprachraum gelten.

Die komparative Analyse führte zu dem überraschenden Ergebnis, daß die in Nordamerika miteinander verknüpften Prozesse des Niedergangs der Kernstadt und des Aufschwungs von Suburbia sich hier voneinander separieren. Die

---

* Heinritz G. und E. Lichtenberger, 1984.

Münchner Situation belegt, daß eine enorme Suburbanisierung stattfinden kann — schließlich lebt in den Suburbs von München fast die Hälfte der Bevölkerung der Stadtregion, d. h. der gleiche Anteil wie in den Suburbs Nordamerikas —, ohne daß diese Verlagerung von Verfallserscheinungen in der Kernstadt begleitet ist. Zwar leben Gastarbeiter in stark konzentrierter Form in den Innenstadtbezirken, wie man dies aufgrund der Aussagen der sozialökologischen Theorie erwarten muß, doch sind derartige Ausländerkonzentrationen nicht mit baulichen Blightphänomenen verbunden, zumindest nicht, wenn man internationale Maßstäbe zugrundelegt.

Fragt man nach den Hauptunterschieden gegenüber dem nordamerikanischen Städtesystem, so liegen sie zweifellos darin, daß die Erreichbarkeit des Stadtzentrums nicht nur gewahrt, sondern durch den Verkehrsverbund sogar verbessert wurde. Daraus leitet sich die Aussage ab, daß für den Niedergang der Innenstadtbereiche die Verschlechterung der Erreichbarkeit eine unabdingbare Voraussetzung darstellt.

Die Wiener Situation bietet andererseits ein Beispiel für eine Kernstadt, bei der Blightphänomene dadurch entstehen, daß eine Herausnahme von Bevölkerung und Nutzungen aus dem gründerzeitlichen Stadtkörper erfolgt, in dem die Reinvestitionen daher unterbleiben.

Diese Ergebnisse waren der Anlaß zur Veranstaltung eines internationalen Symposiums über „The Crisis of the Central City and the Take-off of Suburbia". Die Vorträge und Diskussionen führten zu dem Konsens, daß die Hauptunterschiede in den angesprochenen Prozessen in den Bedingungsrahmen der jeweiligen politischen Systeme, d. h. in den Strukturen der Gesellschaftspolitik, Wohnungspolitik, Verkehrspolitik, Steuersysteme usf., zu suchen sind. Nur in den USA ist aufgrund der Interessenverkettung von Autofirmen, Öltrusts, großen Organisationen der Bauindustrie, Hypothekenbanken und Autobahnbau, begünstigt durch die Kapitalbildung durch Bodenspekulation, die Suburbanisierung zu einem sich selbst tragenden Vorgang geworden. Auch in den sozialen Wohlfahrtsstaaten Europas, in denen im Pluralismus der dualen Ökonomie die Privatwirtschaft die Oberhand besitzt, kommen die Präferenzen der Bevölkerung für die Suburbanisierung, d. h. das Leben im Einfamilienhaus, zum Durchbruch.

Freilich bestehen von Staat zu Staat beachtliche Unterschiede, je nach dem Anteil des öffentlichen Sektors auf dem Boden- und Wohnungsmarkt. In den sozialistischen Staaten kommt andererseits das integrierte Paket von Massenverkehrsmitteln und Massenmiethäusern nur den Kernstädten zugute. Die Standortqualität der Stadtmitte ist, wie das Beispiel von Warschau zeigt, unangetastet geblieben. Es besteht noch eine zentral-periphere Differenzierung von Bauqualität und sozialem Status.

Eine Suburbanisierung im westlichen Sinn fehlt, eine Privatisierung des Wohnens ist in erster Linie in Form des Zweitwohnungswesens entstanden bzw. knüpft im östlichen Mitteleuropa an die aus der Zwischenkriegszeit stammenden Siedlungen im Umland der Städte an, die dem Typ der „chaotischen Urbanisation" von Frankreich entsprechen.

Suburbanisierung und Desurbanisierung sind daher nicht zwangsläufig mit einer Krise der Kernstadt verbunden, auch hierhin diversifiziert sich die europäische Stadtentwicklung.

1.2. Von der Stadt der arbeitsteiligen Gesellschaft zur Stadt der Freizeitgesellschaft

Die Organisationsmodelle der arbeitsteiligen Gesellschaft bestimmen die Stadtplanungskonzepte im Westen und Osten. Diese Konzeption ist allerdings erst im Industriezeitalter entstanden und hat ältere städtische Konzepte, wie die der Bürgerstadt des mittelalterlichen Territorialstaates und die der Fürstenresidenz des absolutistischen Flächenstaates, um nur die wichtigsten zu nennen, abgelöst.

Grundsätzlich ist es allen städtischen Konzepten eigen, daß die von der betreffenden Gesellschaft als wichtig angesehenen Einrichtungen jeweils im Zentrum der Stadt angesiedelt sind. Im Falle der *Stadt der arbeitsteiligen Gesellschaft* beanspruchen demnach die höchstrangigen Funktionen des tertiären und quartären Sektors den Raum in der Stadtmitte. Diese Konzeption der arbeitsteiligen Gesellschaft hat auf dem Hintergrund des politischen Systems des Liberalismus in den gründerzeitlichen Städten Europas ebensowie in denen Amerikas ihre Hauptverwirklichung erfahren. Zu dieser Konzeption der arbeitsteiligen Stadt gehören daher von der Stadtgröße abhängige Assoziationsmodelle der City und der hierarchischen Struktur des Geschäftslebens.

Es wird zumeist außer acht gelassen, daß der arbeitsteilige Prozeß nur den Arbeitsstättensektor und damit die von diesem abhängige räumliche Strukturierung der Stadt determiniert, während die sozialräumliche Differenzierung der Stadt davon zumindest partiell unabhängig ist und in hohem Maße von den folgenden varianten Faktoren bestimmt wird:
— politisch-administrativen Organisationsformen,
— städtebaulichen Gestaltungsprinzipien,
— Wohnbauformen und Wohnungspolitik.

Nun ist inzwischen — zumindest im Westen — bereits eine gewisse Ablösung des Organisationsmodells der arbeitsteiligen Gesellschaft durch das *Modell der Konsumgesellschaft* erfolgt. Sozialwissenschaftler mit einem „politischen Instinkt" für wirkungsvolle Paradigmen, wie K. RUPPERT, haben auf diesem ideologischen Hintergrund das System der Daseinsgrundfunktionen geschaffen, dessen einzelne Glieder: Arbeiten, Wohnen, Bildung und Erholung, als gleichwertige Komponenten des städtischen Systems aufgefaßt werden. Eine Verständigungsbrücke von großer Tragfähigkeit besteht hierbei zu Städtebauern und Architekten, welche auf die Prinzipien der Charta von Athen schwören, in der die Separierung der oben genannten Funktionen in der Stadtplanung in dogmenhafter Form niedergelegt wurde.

Dieses vom institutionellen Überbau des städtischen Systems und insbesonders von den Arbeitsstätten abgehobene Modell hat begreiflicherweise größte Schwierigkeiten bei der Allokation aller quartären Einrichtungen, die nicht direkt in Bezug zum Konsumenten gesetzt werden können, und darüber hinaus auch mit den gesamtstädtischen Einrichtungen, welche als „sperrige" Infrastruktur gerne an den Rand geschoben werden, wie Flugplätze, Mülldeponien, Atomkraftwerke und dergleichen, die kein Stadtteil und auch keine Umlandgemeinde haben will.

Obwohl diese Konzeption der „Stadt der Konsumgesellschaft" sich auch in Europa bei den Neuen Städten, Satelliten- und Trabantensiedlungen durchaus bewährte, hat sie ihre Hauptverwirklichung jedoch keineswegs in Europa, sondern in Nordamerika erfahren. Freilich sind nicht mehr Städte im traditionellen Wortsinn entstanden, sondern es ist in Wirklichkeit Suburbia, welches der Konsumgesellschaft als Siedlungsform gemäß ist und von privatkapitalistischen Unternehmen, Aufschließungsgesellschaften, Großbaufirmen und Hypothekenbanken, in standardisierter Vielfalt und in wohlsortierten Paketen den Mittelschichten angeboten wird.

Es sind von vornherein segregierte Pakete, welche weitere Segregation programmieren. Allen gemeinsam sind das Auto als Verkehrsmittel und das Einfamilienhaus als perfekt vermarktete Konsumgüter und das dazugehörige Milieu von Geschäftszentren, Schulen und Freizeiteinrichtungen. Das Take-off dieses neuen Siedlungssystems von Suburbia hat den Verfall der Kernstädte ausgelöst (vgl. oben).

In einer Zeit der raschen Wachablöse von gesellschaftlichen Ideologien ist inzwischen ein weiterer gesellschaftlicher Wandel im Gange. Damit erhielt die Stadt der Konsumgesellschaft eine wichtige neue Konkurrenz, nämlich die *Stadt der Freizeitgesellschaft*. Entsprechend dem eingangs formulierten Grundprinzip von Städten als zentrierten Systemen bilden Freizeiteinrichtungen die Mitte der Stadt, um die sich alle anderen Einrichtungen gruppieren. Es kann nicht erstaunen, daß sich bei phantasievoller Planung auch die Idee einer großen zentralen Grünfläche als Stadtmitte findet.

Auch die europäische Gesellschaft befindet sich auf dem Wege, Arbeitsstätten und Freizeitzentren zu separieren. Es bedarf keiner besonderen Phantasie, um die weitere Entwicklung abzuschätzen. Bereits die Verkürzung der Arbeitszeit von der Sechs- auf die Fünftagewoche hat zweifellos entscheidend zum Boom des Freizeitwohnens beigetragen. Die Kürzung der Lebensarbeitszeit im Verein mit der verbesserten Pensionsversorgung hat die Bevölkerung im dritten Lebensabschnitt zu wichtigen Nachfragern spezifischer Formen des Tourismus werden lassen, die Verkürzung der Jahresarbeitszeit schließlich hat den Aufbau eines zweisaisonalen Fremdenverkehrs entscheidend gefördert. Projizieren wir diese Entwicklung in die Zukunft, so gelangen wir zur Aussage, daß eine weitere Aufspaltung von Arbeits- und Freizeitwohnungen (vgl. unten), ein Fortschreiten der Suburbanisierung infolge Substitution von Freizeit für Pendelzeit, damit eine weitere Trennung von Arbeitsstättenzentren einerseits und wachsende Belastung des ländlichen Raumes mit ausschließlicher Wohnfunktion andererseits, die gleichsam selbstverständlichen Konsequenzen darstellen. Will man diese Entwicklung verhindern, so ergibt sich daraus die Notwendigkeit einer neuen *bipolaren Konzeption von Städten*, in denen nicht nur die räumlichen Ansprüche der arbeitsteiligen Gesellschaft, sondern auch die der Freizeitgesellschaft berücksichtigt werden. Hierzu folgende Thesen:

1. Zur Verankerung der Freizeitgesellschaft im großstädtischen Raum müßte analog zur Wirtschafts- und Regierungscity eine entsprechende Freizeitcity mit schichten- und interessenspezifischem Angebot vorgesehen werden.

2. Entsprechend dem hierarchischen Bauplan des Geschäftslebens müßten Freizeiteinrichtungen an Bezirks- und Stadtteilzentren delegiert werden.

3. Schließlich müßte in den Baublöcken, Häusern und Wohnungen der wachsende Raumbedarf für die Freizeit – und ebenso für die Freizeitgeräte – Berücksichtigung finden.

1.3. Die Aufspaltung der Wohnfunktion in Arbeits- und Freizeitwohnungen

Die Aufspaltung der Wohnfunktion in Arbeits- und Freizeitwohnungen ist ein europäisches Problem und als solches eingebunden in die jeweiligen nationalen Strategien der Wohnungswirtschaft und die Reglementierung der physischen Struktur von Siedlungen. Es handelt sich dabei um den wichtigsten Vorgang der Gegenwart im Siedlungssystem, der alle Teile desselben betrifft: die Kernstädte, den suburbanen Raum und selbst die kleinen Gemeinden des ländlichen Raumes, in die eine Zweitwohnungsperipherie hinausgreift. Er kann als kontinentaleuropäisches Gegenstück zur Counterurbanisation in Nordamerika aufgefaßt werden. Es ist eine neue Lebensweise eines „städtischen Nomadentums" entstanden, das eine Leben in zwei Gesellschaften führt. Hierbei bestehen überraschende Analogien zwischen Gastarbeitern und Zweitwohnbevölkerung (vgl. Figur 1)

Figur 1: **Die Aufspaltung der Wohnstandorte bei Gastarbeitern und Zweitwohnbevölkerung**

	Gastarbeiterbevölkerung		Zweitwohnbevölkerung	
	Ausland	Heimatort	Großstadt	Zweitwohnungsregion
1. Standortsverschiebung im Lebenszyklus				
1. Lebensalter	Ausbildungswohnsitz (2. Generation)	Heimatwohnsitz	Ausbildungswohnsitz	Heimatwohnsitz
2. Lebensalter	Arbeitswohnsitz (1. Generation)		Arbeitswohnsitz	Freizeitwohnsitz
3. Lebensalter	—		(Zweitwohnsitz)	Hauptwohnsitz
2. Räumliche Disaggregierung	Eltern (+ Kinder) ←	Großeltern (+ Kinder)	Eltern + Kinder	Großeltern →
von Drei-Generationen-Familien	Familiennachführung			Freizeitbesuche
3. Komplementäre Wohnformen	Mietwohnung →	Einfamilienhaus	Mietwohnung / Appartement →	Einfamilienhaus
4. Kapitaltransfer	→		→	
5. Soziale Stratifizierung	Unterschichtung	„Aufsteiger", Überschichtung		„Stadtflucht" von Mittelschichten

aus: E. LICHTENBERGER (unter Mitarbeit von H. FASSMANN, EDV-Technologie), 1984. Gastarbeiter – Leben in zwei Gesellschaften. Wien, Böhlau-Verlag, S. 115.

Sie seien im folgenden in idealtypischer Weise skizziert:

1. Es bestehen *Komplementärformen des Wohnens*. Derart sind es vor allem die großen Städte im Westen und Osten des Eisernen Vorhangs, in denen das Wohnen in Massenmiethäusern den Boom des Zweitwohnungswesens begründet hat. Der daraus resultierende *Gegensatz zwischen anonymem großstädtischem Wohnmilieu und überschaubarem ländlichem Milieu* potenziert den Freizeitwert des privaten Grüns und der persönlichen Gestaltungsmöglichkeit des Wohnens im Einfamilienhaus in weit höherem Maße, als dies bei verstädterten Gesellschaften mit suburbanem Lebensstil, wie in Nordamerika, der Fall ist.

2. Fragt man nach den Gründen für die Errichtung von Einfamilienhäusern in Zweitwohnungsregionen um die großen Städte in Nordwest- und Mitteleuropa und in den sozialistischen Staaten und andererseits in den Heimatgemeinden der Gastarbeiter, so stößt man kaum auf Renditedenken. Nichtökonomische Motive geben den Ausschlag. In einer zunehmend entfremdeten Arbeitswelt wird die oft wenig befriedigende soziale Rolle kompensiert durch die *Schaffung einer „Freizeitrolle"*, die für viele Mißlichkeiten der ersteren entschädigen kann und überdies neues persönliches Prestige gewährt.

3. Durch diese Zweitwohnfunktion kommt es ferner zu einem *Kapitaltransfer* aus den Arbeitsmarktzentren zu den Gemeinden und Kleinstädten des ländlichen Raumes. Dieser Transfer reduziert den Sprung im Investitionsniveau zwischen Verdichtungsräumen und ländlichen Räumen.

4. Schließlich entstehen *soziale Überschichtungsphänomene*. Suburbanisierung und Zweitwohnungswesen bringen überwiegend städtische Mittelschichten in die ländlichen Räume und führen derart zu einer Überschichtung der lokalen ortsbürtigen Bevölkerung. Die Nachfrage nach Boden läßt die Grundpreise steigen, die ökonomische Schere zwischen Grundbesitzern und Nichtgrundbesitzern der ländlichen Bevölkerung öffnet sich, nur durch Stadtwanderung entgehen letztere der Proletarisierung. Ähnliche Überschichtungsvorgänge bestehen auch bei den Gastarbeitern in deren Heimatgemeinden.

5. Verwendet man schließlich die *Konzeption des Lebenszyklus*, so kann man grundsätzlich davon ausgehen, daß in den verschiedenen Perioden desselben unterschiedliche Standorte im Raum zweckmäßig und möglich sind (vgl. Figur 2).

Eine Standortverschiebung im Laufe des Lebenszyklus ist daher stärker als bisher zu erwarten. Diese Verschiebung wird ferner begünstigt durch Disparitäten in der Verteilung von Ausbildungs- und Arbeitsstätten auf der einen Seite und durch Disparitäten hinsichtlich ökologischer Attraktivität auf der anderen. Lehrlinge, Schüler und Studenten sind gezwungen, einen Ausbildungwohnsitz in der Großstadt zu suchen. Im zweiten Lebensabschnitt wird dann von Berufstätigen mit Familien vielfach ein Freizeitwohnsitz im Umland angestrebt, welcher beim Eintritt in das dritte Lebensalter zum Hauptwohnsitz avancieren kann. Frankreich bietet für diese Form der Großstadtflucht im Pensionsalter das beste Beispiel, wobei es sich allerdings häufig um eine Rückkehr der betreffenden Personen in ihre Heimatorte handelt.

In diesem Zusammenhang haben Zweitwohnungen schließlich auch noch eine weitere demographische Funktion, nämlich die in der arbeitsteiligen Gesellschaft

Figur 2: **Standortwechsel im Lebenszyklus zwischen Hauptwohnsitz und Zweitwohnsitz**

Abschnitt im Lebenszyklus	*Städtischer Raum*	*Ländlicher Raum*
Ausbildung	Zweitwohnsitz = Ausbildungswohnsitz	Hauptwohnsitz (Eltern, Verwandte)
Berufstätigkeit		
Alleinstehende, junge Ehepaare	Dauerwohnsitz	—
Ehepaar mit Kindern	Hauptwohnsitz = Arbeitswohnsitz	Zweitwohnsitz = Freizeitwohnsitz
Ehepaar im mittleren Alter ohne Kinder		
Pension (Rente, Ruhestand)		
Ehepaare	Zweitwohnsitz	Hauptwohnsitz = Alterswohnsitz
Alleinstehende	Dauerwohnsitz	—

Aus: E. Lichtenberger, 1980. Die Stellung der Zweitwohnungen im städtischen System — Das Wiener Beispiel. Berichte zur Raumforschung und Raumplanung 24, 1: S. 4.

getrennte Dreigenerationenfamilie in den Freizeitwohnsitzen, zumindest auf Zeit, wieder zusammenzuführen. Es bleibt freilich die Frage offen, ob es sich hierbei um ein tradiertes Freizeitverhalten handelt, das möglicherweise in weiterer Zukunft entsprechend dem Fortschreiten der demographischen Segregation abgebaut wird. Viel stärker als die integrative Funktion von Zweitwohnungen ist selbstverständlich diejenige der Heimatwohnsitze der Gastarbeiter für den Zusammenhalt der durch die Wanderung getrennten Dreigenerationenfamilie.

Zusammenfassend kann man feststellen, daß diese neue Organisationsform des *Lebens in zwei Gesellschaften* auch eine wachsende Instabilität der Gesellschaft in der Kernstadt bewirkt, auf die im Wiener Beispiel besonders eingegangen wird.

1.4. Von der sozialen zur demographischen Segregation

Die Segregation wird aus den Überlegungen der Stadtplanung und Stadtentwicklungsplanung im allgemeinen ausgeklammert. Dabei ist sie das wichtigste Ordnungsprinzip der Gesellschaft im Wohnraum der Stadt. Sie ist abhängig von der jeweiligen gesellschaftspolitischen Ideologie hinsichtlich der gesellschaftlichen Stratifizierung, ferner
— von den Strategien der Wohnungswirtschaft und des Wohnungsmarktes,
— von den städtebaulichen Leitbildern und Wohnbauformen,
— vom Entwicklungsstand des arbeitsteiligen Prozesses.

Mittels der Technik der *Faktorialökologie* wurden zuerst in den Städten der USA *drei Dimensionen der Segregation* festgestellt und für diese auch unterschiedliche räumliche Muster nachgewiesen. Es handelt sich hierbei um

1. die *ethnische Dimension*, welche klumpenförmige Muster erzeugt,
2. die *demographische Dimension* mit einem zonalen, zentral-peripher differenzierten Muster der Anordnung — analog zum zentral-peripheren Ausgreifen der Wohnbautätigkeit — und
3. die *soziale (berufliche) Dimension*, der ein sektorielles Anordnungsprinzip zugeschrieben wird.

Im interkulturellen Kontext besitzt die *ethnische Segregation* insofern eine Sonderstellung, als nicht nur ethnisch-religiöse Viertel in der Sozialgeschichte der Stadt schon sehr früh nachweisbar sind, sondern auch dadurch, daß sie die traditionelle orientalische Stadt völlig beherrscht.

Die Einbindung von ethnischen Minderheiten in das Marginalitätssyndrom der baulichen Struktur von Städten, d. h. der Assoziation mit als marginal zu definierenden Bevölkerungsgruppen, wie
— solche mit geringem Einkommen, aus dem Berufsleben ausgeschiedenen bzw. noch nicht in das Berufsleben eingetretenen Personen (Rentner, Studenten) und
— spezifischen Altersgruppen, wie beispielsweise alleinstehenden älteren Männern, wie sie für die nordamerikanischen Städte kennzeichnend sind,
kann keineswegs verallgemeinert werden.

Die *berufliche (soziale) Segregation* bestimmte die Auseinanderschichtung der Bevölkerung in den europäischen Städten seit der Gründerzeit bis herauf zum Zweiten Weltkrieg. Bildung und Einkommen waren die Kriterien. Grundsätzlich gilt hierbei, daß durch die Auflösung vor- und frühindustrieller Großhaushalte von oberen und mittleren Bevölkerungsschichten, in denen Hauspersonal und gewerbliche Hilfskräfte eingebunden waren, und dem Auftreten der letzteren als Wohnungswerber mit der Industrialisierung eine Verstärkung der sozialen Segregation erfolgt ist.

Der Erste Weltkrieg brachte über Europa hinweg eine Zäsur. Mieterschutzgesetze wurden in nahezu allen kriegführenden Staaten Europas erlassen und setzten die kapitalistische Wohnungswirtschaft außer Kraft. Seither sind in den sozialen Wohlfahrtsstaaten Europas *Antisegregations-Strategien* auf den verschiedensten Ebenen zu verzeichnen, wobei, je nach der nationalen Wohnungsmarktpolitik, die Trennmarke zwischen den aus „sozialen Gründen" zu subventionierenden Bevölkerungsschichten und dem Teil der Bevölkerung, in dem sich Segregationsmechanismen nach kapitalistischen Spielregeln vollziehen, unterschiedlich hoch angesetzt ist. Bis herauf zum Ersten Weltkrieg war ferner die demographische Segregation in Europa unbedeutend. Die einzelnen Sozialschichten legten allerdings ein sehr unterschiedliches demographisches Verhalten an den Tag, d. h. der soziale Status implizierte eine spezifische Haushalts- und generative Struktur.

Als statistischer Indikator für die Zunahme der *demographischen Segregation* kann die Verkleinerung der Haushalte angesehen werden. Hierbei wirken folgende
— zum Teil interdependente — Veränderungen zusammen:
— Zunahme der Lebenserwartung,
— steigende Berufstätigkeit von Frauen,
— Reduzierung der Heiratshäufigkeit,
— frühe Verselbständigung der Kinder.

In den Kernstädten von Millionenagglomerationen, wie Paris und London, hat sich die Durchschnittsgröße der Haushalte seit dem Ersten Weltkrieg bis heute von rund vier Personen auf zwei verkleinert. Der Anteil der Einpersonenhaushalte beträgt derzeit in den genannten Städten bereits 45%. Es handelt sich bei diesen Einpersonenhaushalten um eine sehr heterogen zusammengesetzte Bevölkerungsgruppe von

— Studierenden und sonstigen in Ausbildung begriffenen Personen,
— jungen Berufstätigen,
— alleinstehenden älteren Berufstätigen, in erster Linie Frauen,
— alleinstehenden Pensionisten und Rentnern, darunter wieder aufgrund der höheren Lebenserwartung in erster Linie Frauen.

Bereits jetzt darf darauf hingewiesen werden, daß der auf die Unterbringung von Familien eingestellte öffentliche Wohnungsbau der sozialen Wohlfahrtsstaaten bisher das Anwachsen der Zahl der Singles weitgehend ignoriert, während die Wohnraum- und Wohnstandortbedürfnisse der Kleinhaushalte in Nordamerika von der Privatwirtschaft bereits seit längerem erkannt wurden und die Errichtung von Apartmenthäusern überdies von der Regierung im Rahmen der Stadterneuerungsbewegung gefördert wird.

Sowohl in Europa als auch in Nordamerika handelt es sich bei der Bildung von Einzelhaushalten um einen Teil des „Wohlstandssyndroms", welches durch die im Zuge des steigenden Wohlstandes möglich gewordene Zunahme der Wohnfläche pro Person bedingt ist. Es ist daher umgekehrt anzunehmen, daß in den Staaten mit geringerem ökonomischem Entwicklungsstand, wie in Südeuropa bzw. in den Sozialistischen Ländern, wo die Wohnfläche pro Einwohner weit geringer ist, von dieser Effekte auf den Fortbestand „traditioneller Familienstrukturen" ausgehen.

Ebenso dürfen wir postulieren, daß bei einer weiter zunehmenden Wohnfläche pro Einwohner eine weitere Zunahme der Einpersonenhaushalte bzw. eine Aufspaltung der Wohnfunktion (vgl. oben) zu erwarten ist.

2. Zur Theorie und Methodik der Faktorialökologie

2.1. Die sozialökologische Theorie

Die sozialökologische Theorie beherrscht als klassisches Lehrgut die Lehrbücher der Stadtsoziologie und Stadtgeographie im angelsächsischen Sprachraum. Sie ist ein intellektuelles Produkt des Gesellschaftsverständnisses des Privatkapitalismus und enthält damit implizit die folgenden *Rahmenbedingungen*:

1. Es wird eine weitgehende Konkurrenz auf allen Ebenen der Wirtschaft vorausgesetzt, ebenso bildet Konkurrenz die Basis in den gesellschaftlichen Normen.

2. Renditedenken und Gewinnmaximierung werden nicht nur gestattet, sondern geradezu vorausgesetzt.

3. Der Liberalismus garantiert dem einzelnen Mitglied der Gesellschaft, ebenso aber auch jedem Betrieb, eine freie Standortwahl.

4. Aus der kontinuierlichen Anpassung an den Markt resultiert eine sehr hohe Mobilität der Produktionsfaktoren. Grund und Boden unterliegen hinsichtlich ihres Transfers kaum Restriktionen.

5. Die hohe horizontale und vertikale Mobilität der Bevölkerung führt zu einer starken Standardisierung des Verhaltens der tragenden Mittelschicht. Bei der Übertragung der sozialökologischen Theorie auf nicht strikte kapitalistisch regulierte städtische Systeme ist es daher absolut erforderlich, die Veränderung der angegebenen Rahmenbedingungen zu beachten.

Nun stellt die sozialökologische Theorie überhaupt ein komplexes Gebilde dar, das in mehreren Etappen entstanden ist. Grundsätzlich fußt sie auf den Traditionen der Makrosoziologie (human ecology) und umfaßt zwei *Basiskonzepte*:

1. Die *Prinzipien des Privatkapitalismus* mit einer Laissez-faire-laissez-aller-Politik, wonach Stadtentwicklung — ebenso wie wirtschaftliche Prozesse — als ein sich selbst steuernder Vorgang aufgefaßt wird. Hierfür ist die ökonomische Konkurrenz in einer sich auffächernden arbeitsteiligen Organisation die Voraussetzung.

2. Die Ideologie des *Sozialdarwinismus*, wonach gesellschaftlicher Wandel (und gesellschaftliche Veränderungen aller Art) analog zu biologischen Prozessen durch das Recht des Stärkeren bestimmt werden. Im Hinblick auf die Qualität von Standorten erfolgt daher ein Transfer des sozialen Ranges in die räumliche Dimension derart, daß die attraktivsten Standorte im Stadtraum jeweils von den Oberschichten besetzt und andererseits die Grundschichten in marginale Positionen abgedrängt werden.

Aus den Ursachen und Bedingungen des Wettbewerbs entstehen auch die Instrumente zur sozialen Kontrolle, bei denen von den oberen sozialen Gruppen Normen und Verhaltensweisen ausstilisiert werden, welche die sozial tieferstehenden Gruppen übernehmen. Dabei kommt es zu Konflikten, da sich einzelne Gruppen diesen Regeln nicht beugen wollen. Zur Vermeidung von sozialen Konflikten erfolgt die soziale Anpassung von Gruppen bzw. eine individuelle Angleichung.

Die *erste Etappe der Sozialökologie*, welche auf diesen Konzeptionen beruht, kann unter die Überschrift *„räumliche Modellbildung"* gestellt werden. Bei diesen Modellen, auf die hier nicht eingegangen werden kann, handelt es sich um idealtypische Vereinfachungen der Situation der nordamerikanischen Städte vor der massiven Suburbanisierung. Alle Modelle enthalten Aussagen über bestimmte Organisationsprinzipien der städtischen Gesellschaft. Dazu zählen Informationen über das Vorherrschen von Arbeitsstätten oder Wohnvierteln, eine grobe Differenzierung der Arbeitsstättenstrukturen (z. B. City, Industriegebiete) und der Wohnbevölkerung. Zur Kennzeichnung der sozialräumlichen Differenzierung wird eine dreistufige Gliederung mit Unterscheidung von Ober-, Mittel- und Grundschichten verwendet. Alle Modelle verzichten auf den konkreten Zeit- und Raumbezug sowie auf den Bezug auf Grundkategorien, wie Größe und Dichte.

Der große Erfolg dieser Modelle in der Stadtsoziologie und Stadtgeographie ist damit zu erklären, daß *drei räumliche Basiskonzepte* von Städten in den Modellen enthalten sind:

1. Es handelt sich stets um zentrierte Modelle mit einer spezifischen Stadtmitte-Definition.

2. Die Verwendung des Konzepts des Kern-Rand-Gefälles erfolgt in Form eines Zonen-Modells.

3. Die Unvereinbarkeit (Inkompatibilität) von Nutzungen bzw. Bevölkerungsgruppen wird in ein Sektoren-Modell transferiert.

Die *zweite Phase* der sozialökologischen Theoriebildung in den fünfziger Jahren ist durch die *Sozialraumanalyse* bestimmt. Sie gipfelt in der klassischen Arbeit von SHEVKY und BELL (1955). Die Sozialraumanalyse beruht auf dem Konzept, daß die Stadt in verhältnismäßig homogene Teileinheiten zerfällt, welche durch eine spezifische wirtschaftliche, soziale und kulturelle Charakteristik der Bevölkerung ausgezeichnet sind. Hierbei handelt es sich gewissermaßen um „natürliche" Nachbarschaften. Je größer eine Stadt ist, desto mehr derartige Areale besitzt sie und desto klarer sind diese abgrenzbar.

Zum Beleg ein Zitat: „Wir behaupten, daß der soziale Raum ganz allgemein Personen mit gleichem Lebensstandard, der gleichen Lebensweise und dem gleichen ethnischen Hintergrund zusammenfaßt. Wir stellen die Hypothese auf, daß sich die Personen, die in einem bestimmten Typus des sozialen Raumes leben, in bezug auf charakteristische Gewohnheiten und Verhaltensweisen grundsätzlich von den Personen unterscheiden, die in einem anderen Typus des sozialen Raums wohnen." (Übersetzung von SHEVKY und BELL, 1955, in: ATTESLANDER und HAMM, 1975, S. 155).

Ebenso wie die Modelle der Sozialökologie auf dem Erfahrungshintergrund der

Die sozialökologische Theorie

nordamerikanischen Städte der Zwischenkriegszeit beruhen, ebenso ist in obiger Aussage von SHEVKY und BELL die soziale Erfahrungswelt des nordamerikanischen Mittelstandsmitglieds enthalten, wonach Homogenität der Nachbarschaft zu den von allen wirtschaftlichen Instanzen, wie Hypothekenbanken, Realitätenbüros, Baufirmen usf., ständig erzeugten und gleichsam intakt erhaltenen Bezugseinheiten von Städten zählt, deren „Intaktheit" überdies durch ein ganzes Bündel von Normen und Vorschriften in den Verhaltensweisen der Bevölkerung selbst internalisiert ist.

Der eigentliche Fortschritt der Sozialraumanalyse liegt daher weniger in der Definition eines homogenen Sozialraums, dessen Konzeption ebensowenig wie die der oben genannten Modelle auf andere politische und kulturelle Systeme übertragbar ist, sondern in der „Entdeckung" von drei Dimensionen der Segregation der Bevölkerung, welche nach der heutigen Terminologie als
— soziale,
— demographische und
— ethnische Dimension
beschrieben werden können. Damit wurde grundsätzlich die Segregation als räumliches Ordnungsprinzip der Gesellschaft in die Forschung eingeführt.

Die empirische Analyse selbst beruht auf der Operationalisierung der deduktiv identifizierten Konstrukte des Sozialraums. Sie erfolgt in zwei Schritten. Zunächst werden die statistischen Einheiten (Zähldistrikte) im „Sozialraum" derart klassifiziert, daß z. B. Variable des Familienstatus und des ökonomischen Status in einer Matrix zu Zellen vereint werden. Anschließend werden die Ergebnisse in ein Kartogramm des Stadtgebietes übertragen. Aus dieser Beschreibung ist bereits zu entnehmen, daß die sozialen Areale keine Merkmale der Raumausstattung enthalten und der Zusammenhang zwischen der sozialen Organisation und dem Stadtraum nur über den Transfer in ein kartographisches Aussagensystem möglich ist.

In der *dritten Etappe* der sozialökologischen Forschung, die unter dem Titel der „Faktorialökologie" bekannt ist und in den sechziger Jahren durch B.J.L. BERRY und seine Kollegen und Mitarbeiter zuerst in Chicago in der Stadtgeographie etabliert wurde, hat man die empirische Analyse aus der zweidimensionalen Matrizenanalyse in die multivariate Technik der Faktorenanalyse transferiert, ohne an der theoretischen Konzeption der Sozialraumanalyse Änderungen vorzunehmen.

Der sehr viel geringere Einsatz von Zeit und Mühe bei der Durchführung von Faktorenanalysen — verglichen mit dem für die Primärforschung in sozialgeographischen Arbeiten notwendigen Zeit- und Kostenaufwand — haben den weltweiten Boom der Faktorenanalyse zweifellos ganz entscheidend begünstigt. Diese zählt zu den Spitzenreitern bei der Ausbreitung der analytischen Stadtgeographie über die Erde hin, da die hierfür benötigten Daten auch in den Entwicklungsländern, nicht zuletzt dank der Initiative der UNESCO, für immer mehr Städte, für immer kleinere Erhebungseinheiten und für immer mehr Merkmale pro Erhebungseinheit zur Verfügung stehen.

Es muß jedoch betont werden, daß sich alle Aussagen der Faktorialökologie auf einen statistischen Datenraum beziehen, dessen Einheiten hinsichtlich der Kriterien der Abgrenzung nicht mehr „hinterfragt" werden, sondern denen die Realität von „natürlichen Milieus" zugeschrieben wird. Ferner ist darauf hinzuweisen, daß ein direkter Bezug zur physischen Struktur der Stadt fehlt, selbst wenn in einzelne sozialökologische Analysen Variable der physischen Struktur der Stadt eingehen.

2.2. Die Faktorenanalyse im Rahmen der Meßtheorie (H. Faßmann)

2.2.1. Einleitung

Die Faktorenanalyse zählt zu den multivariaten statistischen Verfahren, welche im Zuge der „quantitativen Revolution" in der Geographie relativ früh in deren Instrumentarium eingefügt wurden. Lehrbücher der „statistischen Geographie" widmen ihr umfangreiche Kapitel. Damit scheint ihre Etablierung vollzogen. Nichtsdestoweniger wurde gleichsam im Hintergrund die Diskussion über den Wert der Faktorenanalyse für geographische Fragestellungen weitergeführt. Erst in jüngster Zeit hat man ihren Wert schlechthin in Frage gestellt. In den folgenden Ausführungen wird versucht, die Hintergründe dieses scheinbaren Widerspruchs aufzudecken.

Ein ganz wesentlicher Teil der in der Literatur vorhandenen Mißverständnisse dürfte darauf beruhen, daß der Faktorenanalyse eine Leistung unterstellt wurde, die ihr nicht zukommt, nämlich, auf räumliche Fragestellungen direkt anwendbar zu sein. Dabei wurde übersehen, daß die Faktorenanalyse zumindest zweier Krücken bedarf, um diesem Anspruch zu genügen, nämlich einerseits der Verknüpfung mit kartographischen Aussagensystemen und andererseits der Kombination mit einem taxonometrischen Verfahren, um dem immanenten Regionalisierungsanspruch, der nahezu allen geographischen Fragen innewohnt, genügen zu können.

Die Faktorenanalyse ist eine alte und renommierte Methode. Entsprechend umfangreich ist daher auch die einführende Literatur, auf die hier nur verwiesen werden kann (ÜBERLA, KIM & MUELLER, GEIDER et al., KERLINGER, CLAUSS & EBNER, BAHRENBERG & GIESE, JOHNSTON ...).

Der folgende Beitrag ist daher nicht als Einführung in die Faktorenanalyse zu verstehen, sondern als Literaturüberblick über den methodischen Forschungsstand. Die Ausführungen konzentrieren sich weiters auf die Frage des problemadäquaten Einsatzes der Faktorenanalyse im Rahmen geographischer Fragestellungen und auf die Rezeption der methodischen Kritik.

Die Kritik geht nämlich über die Anwendung der Faktorenanalyse auf räumliche Fragestellungen hinaus und richtet sich gegen das Verfahren ganz allgemein. Zwei Schwerpunkte der Kritik zeichnen sich ab. Als erstes ist die *methodisch-konzeptionelle Kritik* zu nennen, die den blackboxartigen Ablauf von Faktorenanalysen zum Inhalt hat. Pointiert könnte dieser Ablauf folgendermaßen beschrieben werden: Man sammelt einerseits ohne empirischen Forschungshintergrund möglichst viele Daten, läßt alle technischen Rituale ablaufen und erhofft erkenntnisreiche Ergebnisse, andererseits bemäntelt man mit einer derartigen Prozedur das subjektive Vorverständnis durch quasi-exakte numerische Werte. Die Etikette für dieses Vorgehen könnte die Attribute „blind" und im zweiten Fall auch „explorativ" erhalten (vgl. MARRADI, 1981, S. 29).

Über das eigene Vorgehen im Forschungsprozeß wird im Abschnitt 4.3. näher Rechenschaft abgelegt. Eine normative Erörterung der methodisch-konzeptionellen Fragen im Rahmen der Faktorenanalyse würde zwangsläufig zu wissenschaftstheoretischen Disputen führen. Diese hier zu erläutern würde den Rahmen des Abschnittes aber sprengen.

Die zweite Gruppe von Kritiken ist als *technische Kritik* zu bezeichnen. Sie richtet sich gegen fehlerhafte Anwendungen und Überinterpretation der Ergebnisse. Im folgenden sei nur auf diese technisch-methodischen Pobleme eingegangen.

2.2.2. Variablen- und Populationsauswahl

Unter dem Titel „Selection Bias" werden in der Literatur die Einflüsse der Auswahl der Merkmale auf die Zahl und Struktur der Faktoren und die Populationsabhängigkeit der Aussagen zusammengefaßt.

Im *ersteren Fall* handelt es sich darum, daß die in eine Faktorenanalyse eingehenden Merkmale jeweils nur eine Teilmenge aus einem potentiell unbegrenzten Universum von Variablen darstellen, welche zur Charakterisierung eines Sachverhaltes herangezogen werden könnten. Die Auswahl dieser Teilmengen kann durch folgende Umstände beeinflußt werden:
— unpräzise theoretische Vorgaben,
— beschränkte Informationsbasis.

Zahlreiche Autoren weisen auf die tragende Bedeutung der Merkmalsauswahl hin:

„In applying factor analysis, the most important decision is often made *before* the analysis, when the researcher selects variables to examine. Selection is invariably involved regardless of whether one designs a factor analytic experiment or whether one takes a subset of variables from the existing survey. It will be difficult for any researcher to argue that a given set of items or variables constitutes the universe of all potential variables". (KIM und MUELLER, S. 66-67)

Auch GIESE weist darauf hin, daß der Variablenauswahl größte Aufmerksamkeit zu widmen ist (GIESE, 1985, S. 164-175) und dokumentiert dies an einer Untersuchung von BRATZEL und MÜLLER über die Regionalisierung der Erde nach dem Entwicklungsstand der Länder (1979, S. 131-137): „Es besteht Konsens mit GÜSSEFELDT (1983, S. 183), daß das Ergebnis einer Hauptkomponentenanalyse und einer darauf aufbauenden Clusteranalyse entscheidend von der Variablenauswahl abhängig ist und die Ermittlung der neuen Beschreibungsdimensionen (Hauptkomponenten) weit stärker durch die Ausgangsvariablen vorherbestimmt wird als durch irgendwelche mathematische Modellrestriktionen oder Rechenalgorithmen."

Der *zweite* Einflußkomplex, der die Generalisierbarkeit faktorenanalytischer Ergebnisse in Frage stellt, betrifft die Populationsabhängigkeit, die selbst wieder in zwei weitere Problemkreise zerfällt. Als erstes ist zu klären, auf welcher räumlichen Aggregatebene die theoretischen Grundannahmen Gültigkeit besitzen. Erfahrungsgemäß ist diese Frage meist nur unscharf beantwortet. Die Auswahl der räumlichen Aggregatebene (Stadtteile, Bezirke, Zählbezirke, Zählsprengel, Baublöcke etc.) erfolgt daher eher aus pragmatischen Überlegungen, wobei der verfügbare Datenumfang einen wichtigen Parameter darstellt.

Als zweiten Gesichtspunkt der Populationsabhängigkeit faktorenanalytischer Ergebnisse ist die Annahme anzusehen, wonach eine Disaggregierung der räumlichen Einheiten bessere Resultate, definiert durch Erhöhung des Erkenntnisgehalts, erbringt als eine Analyse mit allen Einheiten. Ohne Einbringung externer Hypothesen ist es jedoch aufgrund der rechentechnischen Prozedur allein nicht möglich, eine Disaggregierung der untersuchten Menge von Fällen vorzunehmen. Mit dieser Aussage wird die Abhängigkeit des methodischen Instrumentariums von der theoretischen Konzeption besonders offensichtlich. Anhand eines Beispiels läßt sich der „Selection Bias" graphisch veranschaulichen (vgl. Figur 3). Das Problem, welches die Abbildung darstellt, ist folgendes:

Bezieht man eine Faktorenanalyse auf das statistische Datenset der Gesamtstadt, so kann es vorkommen, daß die Merkmale X und Y kaum miteinander korrelieren. Wird jedoch ein externer Gesichtspunkt, nämlich die räumliche Differenzierung der Stadt in Innenstadt und Außenstadt, eingebracht, so erweist sich, daß die derart disaggregierten Fälle teilweise hohe Korrelationen aufweisen (vgl. das Beispiel der Ghostbevölkerung und Ein-Personen-Haushalte in der Gesamtstadt von Wien, den Inneren Bezirken und am Stadtrand).

2.2.3. Die Robustheit der Faktorenanalyse

Die sinnvolle Messung bi- bzw. multivariater Zusammenhänge mittels eines Korrelationskoeffizienten verlangt bei den eingehenden Merkmalen bestimmte Verteilungen. Werden diese Bedingungen nicht erfüllt, so tritt eine empfindliche Beeinträchtigung der Gültigkeit der Ergebnisse auf. Leider werden beim Einsatz der Faktorenanalyse in der Praxis die Anwendungsbedingungen, wie z. B. die strikt restriktive Bedingung der Normalverteilung der Variablen wie auch die geforderte Linearität bivariater Beziehungen, vielfach ignoriert, insbesondere bei sozial- und wirtschaftsgeographischen Untersuchungen, und damit außer acht gelassen, daß dadurch keine Gewähr dafür besteht, daß das Ergebnis der Hauptkomponenten- bzw. Faktorenanalyse den zu erfassenden Sachverhalt „richtig", d. h. wirklichkeitsgetreu, beschreibt (GIESE, 1978, S. 161).

GÜSSEFELDT konnte belegen, daß besonders die Faktorenwerte gegenüber Verletzungen der Verteilungsannahmen empfindlich sind (1983). Im Vergleich dazu erweist sich die Faktorenstruktur selbst als robust. Die Forschungspraxis gestattet eine Bestätigung dieser Aussage. Das Hinzufügen oder das Entfernen von einzelnen räumlichen Einheiten verursachte oft eine wesentliche Beeinflussung von

Figur 3: **Selection Bias in der Faktorenanalyse**

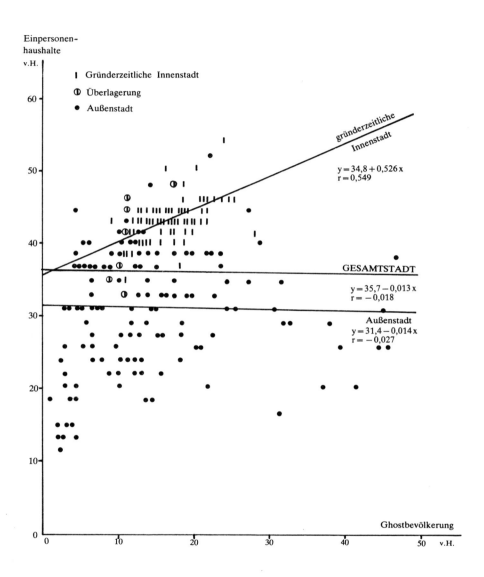

Höhe und auch Vorzeichen der Faktorenwerte, während die Faktorenstruktur stabil blieb. Im empirischen Teil der vorliegenden Arbeit wurde daher auch von der Publizierung von Faktorenwertekarten, aber auch von den sonst üblichen anschließenden regionaltaxonomischen Verfahren Abstand genommen.

2.2.4. Probleme der technischen Parameter der Faktorenanalyse

Die Faktorenanalyse benötigt bei ihrer Durchführung in drei Bereichen spezifische Vorgaben, welche auch als technische Parameter bezeichnet werden können. Sie seien im folgenden kurz vorgestellt:

1. *Das Kommunalitätenproblem*

Blendet man zum mathematischen Modell der Faktorenanalyse zurück, so läßt sich das Kommunalitätenproblem als spezifisches Problem der Faktorenanalyse im engeren Sinn zuordnen. Als Kommunalität wird bekannterweise jener Betrag bezeichnet, der angibt, wie groß der Anteil der erklärten Varianz eines Merkmals durch gemeinsame Faktoren ist. Nun ist diese Größe erst mit Abschluß der Rechenprozedur bekannt, wird im Rechenmodell aber frühzeitig benötigt. Die Kommunalität muß also geschätzt werden. Anders in der Hauptkomponentenanalyse. Dort wird angenommen, daß die gesamte Varianz der Merkmale durch gemeinsame Hauptkomponenten erklärt werden kann. Das Kommunalitätenproblem ist bei der Hauptkomponentenanalyse als formales Problem nicht existent. In der vorliegenden Publikation wurde aus diesen rechentechnischen Gründen stets von der Hauptkomponentenanalyse ausgegangen.

2. *Die Anzahl der Faktoren*

Die Frage nach der Anzahl zu extrahierender Faktoren läßt sich ebenfalls nur unter gewissen Randbedingungen beantworten. Die technischen Usancen sehen im allgemeinen vor, daß der Eigenwert eines Faktors nicht kleiner als 1 sein oder der kumulierte erklärte Varianzanteil 95% betragen soll. Neben den numerischen Zielwerten existieren aber auch Überlegungen über die Anzahl der Faktoren, die von Anzahl und Qualität der eingehenden Variablen ausgehen.

Grundsätzlich kann man bei wachsender Zahl der Merkmale aus verschiedenen Sachbereichen und bei Einbringung von mehreren Theorieteilen erwarten, daß die Zahl der Faktoren ansteigt. Dies folgt auch der Erfahrung, wonach eine Korrelationsmatrix mit kleinen Koeffizienten durch viele Faktoren, eine Matrix mit hohen Korrelationskoeffizienten durch wenige Faktoren reproduziert werden kann.

Bei einem schrittweisen Aufbau der Faktorenanalyse läßt sich selbst bei nur relativ bescheidener Vermehrung der Zahl an Variablen diese Aussage verifizieren. Trotzdem bleibt ein berechtigtes Unbehagen bei der Entscheidung über die Anzahl der Faktoren.

Man könnte daher die vielleicht gar nicht so kühne Unterstellung postulieren, daß im Hinblick auf die jeweilige Substanz- bzw. Raumwissenschaft phantasiebegabte Faktorenanalytiker tendenziell eine größere Zahl von Faktoren erzeugen als weniger phantasievolle. In weiterer Konsequenz ergibt sich daraus, daß selbst bei ähnlichem Theoriezugang und Merkmalset die Vergleichbarkeit von mehreren Faktorenanalysen in der Literatur durch die unterschiedliche Anzahl der Faktoren entscheidend erschwert wird.

2.2.5. Das Problem der Einfachstruktur

Es wurde bereits darauf hingewiesen, daß das Ergebnis einer Faktorenanalyse zunächst eine Ladungsmatrix ist. Die darin enthaltenen Faktoren sind aber bei Analysen mit zahlreichen Merkmalen keine geeigneten Beschreibungsdimensionen. Der erste Faktor vereinigt aufgrund einer rechentechnisch notwendigen Nebenbedingung immer die größte Anzahl hochladender Merkmale. Erst durch Rotation der Ladungsmatrix gelingt es, trennscharfe Faktoren und, im Falle einer schiefwinkeligen Rotation, auch deren Beziehungen zueinander zu ermitteln. Damit entsteht jedoch das sogenannte Rotationsproblem. Es existieren nämlich unendlich viele Positionen im „Faktorenraum", und es gilt daher, ein Kriterium zu definieren, welches den Vorgang der Faktorenrotation leitet bzw. abbricht. Als derartiges Kriterium dient die Einfachstruktur nach THURSTONE. Diese definiert, in Abhängigkeit von der Merkmale- und Faktorenzahl, wieviele sogenannte Hyperebenenvariable bzw. Markiervariable auftreten sollen.

Das Vorhandensein oder das Fehlen der Einfachstruktur ist von überragender Bedeutung für die Validität der Faktorenanalyse. Das Fehlen der Einfachstruktur oder, mit anderen Worten, das Vorhandensein von Faktoren, die mehr oder weniger hoch mit der Mehrzahl der Merkmale korrelieren, reduziert die Verbindlichkeit der Interpretation erheblich, da die Faktoren nicht eindeutig interpretierbar sind (Zufallsstruktur).

„Bedauerlicherweise gibt es kein anderes Konzept als das der Einfachstruktur zum blinden Auffinden von Gruppen von Variablen, die untereinander hoch korreliert sind und mit anderen Gruppen von Variablen möglichst keine Beziehung aufweisen. Die Ergebnisse der vorliegenden Modellrechnungen sind alle an dieses Konzept gebunden. Nun ist es möglich, daß in einer Studie die Variablen so gewählt sind, daß die Faktoren keine Einfachstruktur aufweisen. Dann sind die errechneten Faktoren lediglich vereinfachende Beschreibungsdimensionen, sie können nicht interpretiert werden, die Validität der geschätzten Faktorenwerte ist mehr oder weniger zufällig. Man kann in einem solchen Fall nichts Sicheres über die hinter den Daten stehende Struktur aussagen." (ÜBERLA, 1977, S. 292-293).

Der BARGMANN-Test eignet sich zur Überprüfung der Einfachstruktur und findet in vorliegender Arbeit Verwendung. Er gilt als konservativer, d. h. strenger Test. Kann die Einfachstruktur nicht bestätigt werden, so ist eine alternative Vorgangsweise angebracht und notwendig, wenn die Faktorenwerte als Ausgangspunkte für weitere (in erster Linie kartographische) Analysen dienen.

2.2.6. Verbale Etikettierung faktorenanalytischer Ergebnisse

Ein großer Anteil an dem Unbehagen, welches viele Rezipienten bei faktorenanalytischen Arbeiten empfinden, resultiert aus dem ungelösten Problem der verbalen Etikettierung von Faktoren und in weiterer Konsequenz aus der verbalen Interpretation der Rechenergebnisse.

Zunächst zu ersterem: Der Faktorname ist das sprachliche Symbol für ein Eigenschaftensyndrom, welches der Forscher aus der Ladungsmatrix hypothetisch ableitet. Er ist oft beliebig gewählt, und das Spektrum der verbalen Symbolisierung reicht von alltäglichen bis zu unscharfen wissenschaftlichen Begriffen und schließlich in einem theoretischen System spezifizierten Definitionen.

Nur einige Beispiele hierzu. „Ohne Bedenken werden Faktoren mit Begriffen wie „Verdichtungsbelastung", „räumliche Vitalbelastung" (HAUTAU, 1977, S. 121), „regionales Versorgungsniveau" (GEISENBERGER et al. 1970, S. 88) oder „Hochlandfaktor", „Tieflandfaktor" und „Wüstenfaktor" (KILCHENMANN, 1970, S. 58) bezeichnet." (KILLISCH et al. 1984, S. 47)

Die Autoren sind der Auffassung, daß der Leser einer Faktorenanalyse in die verbale Etikettierung schrittweise einzuführen ist, indem die Markiervariablen genannt werden und die Abbildung von Eigenschaftssyndromen auf verbale Symbole zunehmenden Komplexitätsgrades durchgeführt wird.

2.3. Die Verknüpfung der Faktorenanalyse mit räumlichen Aussagesystemen (H.Faßmann)

Die Faktorenanalyse ist grundsätzlich ein systematisches Verfahren, bei dem die Lage der einzelnen Fälle im Raum ausschließlich durch strukturelle Merkmale einbringbar ist. Und dies wird dann zum komplexen Problem, wenn die Topologie jeder Einheit einigermaßen aussagekräftig abgebildet werden soll. In der Forschungspraxis werden daher die Ergebnisse der systematischen Analyse in ein räumliches System rückgeführt. Dazu dienen – wie in 2.2.5 bereits bemerkt worden ist - kartographische Aussagesysteme, sowie die Anwendung regionaltaxonomischer Verfahren.

2.3.1. Die Verknüpfung der Faktorenanalyse mit kartographischen Aussagensystemen

Die Haupttechnik der Verknüpfung der Faktorenanalyse mit kartographischen Aussagensystemen liegt in der Darstellung von Faktorenwerten, und zwar sowohl in Form von Punkt- als auch von Arealkarten. Die Faktorenwerte sind jedoch bei Nichterfüllung der Einfachstruktur durch andere Darstellungsmethoden zu ersetzen. In der Literatur bestehen hierfür mehrere Vorschläge. REES (1971) empfiehlt, diejenige Variable, welche die höchste Ladung auf einem Faktor aufweist, als Stellvertretermerkmal zu verwenden. GIESE (1978) plädiert für die Verwendung einer Surrogatvariablen, die sich aus dem arithmetischen Mittel hochladender Variabler errechnet, GÜSSEFELDT plädiert für die Linearkombination gewichteter Merkmalswerte.

Grundsätzlich muß festgehalten werden, daß die Übertragung von Faktorenwerten oder ähnlicher komplexer Indikatoren in ein graphisches Aussagesystem nur dort sinnvoll ist, wo tatsächlich substanzwissenschaftlich ein phänomenologischer Zusammenhang hergestellt und auch verbal expliziert werden kann. Selbst wenn die Faktorenwerte diesen geforderten Ansprüchen der Interpretation genügen, besteht hinsichtlich einer Klassifikation keineswegs eine einheitliche Vorgangsweise. In der Literatur begegnet man zwei Prinzipien einer Klassifikation:

1. Meistens wird eine Gleichsetzung von Faktorenwerten mit Werten von eindimensionalen Analysen vorgenommen und hierbei nach zumeist nicht hinterfragten Prinzipien eine Festlegung der Schwellenwerte aufgrund der Vorliebe für eine bestimmte Klassenzahl, Quintilen, Sextilen und dgl. vorgenommen. Verletzungen der technischen Parameter rächen sich übrigens bei den Faktorenwerten durch das überproportionale Auftreten von Ausreißern.

2. Bisher wenig gebräuchlich ist das in der vorliegenden Untersuchung verwendete Verfahren, von der Zahl der Fälle (= räumliche Einheiten) auszugehen und die Schwellenwerte so festzulegen, daß in jeder Klasse dieselbe Zahl von Fällen vertreten ist. Dadurch wird die in den Faktorenwerten möglicherweise vorhandene Schiefe eliminiert und gleichzeitig die „Chancengleichheit", vom Standpunkt der räumlichen Einheiten aus gesehen, zum obersten Prinzip erhoben.

Welchen Erkenntniswert bietet die Übertragung der Faktorenwerte in ein kartographisches Aussagesystem? Die Antwort führt zurück auf das Grundaxiom der Geographie nach NEEF, nämlich das Lageprinzip, d. h. es wird somit dem einzelnen räumlichen Element ein neues Merkmal, nämlich die Lage im gesamten räumlichen Zusammenhang, zugeschrieben. Nur dadurch wird es grundsätzlich möglich, räumliche Basiskonzepte mit sachlichen Fragestellungen zu verknüpfen.

In weiterer Konsequenz bietet die Nebeneinanderlagerung der einzelnen Fälle überhaupt erst die Möglichkeit, aufgrund von deren spezifischen Verteilungen im Raum räumliche Disaggregierungen des *gesamten* räumlichen Gebildes vorzunehmen, soweit diese nicht schon a priori aufgrund von vorliegenden empirischen Ergebnissen festgelegt werden konnten.

2.3.2. Die Faktorenanalyse und taxonometrische Verfahren

Der immanente geographische Aspekt der Regionalisierung prägte eine Forschungskonzeption, die im Anschluß an die Faktorenanalyse eine Weiterverarbeitung der Faktorenwerte in einem taxonometrischen Verfahren, wie z. B. in der Clusteranalyse, vorsieht. Ein anderer Pushfaktor bei der Etablierung des Verbundes Faktorenanalyse – Clusteranalyse ist auch in rechentechnischen Limitierungen zu sehen. Bei steigender Merkmalszahl steigen Rechenzeit und Speicherbedarf bei allen Methoden der Clusteranalyse erheblich an, so daß eine Reduzierung des Attributeraumes auch als Gebot der Forschungspragmatik aufgestellt werden kann. Eine Übersicht über den Forschungsablauf, beispielhaft für viele andere, ist aus einer Arbeit von GODDARD (1973, S. 132) entnommen und vereinfacht wiedergegeben (vgl. Figur 4).

Figur 4: **Forschungsablauf Faktorenanalyse — Clusteranalyse**

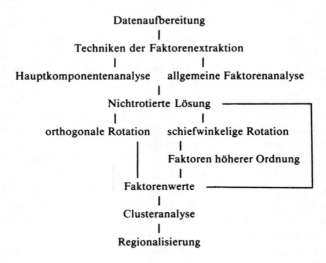

Forschungsfragen und Forschungsdesigns unterliegen selbstverständlich einem zeitlichen Wandel. Dies trifft auch für das obige Schema zu, welches nach Ansicht des Autors den heutigen Erkenntnissen nicht mehr gerecht wird.

1. Die stillschweigend angenommene und wenig hinterfragte Einstellung, wonach die Verwendung von vielen Merkmalen, komprimiert zu wenigen Beschreibungsdimensionen, zwangsläufig auch zu gehaltvolleren Ergebnisse führt, ist kritisch zu überdenken.

2. Die Verwendung von Faktorenwerten ist aufgrund von zahlreichen Einwänden technischer Art problematisch, insbesonders als Baustein zahlreicher weiterer Analyseschritte.

3. Die Faktorenanalyse besitzt Vorzüge, die im obigen Forschungsdesign nicht genützt werden. Die Eigenschaft der Identifizierung komplexer Phänomene, deren Rückführung auf Einzelmerkmale und die Externalisierung von Phänomen-Beziehungen schaffen tiefe Problemeinsichten, die aber nicht erkannt werden, wenn die Faktorenanalyse nur zur Orthogonalisierung eines Datensatzes oder zur Reduzierung des Attributenraumes eingesetzt wird.

3. Raummodelle und Theorien zur Stadtentwicklung

3.1. Die Revision der Sozialökologie: Soziale-Mitte-Konzepte und Sozialgradienten von Städten

Mit einer These sei dieses Kapitel eröffnet: *Städte sind vom jeweiligen politischen System definierte räumliche Ausschnitte der Gesamtgesellschaft.* Mit dem gesellschaftspolitischen System ändern sich daher auch die Konzeptionen von Stadt und städtischer Gesellschaft. Da Städte zentrierte Systeme bilden, ändert sich auch die *Konzeption der Stadtmitte.* Die Frage nach ihr enthält gleichzeitig auch die Frage nach den verschiedenen *Gradienten,* d. h. nach der zentral-peripheren Differenzierung von physischer Struktur des Stadtraums und von Gesellschaft und Wirtschaft, um nur die wichtigsten Kategorien zu nennen.

Die Modelle der Faktorialökologie angelsächsischer Provenienz enthalten das bemerkenswerte Paradoxon eines vom Zentrum zur Peripherie sinkenden Bodenpreis-Gradienten und eines gegensinnig dazu vom Zentrum zur Peripherie hin ansteigenden sozialen Gradienten. Diese Modelle schreiben daher der Stadtmitte negative soziale Effekte zu, welche letztlich mit der hohen Dichte begründet werden. In der sozialwissenschaftlichen Literatur wird der Begriff der „internen Dichte" (= Wohnraumbelegung) in Kausalmodellen mit sozialer Marginalität bzw. abweichendem Sozialverhalten in Zusammenhang gebracht, d. h. es wird angenommen, daß eine Zunahme der Dichte eine Zunahme von sozialen Desorganisationserscheinungen bewirkt.

Dieser für nordamerikanische Städte nachgewiesene statistische Zusammenhang hält allerdings einer Überprüfung im interkulturellen Vergleich nicht stand.

Die historisch tief gestaffelte Entwicklung des europäischen Städtewesens läßt sich daher auch nicht in das nordamerikanische Gradienten-Modell pressen. Die Persistenz von historischen Konzeptionen für die Stadtmitte bewirkt vielmehr eine große Vielfalt an *sozialen Gradienten.* Hierzu in aller Kürze einige Feststellungen:

In der *mittelalterlichen Bürgerstadt* war der zentrale Marktplatz die „soziale Mitte" der Stadt; hier hatten Handelsherren und Gewerbetreibende ihre Wohnhäuser und Gewölbe. Überall dort, wo Hausbesitz mit Handels- und Gewerbebetrieben noch eine Einheit bildet, wie dies in Kleinstädten vielfach der Fall ist, hat sich damit die Soziale-Mitte-Konzeption erhalten, welche die Denkmalschutzbewegung unterstützt, die ihrerseits zu dieser Persistenz beiträgt.

In der *Residenzstadt* des landesherrlichen Absolutismus verschob sich zwar das soziale Zentrum der Stadt in Richtung auf den Palast des Herrschers, doch blieb die Soziale-Mitte-Konzeption grundsätzlich unangetastet. Erst die liberale Periode brach mit dieser Tradition.

In den *Industriestädten* entstand ein von den Produktionsbetrieben ausgehendes zentrifugales Ordnungsprinzip. Großbritannien ergriff die Führung im Industriezeitalter, seine Städte umgürteten sich mit einer Industriezone, es entstand der Prototyp der Industriestadt mit einem zentral-peripher ansteigenden Sozialgradienten. Diese Entwicklung wurde ferner begünstigt durch die zum Unterschied von Kontinentaleuropa fehlende Urbanisierung des Adels, der auf seinen Landsitzen verblieben war. Entsprechend der Übertragung von Rechtsordnungen, gesellschaftlichen Organisationsformen und Produktionsweisen aus Großbritannien in den angelsächsischen Sprachraum in der Neuen Welt und in Australien ist es verständlich, daß damit das britische Städtewesen den Prototyp für die Stadtentwicklung in diesen Kontinenten stellte.

In Großbritannien hat die Industrialisierung die schlimmsten Auswüchse der Bodenspekulation und des Massenelends geschaffen. Hier entstand daher auch das Konzept der *Neuen Stadt*, getragen von der Überzeugung der Notwendigkeit einer Verbesserung der Lebensbedingungen der städtischen Bevölkerung. Fragen der räumlichen Segregation der städtischen Gesellschaft, der Zuweisung von bestimmten sozialen Gruppen zu bestimmten Standorten sind von vornherein aus den Entwürfen ausgeklammert worden. Die Mitte der Neuen Stadt kann als „sozial neutral" definiert werden. Dieses normative Prinzip beeinflußt die Stadtplanung bis heute tiefgreifend.

Nun sind Städte dynamische Systeme, in denen das Stadtzentrum den Entwicklungsmotor darstellt. Daher verbinden sich mit dem zentral-peripher absinkenden bzw. ansteigenden Sozialgradienten zwei unterschiedliche Prinzipien der Stadtentwicklung, die einerseits unter das Schlagwort der *„bausozialen Aufwertung"* bzw. andererseits das der *„bausozialen Abwertung"* und Slumbildung gestellt werden können. Solange das Stadtzentrum die soziale Mitte der jeweiligen Stadt bleibt, kommt es in einer vorwiegend fußläufigen Gesellschaft bei Umbauvorgängen aufgrund des zunehmenden Raumbedarfs der Oberschichten zu einem Vordringen derselben in die angrenzenden Mittelstandsviertel. Analog dazu weiten sich die Mittelschichten in ehemalige Unterschichtquartiere aus (vgl. Figur 5). Derartige Vorgänge bestimmten während der Gründerzeit das Wachstum von Wien, Budapest, Kopenhagen, Paris und Berlin ebenso wie das von Madrid oder Barcelona.

Grundsätzlich anders als bei dem zentral-peripher absinkenden Sozialgradienten läuft die Stadtentwicklung bei einem zentral-peripher ansteigenden ab, wie er unter anderem dem Typ der britischen Industriestädte entspricht. Hier zählt das Abwohnen der Bausubstanz, ein *„Filtering-down"*-Vorgang — gekennzeichnet durch das Eindringen von Grundschichten in ehemalige Mittelstandsquartiere und, verbunden damit, von Randgruppen aller Art („Sandler", Prostituierte, Kriminelle) — zu den dominanten Prozessen, die nicht nur der britischen Stadtplanung größtes Kopfzerbrechen bereiten, sondern grundsätzlich bis heute die Krise der Kernstadt und die Verschattung der Suburbs (vgl. Kapitel 1) in den nordamerikanischen Städten bestimmen.

Diese sehr vereinfachte Gegenüberstellung von bausozialer Aufwertung und

Figur 5: **Zentral-peripheres und peripher-zentrales Sozialgefälle und bausoziale Aufwertung und Abwertung**

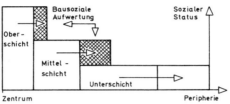
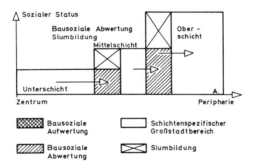

aus: E. LICHTENBERGER, 1986. Stadtgeographie I. Begriffe, Konzepte, Modelle, Prozesse. Teubner Studienbücher Geographie, Abb. 50, S. 135.

Filtering-down-Vorgang setzt freilich implizit die Annahme voraus, daß in ersterem Fall eine starke Umbautätigkeit, d. h. eine massive Stadterneuerung, erfolgt, während im zweiten Fall das Wachstum der städtischen Bevölkerung bzw. von städtisch genutzten Flächen in erster Linie im Anschluß an die bereits bestehende Verbauung, d. h. „auf grüner Wiese", vor sich geht. Damit ist das begriffliche Gegensatzpaar von Stadterneuerung und Stadterweiterung angesprochen, auf das im folgenden noch zurückgekommen wird.

3.2. Duale Stadtmodelle

Alle Gradientenanalysen gehen davon aus, daß Städte symmetrisch-zentrierte Gebilde darstellen. In der Realität bildet eine solche Symmetrie jedoch eher eine Ausnahme, während bei nahezu allen Großstädten Asymmetrie die Regel ist.

Asymmetrien im Sozialraum von Städten sind besonders dort ausgeprägt, wo aufgrund der zeitlichen Abfolge von gesellschaftspolitischen Systemen eine komplizierte Anlagerung oder Überlagerung von spezifischen Stadtstrukturen erfolgt ist.

Die Änderung von gesellschaftspolitischen Systemen ist stets mit einem Wechsel der Machtverhältnisse verbunden und bedeutet zumeist
— eine Änderung des Verfügungsrechtes über Grund und Boden,
— eine Auswechslung von städtebaulichen Leitbildern,
— eine Auswechslung der Eliten und damit der Entscheidungsträger.

Ganz ähnliche Effekte bewirken auch Auswechslungen des technologischen und wirtschaftlichen Systems. Derartige Überschichtungsvorgänge können entweder revolutionär oder in Schüben ablaufen.

In der europäischen Stadtgeschichte sind zwei „Wachablösen" von Gesellschaftssystemen und Stadtstrukturen gut untersucht, nämlich einerseits die der mittelalterlichen Bürgerstadt durch die barocke Residenz und andererseits der Umbau der letzteren durch die gründerzeitliche Industrieentwicklung.

Derzeit ist in Westeuropa die Ablösung des kapitalistisch-liberalen Systems durch das Gesellschaftssystem des sozialen Wohlfahrtsstaates in vollem Gange. Hierzu einige allgemeine Aussagen:

Grundsätzlich impliziert der Wechsel von gesellschaftspolitischen Systemen
— eine neue Stadt-Mitte-Konzeption,
— die Auseinanderlegung von zwei Subsystemen der Gesellschaft, einem gleichsam traditionellen und einem funktionell mit den neuen Machtverhältnissen konformen,
— ferner den Verfall im älteren Stadtsystem, der mit Marginalisierungsprozessen, sozialer Abwertung und physischem Blight Hand in Hand geht.

Bindet man diese Aussagen ein in ein Wachstumsmodell, so gelangt man zu einem zweigliedrigen Prozeß, der mit den in der aktuellen Stadtplanungsliteratur viel diskutierten Vorgängen der Stadterweiterung und Stadterneuerung identisch ist, wobei sich ganz allgemein die Gesetzmäßigkeit der Abfolge von Stadterweiterung und Stadterneuerung feststellen läßt. In der gesamten Stadtgeschichte ist stets die Stadterweiterung, d. h. die Aufschließung von neuen Flächen im Anschluß an das bereits verbaute Gebiet zeitlich vorangegangen, während die Stadterneuerung, d. h. der Umbau der bereits bestehenden Bausubstanz, erst dann erfolgte, wenn aufgrund der Änderung der politischen Machtverhältnisse, von Besitztiteln, Bodenrecht und dergleichen, auch eine Auswechslung der sozialen Schichten erfolgt ist. Sind die Städte relativ klein, so kann der Vorgang der Stadterneuerung auch weitgehend oder völlig unterbleiben.

Unter Bezug auf die „Produktion" der physischen Struktur von Städten gelangt man somit zum Konzept eines dualen Produktionszyklus, auf das im folgenden Kapitel eingegangen wird.

3.3. Theorien und Konzepte zur Stadtentwicklung

3.3.1. Überblick

Mit der Aussage des vorhergehenden Kapitels, wonach entsprechend der Abfolge von politischen Systemen und gesellschaftspolitischen Ideologien einem dualen Stadtmodell in der räumlichen Organisation von Städten der Vorzug zu geben ist, sei dieses Kapitel eröffnet und gleichzeitig damit die Frage gestellt, welcher Zugang anstelle der sozialökologischen Theorie so tragfähig ist, um als Plattform für weitere theoretische Teilkonzepte zur räumlichen Organisation und Entwicklung der städtischen Gesellschaft zu dienen.

Im folgenden wird eine theoretische Konzeption vorgestellt, welche die *Produktzyklustheorie* auf den physischen Produktionsprozeß von städtischer Bausubstanz anwendet und von der durch die historische Analyse von Städten gewonnenen Einsicht ausgeht, daß Stadtentwicklung grundsätzlich immer *als zweigliedriger Produktzyklusprozeß von Stadterweiterung und Stadterneuerung* aufgefaßt werden muß.

Diese duale Zyklustheorie von Stadterweiterung und Stadterneuerung gestattet ferner die *Einbindung der zentralörtlichen Theorie* im Hinblick auf das innerstädtische Geschäftsleben insofern, als sich hierbei analog zu den Zyklen von Stadterweiterung und Stadterneuerung ebenfalls Geschäftsstraßenzyklen entsprechend den Organisations-, Nachfrage- und Standortdifferenzierungen feststellen lassen.

Grundsätzlich geht der *Zyklus der Stadterweiterung* stets dem *Zyklus der Stadterneuerung* voraus. Aufgrund dieses *Time-lags* kommt es zu *Blight- und Verfallsvorgängen* in der vorhandenen Bausubstanz (Residential und Industrial Blight) bzw. im Fall des innerstädtischen Geschäftslebens zu Commercial Blight.

Derartige Blightphänomene werden in der sozialökologischen Theorie durch einen Filtering-down-Vorgang erklärt und mit Sukzessionskonzepten marginaler Gruppen in Beziehung gesetzt.

Der bauliche Produktionszyklus wird entscheidend durch die institutionellen Bauträger und damit von der Angebotsseite her durch normative Zielsetzungen bestimmt. Zwischen *institutionellen Bauträgern und Wohnklassen* bestehen Rückkopplungen. Über die Standortwahl der institutionellen Bauträger im Stadtraum besteht ferner ein Zusammenhang mit den Zyklen von Stadterneuerung und Stadterweiterung.

Bereits in der Einleitung wurde als ein grundsätzlich wichtiger Vorgang der Gegenwart die *Aufspaltung der Wohnfunktion* und damit die Entstehung von Arbeits- und Freizeitwohnungen herausgestellt. Diese Entwicklung beeinflußt die Gebiete der Stadterweiterung und Stadterneuerung in unterschiedlichem Ausmaß und bewirkt in weiterer Konsequenz das Konzept der *Ghostbevölkerung*.

Damit ist eine neue Sichtweise im Verhältnis zur Wohnbevölkerung notwendig.

Die bisherigen Konzepte von Migration und Mobilität reichen nicht mehr aus, um die durch die Aufspaltung der Wohnfunktion neu entstehende *Instabilität der Bevölkerung* zu erklären. Das letztgenannte Phänomen birgt nicht nur bisher unbewältigte Schwierigkeiten bei der statistischen Erfassung der Wohnbevölkerung, sondern resultiert auch in neuen Problemen für die mit Planung befaßten Instanzen.

Die *rent-paying ability* gehört zu den Grundparametern stadtökonomischer Theorien, gleichzeitig dient sie aber auch als Indikator zur Messung der Benachteiligung von spezifischen Gruppen. Dieser standorttheoretische Ansatz wurde daher als dritter Zugang gewählt, um — eingebunden in ein duales Stadtmodell — Aussagen über den Zusammenhang zwischen Gesellschaft und Wohnraum der Stadt zu bieten.

Ausgehend von der theoretischen Konzeption eines dualen Arbeitsmarktes, wie er für die sozialen Wohlfahrtsstaaten kennzeichnend ist, wurde schließlich unter Bezug auf die Konzeption von geschützten (öffentlichen) und offenen (privatwirtschaftlichen) Segmenten des Arbeitsmarktes die Frage nach dem *Zusammenhang zwischen arbeitsräumlicher Gliederung der Stadt und dualem sozialräumlichem Modell* gestellt. Entsprechend der These, daß es sich bei Stadterweiterung und Stadterneuerung um komplementäre Vorgänge handelt, sind hierbei gegenläufige Entwicklungstendenzen zu erwarten.

3.3.2. Ein duales Zyklusmodell von Stadterweiterung und Stadterneuerung

Die *Zykluskonzeption* stellt ein wichtiges heuristisches Prinzip dar, welches, durch die großen Erfolge der biologischen Evolutionstheorie begründet, in den verschiedensten Disziplinen Eingang gefunden hat. In den Wirtschaftswissenschaften ist die Konzeption unter anderem auf die industrielle Produktion angewandt worden. In jüngster Zeit hat G. PALME die Übertragung auf den Fremdenverkehr vorgenommen und dabei von „spezifischen Urlaubsstilen", als Gesamtheit aus Angebots- und Nachfrageseite einschließlich des Freizeitverhaltens, gesprochen*.

Die Anwendung des Zykluskonzepts auf einen bestimmten Sachbereich gestattet die Unterscheidung von zumindest drei Phasen, nämlich: Früh-, Hoch- und Spätphase, welche je nach Fragestellung noch weiter untergegliedert werden können.

Im folgenden wird die Produktzyklustheorie auf den physischen Produktionsprozeß von städtischer Bausubstanz angewendet.

Die erste Annahme lautet:

Die *physische Stadtentwicklung* ist grundsätzlich immer als *zweigliedriger Entwicklungsprozeß* von Stadterweiterung und Stadterneuerung aufzufassen. Die zweite Annahme bezieht sich auf die *zeitliche Relation* von beiden Zyklen, wonach die Stadterweiterung stets der Stadterneuerung vorausgeht. Die dritte Annahme bezieht sich auf die funktionelle Relation von beiden Zyklen. Sie lautet, daß *Stadterneu-*

---

* G. Palme, 1986.

Theorien und Konzepte zur Stadtentwicklung 45

erung als komplementärer Vorgang zur Stadterweiterung aufzufassen ist, bei dem die bei der Stadterweiterung nicht berücksichtigten Elemente des städtischen Systems Berücksichtigung finden müssen; ist dies nicht der Fall, so sind tiefgreifende Veränderungen des Gesamtsystems die unabdingbare Konsequenz. Anhand einer Figur sei die theoretische Konzeption exemplifiziert (vgl. Figur 6).

Figur 6: **Das duale Zyklusmodell von Stadterweiterung und Stadterneuerung**

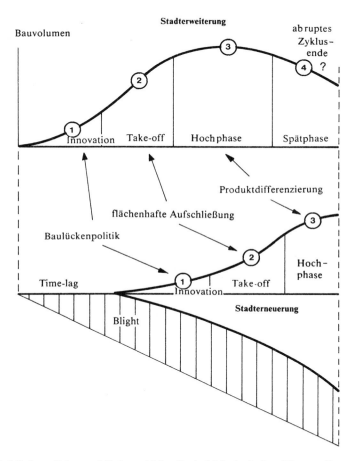

Im Hinblick auf den zeitlichen Ablauf wird hierbei eine Unterteilung der Frühphase in
— eine Innovationsphase und
— eine Take-off-Phase
vorgenommen und ferner in der Spätphase ein jäher Abbruch antizipiert.

Diese Annahme eines Abbruchs der Stadtentwicklungszyklen in der Spätphase der Stadterweiterung ist deswegen besonders wichtig, da daraus resultiert, daß ein beachtlicher Baubestand, der „erneuerungsträchtig" ist, übrig bleibt, und erst im nächsten Zyklus „abgearbeitet" werden kann. Diese Annahme erklärt auch das ineinandergeschachtelte Nebeneinander von baulicher Substanz aus mehreren Stadtentwicklungszyklen, wie es in allen alten Groß- und Millionenstädten Europas die Regel ist.

Im folgenden eine allgemeine *Kennzeichnung der Phasen*.

1. Zuerst eine Vorbemerkung: Jeder neue Zyklus der Stadtentwicklung erfolgt grundsätzlich unter geänderten
– politischen und/oder
– ökonomischen und/oder
– technischen und/oder
– sozialen Bedingungen.

Es werden neue städtebauliche Zielvorstellungen geprägt, neue städtebauliche Ordnungsmuster geschaffen und von neuen Organisationsformen neue Wohnbautypen kreiert.

1. Die „Innovationsphase" bleibt im wesentlichen noch traditionellen Standortprinzipien in der Verortung baulicher Strukturen verhaftet. Vielfach herrschen experimentmäßig ablaufende Formengebungen vor.

In diesem Zusammenhang ist einerseits die Baulückenpolitik der kommunalen Bauten am Rande des gründerzeitlichen Stadtkörpers in Wien in der Zwischenkriegszeit verständlich, andererseits aber auch die Tatsache zu erklären, daß trotz des beachtlichen Umbauvorganges der Gegenwart, ausgedrückt durch die Zahl der im gründerzeitlichen Baugebiet neu erstellten Häuser und Wohnungen, dieser Bauvorgang nicht aus dem gleichsam versteinerten städtebaulichen Gehäuse ausbrechen konnte.

2. In der *Take-off-Phase* erfolgt eine gewisse Reduzierung der Bautypen und -muster, gleichzeitig jedoch eine Standardisierung des Designs sowie eine Loslösung von punktuellen Standorten in Richtung auf eine flächenhafte Aufschließung.

3. In der *Hauptphase* wird die Quantität des Wachstums nicht mehr gesteigert, es erfolgt jedoch nochmals eine Verbreiterung der Angebotspalette, d. h. es kommt zu einer Produktdifferenzierung, bei der letztlich die Wachstumsgrenze des städtischen Systems erreicht wird.

Mehrere Gründe zeichnen hierfür verantwortlich:
– die Begrenzung der Ausweitungsmöglichkeiten aufgrund der Tragfähigkeit des jeweiligen Verkehrssystems,
– die Reduzierung der Nachfrage von seiten potentieller Interessenten (Bevölkerung und Betriebe),
– die Begrenzung des Kapitaleinsatzes im Hinblick auf das Bauvolumen.

Mit dem Erreichen der Sättigungsgrenze kommt es in weiterer Konsequenz zu einer Reduzierung des Kapitaleinsatzes und einer negativen Schraubenbewegung der Gesamtentwicklung.

4. In der *Spätphase* endet die negative Schraubenbewegung jedoch in einem abrupten Systemwandel, der durch politische, ökonomische und/oder technische Parameter bestimmt sein kann.

Nun zur *Erklärung des Time-lags* zwischen Stadterweiterungs- und Stadterneu-

Theorien und Konzepte zur Stadtentwicklung 47

erungszyklus. Er resultiert aus den Persistenzeffekten der konkreten physischen Baustruktur, auf deren Reproduktionsproblematik weiter unten eingegangen wird. Im Hinblick auf die Zeitdauer des Time-lags sei folgende These postuliert: Je länger die Zeitverschiebung zwischen dem Einsetzen des Stadterweiterungszyklus und dem Stadterneuerungszyklus ist, umso größer werden die flächenhaften Degradierungserscheinungen im Baubestand. Mit dieser These wird dem Time-lag gleichzeitig eine Blightfunktion zugeschrieben.

3.3.3. Die Reproduktion der baulichen Struktur von Städten: Blight und Stadtverfall

Es wäre eine zu einfache Überlegung, Blight und Stadtverfall mit dem schlichten Parameter der *Bestandsdauer von physischer Struktur* von Städten messen zu wollen. Folgende weitere *Determinanten* müssen berücksichtigt werden:
1. Die Notwendigkeit von Umbau bzw. Abbruch und Neubau ist abhängig von der Qualität der vorhandenen baulichen Struktur, d. h. vom Material und technischen Ausstattungsstandard. Je besser in der Vergangenheit gebaut wurde, desto länger ist die Lebensdauer von Bauobjekten anzusetzen, umso teurer ist Umbau und Abbruch. Damit ist bereits das konkrete Problem der Stadterneuerung in der gründerzeitlichen Miethausverbauung Kontinentaleuropas zum Teil definiert. In der Gründerzeit wurde nicht nur der Höhepunkt der handwerklichen Fertigung in der Ziegelbauweise erreicht, sondern es wurden auch durch strikte Bauvorschriften hohe Ansprüche an Fundament, Mauerstärke und Tramdecken, Stiegenaufgänge usf. gestellt.
In dieser Hinsicht bestehen sehr wichtige und kaum zur Kenntnis genommene Unterschiede der Bauweise zwischen Großbritannien und dem Großteil Kontinentaleuropas. Das Tempo eines Filtering-Down-Prozesses ist damit schon von der Bauqualität her in Städten wie Madrid, Wien, Budapest, Paris langsamer als in Leeds, Sheffield oder Glasgow. Während in Großbritannien Reihenhäuser nach 70-80 Jahren abgewohnt sind, kann der Ermittlung des Wiener Sanierungsbedarfs eine Rotationsdauer von 120 Jahren zugrundegelegt werden (J. STEINBACH, 1984).
2. Blightphänomene sind nicht nur von der Qualität des vorhandenen Baubestandes, sondern auch von der Höhe der Neubauraten abhängig. Ein höheres Neubautempo „beschleunigt das Älterwerden" des vorhandenen Baubestandes. Hierzu die konkrete Situation: Legt man die Bautätigkeit der späten siebziger Jahre in den USA mit durchschnittlich 2 Millionen Wohneinheiten pro Jahr — von denen fast drei Viertel als Einfamilienhäuser errichtet wurden — zugrunde, so gelangt man zur Aussage, daß bei gleichbleibenden Neubauquoten im Jahre 2000 der gesamte bis 1960 errichtete Baubestand von Kernstädten und Suburbs bereits „outdated" und damit von Blight befallen sein müßte. Damit wäre eine Reproduktionsfolge der Bauten erreicht, welche schon fast mit der Generationenabfolge der Bevölkerung konform ginge.
3. Ferner erweisen sich auch die einzelnen Teile der physischen Stadtstruktur in sehr unterschiedlichem Maße als anfällig gegenüber Blighterscheinungen. Grund-

sätzlich altern alle Einrichtungen der technischen Infrastruktur und der industriellen Produktion sehr viel schneller als Wohnbauten. So werden auch Geschäfte, Werkstätten und Industriehallen rascher aufgegeben als Wohnhäuser.

Damit ist die Frage der *Reproduktion der Wohnbausubstanz* angesprochen. Es ist eine Binsenweisheit, daß Wohnungen, Häuser und Viertel eine unterschiedliche Lebens- und damit Rotationsdauer aufweisen. Die auf die Generationenfolge der Gesellschaft zugeschnittene *Adaptierung und Erneuerung der Wohnräume* kann daher in einer kurzfristigen Planungsstrategie zur Erneuerung des Baubestandes der Partizipation des Bürgers, sprich Mieters, bei der Finanzierung zugeschoben werden.

Spätestens nach der zweiten Generation steht jedoch eine *Sanierung der Miethäuser* an, bei der es nicht mehr darum geht, die Ersparnisse der Mieter, sondern das Kapital der Hausbesitzer für die Stadterneuerung zu gewinnen. Spätestens nach vier Generationen ist jedoch auch diese Möglichkeit erschöpft, eine *viertelsweise Stadterneuerung* muß auf das Programm von Stadtplanungsbehörden gesetzt werden.

In die obige Gedankenkette sind bereits politische und ökonomische Aussagen implizit eingegangen. Danach wird, den Grundprinzipien des sozialen Wohlfahrtsstaates entsprechend, Stadterneuerung als ein dualer Investitionsprozeß aufgefaßt, an dem öffentliches und privates Kapital beteiligt sind. Freilich bestehen gegenwärtig von Staat zu Staat sehr unterschiedliche Investitionsstrategien. Im obigen Beispiel der Erneuerung von Wohnbausubstanz wurde bereits ein Vorgriff auf die Wiener Situation vorgenommen.

Nicht nur in Wien, sondern auch in anderen europäischen Großstädten tritt jedoch die Stadterneuerung im allgemeinen unter anderen finanziellen Rahmenbedingungen in das Take-off ihres Zyklus ein als die Stadterweiterung.

Grundsätzlich bestehen nur zwei *Möglichkeiten der Durchführung von* block- und viertelsweisen *Stadterneuerungsvorhaben*:

1. mit öffentlichen Mitteln, wobei auch die Modelle aus den Stadterweiterungsgebieten auf die Stadterneuerungsareale übertragen werden können, wie dies die Beispiele in den Oststaaten, darunter in Budapest, zeigen, und

2. mit privatwirtschaftlichen Organisationen, denen man daher Profite zuschreiben muß. Letztere sind grundsätzlich nur durch die politische Akzeptanz von drei Tendenzen möglich:

(1) die Gewinnung von weiterer Geschoßfläche, wenn die Bauordnung eine höhere oder dichtere Verbauung gestattet (Das „Schinden von Kubatur" durch Ausbau von Mansardendächern, durch Reduzierung der Geschoßhöhe usf. zählt in vielen Städten, darunter insbesonders in Frankreich, zu den gängigen Erscheinungen.),

(2) eine bausoziale Aufwertung, bei der die Lageattraktivität ins Spiel kommt und die vielbekrittelten Luxussanierungen erfolgen, wie z. B. in Schweizer oder bundesdeutschen Städten, und

(3) die Ausweitung von Citymantelbereichen, d. h. einer Assoziation des im Take-off begriffenen tertiären und quartären Sektors der Wirtschaft im Verein mit der Nachfrage nach Komfortwohnungen von seiten einer neuen einkommensstarken berufstätigen Citybevölkerung.

Mit den obigen Aussagen sind bereits diejenigen Stadträume ausgegrenzt, für deren „Erneuerung" die Privatwirtschaft nicht interessiert werden kann:

(1) Es handelt sich um Gebiete, in denen durch Flächenwidmungspläne eine Abzonung vorgenommen wird, um den Abstand von Gebäuden zu vergrößern, Grünflächen einzubringen und dgl. mehr,

(2) die Wohnnutzung bestehen bleibt und, wie vorher, Grundschichten der Bevölkerung, jedoch in Wohnungen mit besserer Ausstattung, untergebracht werden sollen.

In all diesen Fällen kann Stadterneuerung nur von der öffentlichen Hand mit Mitteln à fonds perdu getragen werden.

3.3.4. Ein duales Modell des Geschäftslebens und Commercial Blight

In das duale Raummodell von Städten fügt sich nahtlos das duale Modell des Geschäftslebens ein. Hierbei ist die *duale Standorttypologie von traditionellen Geschäftsstraßen und geplanten und ungeplanten Geschäftszentren* teils durch die Zweiteilung der physischen Struktur der Stadt in Stadterneuerungs- und Stadterweiterungsgebiete, teils durch die damit verbundene Verkehrstechnologie zu erklären. Traditionelle Geschäftsstraßen und -viertel liegen im Verkehrsaufkommen des Fußgängerverkehrs und von liniengebundenen Verkehrsmitteln. Geplante Geschäftszentren sind dagegen (in Europa) an Knoten oder Endstationen von Massenverkehrsmitteln oder Autobahnknoten gebunden. Die genannten Typen weisen danach unterschiedliche Standortprinzipien auf. Die traditionelle Geschäftsstraßenstruktur ist zentripetal orientiert, d. h. daß sich die Geschäftsstraßen mit dem Wachstum der Stadt peripher ausdehnen und Kaufhäuser zentrale Lagen bevorzugen. Mit dem Aufschwung von peripheren Shopping Centres im Zuge der Stadterweiterung tritt ein Bedeutungsverlust der zentrumsnahen Geschäftsgebiete ein; Commercial Blight ist das Ergebnis.

B. J. L. BERRY hat derartige Vorgänge zuerst in Chicago beschrieben (1963) und vier Typen von Commercial Blight spezifiziert:

1. *Ökonomischer Blight* entsteht, sobald ein Wechsel der Nachfrage zu Marktverlusten führt. Zu einem derartigen Wechsel zählen Reduzierung des Kundenkreises, Absinken des sozio-ökonomischen Status im Einzugsbereich und ebenso eine Reduzierung der Nachfrage aufgrund der Entwicklung von neuen Konkurrenten. Zu den nach außen hin sichtbaren Manifestationen zählen hohe Leerstehungsraten, vor allem aufgrund des Verfalls von höher spezialisierten Geschäften, ferner tritt ein Wechsel in der Nutzung von höherrangiger Spezialisierung in Richtung auf Duplizierung kleinerer Betriebe ein. Es erfolgt ein Wechsel im Sortiment bei den verbleibenden Geschäften, und es wird das Angebotsvolumen reduziert.

2. Als *funktioneller Blight* wird die Entwicklung von der Betriebsseite her gesehen, d. h. der Wandel der Technologien führt zu einer Betriebsvergrößerung und damit zu dem Ergebnis, daß viele ältere Geschäfte für eine effiziente Betriebsführung nicht mehr geeignet sind. Ein Wechsel in der Nachfrage in Richtung auf eine wachsende Mobilität der Konsumenten hat dieselben Auswirkungen.

3. *Umweltblight* entsteht dort, wo die Umwelt ungünstige Effekte auf das Ge-

schäftsleben ausübt, so z. B. überall dort, wo sich die Verkehrsbelastung erhöht, ferner eine Reduzierung der Bodenwerte eintritt und sich unerwünschte Bevölkerungsgruppen niederlassen.

4. *Physischer Blight* tritt ein, wenn das Geschäft aus Altersgründen verfällt, d. h. die Instandhaltung und Nutzung nicht mehr aufrechtzuerhalten ist.

Selbstverständlich sind die genannten Formen in zahlreichen Kombinationen vorhanden.

In der Interpretation der Ergebnisse von Chicago sind die Basisannahmen der Marginalität von sozialen Differenzierungen von Städten enthalten. Blightphänomene sind daher mit marginalen Gesellschaftsstrukturen gekoppelt. Es ist eine offene Frage, ob dieser in der amerikanischen Stadtforschung verifizierte Zusammenhang auch auf die europäische Stadt zutrifft.

Auch die innerstädtische Hierarchie des Geschäftslebens wird durch die Blightphänomene beeinflußt: Es ist ein Rückzug des Einzelhandels aus der Fläche, ferner eine Reduzierung der unteren Glieder der Hierarchie sowie mit zunehmender Betriebsgröße ein Konzentrationseffekt zu erwarten, so daß die Unterschiede zwischen den Stufen der Hierarchie ausgeprägter werden.

3.3.5. Institutionelle Bauträger, soziale Klassen und Wohnklassen

Der *soziale Klassenbegriff* fußt auf dem industriellen Produktionsprozeß. Nun werden durch die Tertiärisierung der Wirtschaft die traditionellen sozialen Klassen der Arbeiter und Selbständigen zunehmend durch Angestellte und damit Angehörige von Büroberufen und Manipulationstätigkeiten ersetzt. Mit dem „Abschied vom Proletariat" verschiebt sich die soziale Klassengesellschaft in Richtung auf eine demographische Klassengesellschaft nach Altersgruppen und Haushaltstypen. Mit beiden Vorgängen löst sich die in der ständisch organisierten gründerzeitlichen Stadtgesellschaft vorhandene weitgehende Identität von sozialen Klassen und Wohnklassen auf. Nun wird eine *Wohnklassenkonzeption* interessanterweise gerade durch die Instrumente des sozialen Wohlfahrtsstaates ins Spiel gebracht, und zwar überall dort, wo von seiten institutioneller Bauträger spezifische Ideologien in Form von Restriktionen gegen bzw. Bevorzugung von bestimmten sozialen Gruppen vorhanden sind.

Zwischen institutionellen Bauträgern und potentiellen Nachfragern entsteht ein im einzelnen nur schwer faßbarer Informationsverbund und damit ein Subsystem, welches mit der Etikette einer „Wohnklasse" versehen werden kann, wobei das Vorhandensein von nicht ökonomisch definierten Eintrittsbedingungen die Voraussetzung bildet. Über die Bautätigkeit bestimmter institutioneller Bauträger kann daher Segregation programmiert werden. Zum Unterschied von den sozialrechtlich definierten sozialen Klassen umfassen derartige Wohnklassen nur Teile des Wohnungsmarktes, und zwar nur den Markt der Neubauwohnungen, da sich im Altbaubestand ein sozialer Wandel im baulichen Gehäuse vollzogen hat, der von Stadt zu Stadt sehr unterschiedliche Ausmaße erreicht und auch von den nationalen Strategien der Wohnungswirtschaft, insbesonders der Mieterschutzgesetzgebung abhängig ist.

Geht man von der These aus, daß die Tendenz zur Besitzbildung sehr viel stärker von städtischen Mittelschichten als von Grundschichten getragen wird, so ergibt sich daraus, daß im Eigentumswohnungsbau unter den Nachfragern überproportional Selbständige und Angestellte vertreten sein werden, während andererseits der soziale Wohnungsbau der Gemeinden in erster Linie den Bedarf der Grundschichten zu decken versuchen wird. Die Frage nach der räumlichen Einbindung einer derart polarisierten Wohnklassenkonzeption in die Prozesse von Stadterweiterung und Stadterneuerung führt wieder zurück zu den sozialgeographischen Stadtmodellen und den Vorgängen von bausozialer Aufwertung und Abwertung. Bei einer Fortschreibung des vom Zentrum zur Peripherie hin fallenden *Sozialgradienten* wird der soziale Wohnungsbau als Instrument der Stadterweiterung zugute kommen, während überall dort, wo ein Slum-Ring die Innenstädte umgibt, wie in den britischen Städten, eine innere Zone des „social housing" vorhanden ist.

3.3.6. Die Aufspaltung der Wohnfunktion, Instabilität der Bevölkerung und Ghostbevölkerung

Bereits in der Einleitung wurde auf die *Aufspaltung der Wohnfunktion* in Arbeits- und Freizeitwohnungen hingewiesen und dieser Vorgang als wichtigster Prozeß der Gegenwart bezeichnet, der alle Teile des Siedlungssystems erfaßt. Die Bewohner der Kernstädte werden damit zu *„Bewohnern auf Zeit"*, und es entsteht eine neue Form des „städtische Nomadentums", welche der amtlichen Registratur bei statistischen Großzählungen ebenso wie den kommunalen Behörden großes Kopfzerbrechen bereitet. Nun sind Städte zentrierte Systeme. Dieser Regel folgt auch die Verteilung der Instabilität. Waren bisher bereits in den Gradientenmodellen von Städten die inneren Stadtteile durch die täglichen Rhythmen der Arbeitsbevölkerung mit besonders hohen Einpendlerquoten belastet, so treten derzeit zu diesen schon bekannten Unterschieden zwischen *Tag- und Nachtbevölkerung* noch diejenigen der Wohnbevölkerung und einer partiell absenten Bevölkerung, nämlich der *Ghostbevölkerung*, hinzu.

Hierzu kommen ferner ausländische Migranten, Gastarbeiter, Studenten und schließlich, über den Städtetourismus, Touristen und sonstige Benützer zentraler Einrichtungen der City. Alles in allem erschwert die Instabilität der Wohnbevölkerung auch eine Stadterneuerung, da sich die Frage stellt, für welche Funktionen und welche Bevölkerungsgruppen die inneren Stadtteile de facto in Zukunft dienen sollen.

3.3.7. Das Konzept eines dualen Arbeitsmarktes

Die Erfassung der räumlichen Allokation und der Abfolge von Betrieben im Stadtraum stellt ein Desideratum der Forschung dar. Dies hat gute Gründe. Zum Unterschied von den Sozialwissenschaften, die mit dem Segregationsprinzip als be-

schreibende und prozessuale Konzeption ein zentrales Ordnungsinstrument für die Erklärung der sozialräumlichen Organisation von städtischen Gesellschaften besitzen, fehlt der Stadtökonomie eine derartige übergeordnete theoretische Sichtweise, welche die Komplexität der Arbeitsstätten umspannen könnte. Es stehen nur zwei tragfähige deduktive Aussagensysteme zur Verfügung, welche die innerstädtische Verortung von Arbeitsstätten erklären können:
— die bereits oben angesprochene — aus dem zwischenstädtischen System übernommene — *zentralörtliche Theorie* und
— die *Bodenpreistheorie* von W. ALONSO, auf die hier nicht weiter eingegangen werden soll, deren wichtiger Parameter, die Mietenhöhe, jedoch in der Faktorenanalyse von Wien Verwendung gefunden hat.

Im folgenden sei ein bisher nicht benützter Zugang vorgestellt, der an die duale Konzeption von öffentlichen und privaten Wohnbauträgern anschließt und diese Konzeption auf den *Arbeitsmarkt* ausdehnt, bei dem *ein öffentliches (geschütztes) und ein privates (offenes) Teilsegment* unterschieden wird. Ebenso wie bei der dualen Konzeption von Bauträgern und Wohnklassen wird hierbei von der These ausgegangen, daß aufgrund der Komplementarität der genannten Segmente in der räumlichen Organisation von Städten, d. h. im vorliegenden Fall in Stadterweiterungs- und Stadterneuerungsgebieten, gegenläufige Entwicklungstendenzen zu erwarten sind, nicht zuletzt deshalb, weil den Arbeitsstätten des geschützten Sektors eine höhere Persistenz zuzuschreiben ist als denen des privaten Sektors.

Zum Unterschied vom Wohnbausektor mit der relativen Stabilität von Kapitalinvestitionen besteht im Bereich der Arbeitsstätten sowohl in baulich-technologischer Hinsicht — d. h. unter Bezug auf die physische Struktur und Ausstattung — als auch in den Organisationssystemen der Arbeitsbevölkerung selbst ein außerordentlich rascher Wandel. Während sich städtebauliche Vorstellungen und wohnungspolitische Systeme nur im Ablauf von Generationen ändern, bilden die ökonomischen Determinanten von Arbeitsstätten und Arbeitsmarkt den eigentlichen hochtourigen Motor der Stadtentwicklung. Aufgrund dieser Tatsache kann daher von der oben genannten dualen Konzeption des Arbeitsmarktes nicht die gleiche Tragfähigkeit erwartet werden, welche die duale Konzeption des Wohnungsmarktes besitzt. Hierzu kommt noch ein weiteres: Die ökonomischen Determinanten der Stadtentwicklung sind nicht nur durch gravierende Theoriedefizite belastet, sondern es erweist sich vielmehr, daß auch ebenso gravierende Datendefizite bestehen. Auch dies ist mit ein Grund dafür, daß eine Geographie des städtischen Arbeitsmarktes bisher fehlt.

4. Zur Methodik einer komplexen Stadtentwicklungsanalyse

4.1. Sekundärforschung versus Primärforschung

Die gegenwärtige Forschungssituation in der westlichen Welt ist ganz allgemein durch eine Scherenbewegung zwischen Primärforschung und Sekundärforschung gekennzeichnet.

Aufgrund des wachsenden Datenschutzes und der steigenden Kosten wird Primärforschung nicht nur teurer, sondern ebenso auch schwieriger. Umgekehrt ist durch
— den Aufbau von öffentlichen Datenbanken,
— die Vermehrung der Zahl der Merkmale bei staatlichen Zählungen und
— die Verbesserung des Zugriffs auf kleinere räumliche Bezugseinheiten
die auf Sekundärdaten, d. h. auf systematisch und räumlich bereits aggregierten Primärdaten, beruhende Forschung im Vordringen. Als Konsequenz aus dieser Tatsache ergibt sich die Notwendigkeit, die Forschungsmethodik im gesamten Feld der Sekundärdaten zu verbessern, so daß es möglich ist, auch bessere, d. h. informationsreichere Ergebnisse aus den vorliegenden aggregierten Daten zu gewinnen. In der *Sekundärforschung* sind von vornherein *drei Defizite* einzukalkulieren:
— die zumeist unbekannten Prinzipien der räumlichen Aggregierung der Daten (Zählbezirke, Zählgebiete),
— die vorgegebene Systematik der Merkmale und
— das Fehlen von Verknüpfungen zwischen verschiedenen Zählungen.

Diese Defizite auf der räumlichen und sachlichen Aggregierungsebene und in prozessualer Perspektive fallen besonders dort ins Gewicht, wo kein empirisches Wissen über das Untersuchungsobjekt in die Forschung eingebracht wird und diese ausschließlich auf der Ebene von Sekundärdaten beruht.

Die leichte Zugänglichkeit von Sekundärdaten verleitet ferner dazu, diese zu Paketen aufzuhäufen und, ohne Theoriebezug, unkritisch die Rituale von Rechenprozeduren ablaufen zu lassen. Aufgrund dieser Vorgangsweise haftet der Forschung mit Sekundärdaten häufig ein gewisses Odium von Oberflächlichkeit an, das aber letztlich aus dem Stil des Handlings erwächst und nicht zwangsläufig aus dem Informationsgehalt der Daten selbst resultiert, der vielfach nicht sorgfältig genug ausgelotet wird. Um Möglichkeiten und Grenzen der Sekundärforschung offenzulegen, seien an Hand eines Schemas die grundsätzlichen Unterschiede in der Forschungsstrategie im Vergleich zur Primärforschung dargestellt (vgl. Figur 7).

Figur 7: **Forschungsstrategien in der Primärforschung und Sekundärforschung**

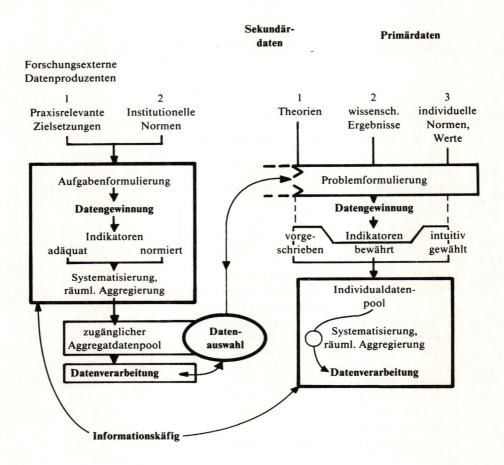

Die Sekundärforschung — welcher Art immer — beruht stets auf Daten, welche institutionellen Normen und Zielsetzungen ihre Entstehung verdanken. Bei diesen Institutionen kann es sich um Einrichtungen des Staates, wie Statistische Ämter, oder der Privatwirtschaft, ferner um offiziöse Einrichtungen, Vereine und dergleichen handeln. Im Hintergrund der Datensammlung steht daher auch immer eine institutionelle (politische) Ideologie sowie eine spezifische Praxisrelevanz. In dem vorgegebenen Datenpool fehlen vielfach Daten für eine theoriegeleitete Forschung. Bei der Lektüre von wissenschaftlichen Arbeiten, welche mit einem sehr anspruchsvollen Theoriegebäude ausgestattet sind, tritt daher beim Studium der empirischen Ergebnisse, welche auf Sekundärdaten beruhen, häufig rasch Ernüchterung und Enttäuschung ein, wenn sich herausstellt, daß die zunächst sehr eindrucksvollen mathematischen bzw. statistischen Modelle mit wenig aussagekräftigen Ersatzvariablen kalibriert wurden, die einen Informationsgehalt vortäuschen, den sie nicht besitzen.

Im Vergleich dazu liegen die *Vorzüge der Primärforschung* auf der Hand. Sie bestehen in der Möglichkeit der Erstellung eines konsistenten Systems von

— neuer theoretischer Konzeption,
— Problemformulierung im Detail und
— Gewinnung von Indikatoren, die, entsprechend den Zugängen, von Theorien vorgeschrieben, in bisherigen wissenschaftlichen Arbeiten bewährt oder aufgrund von persönlichen Normen und Werthaltungen intuitiv gewonnen werden.

Allerdings — und dies darf nicht verschwiegen werden - erzeugt auch die Primärforschung über den Vorgang der Datengewinnung einen *Informationskäfig*, aus dem sie später bei der Datenverarbeitung kaum mehr ausbrechen kann.

Nun bestehen in den Informationskonfigurationen, auf welche die Forschung zugreifen kann, Übergangsformen zwischen Primär- und Sekundärdaten derart, daß aus gesellschaftlichen Normen und praxisrelevanten Zielsetzungen initiierte Datensammlungen auch von theoretischen Überlegungen beeinflußt werden, und zwar überall dort, wo Auftragsforschung in direkten Kontakt zu den politischen oder wirtschaftlichen Entscheidungsträgern gelangt. Es entstehen dabei sehr komplexe Amalgame von Informationsstrukturen. Die Produkte des staatlichen Mikrozensus zählen zu dieser Sorte, auf die in diesem Zusammenhang nicht eingegangen werden soll.

Fassen wir zusammen. Jede theoriegeleitete Forschung befindet sich, wenn sie Sekundärdaten verwendet, in einem von institutionellen Normen und praxisrelevanten Zielsetzungen bestimmten Informationskäfig, wobei sie auf Gewinnung, Systematisierung und Aggregierung von Indikatoren keinerlei Einfluß hat. In dem zugänglichen Datenpool stehen andererseits sehr viele Daten zur Verfügung, ebenso ist durch die Aufbereitung der Daten ein sehr zügiger iterativer Forschungsprozeß möglich.

Die Primärforschung ist grundsätzlich dort anzusiedeln, wo im Pool aggregierter Sekundärdaten keine Informationen zur Verfügung stehen.

Im Hinblick auf die *räumlichen Aggregierungsniveaus* bestehen zwischen der Primärforschung und der Sekundärforschung weitere Unterschiede. Grundsätzlich werden in institutionellen Datenpools nur höhere Aggregierungsniveaus (Zählgebiete, Gemeinden, politische Bezirke) für die wissenschaftliche Forschung freigegeben. Dabei nimmt allerdings bei steigendem Aggregierungsniveau die Zahl der zur Verfügung stehenden Merkmale zu und erreicht auf der oberen Ebene der Bezirke eine nahezu enzyklopädische Breite.

Die Primärforschung von Einzelpersonen und Kleingruppen bewegt sich andererseits zwischen Skylla und Charybdis, d. h. zwischen Stichproben, deren Umfang meist nur die Aggregierung der Einzelfälle auf höheren Niveaus (z. B. Bezirke) gestattet, bzw. kompletten Erhebungen von Einzelmerkmalen — ein Arbeitsstil, der bei großen Städten äußerst selten ist.

An Hand eines Schemas sind die zwei grundsätzlichen Möglichkeiten eines potentiellen Verbundes von Sekundärforschung und Primärforschung dargestellt (vgl. Figur 8).

Figur 8: **Räumliche Aggregierungsniveaus und potentieller Verbund von Sekundärforschung und Primärforschung**

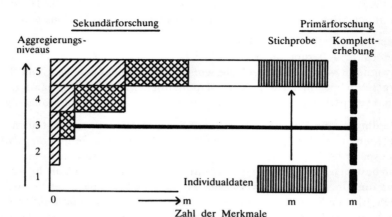

Die vorliegende Publikation unternimmt den Versuch einer theoriegeleiteten Verknüpfung von Arealdaten auf Zählbezirksniveau mit im Forschungsbetrieb der Kommission für Raumforschung gewonnenen Primärdaten.

4.2. Zur Forschungsstrategie einer komplexen Stadtentwicklungsanalyse

Die Forschungsstrategie einer komplexen Stadtentwicklungsanalyse muß folgenden Ansprüchen genügen:
1. Sie muß die Abfolge von politischen Organisationssystemen in den Städten der westlichen Welt zur Kenntnis nehmen. Dieser Anspruch wird durch die Konzeption einer räumlichen Zweiteilung von Städten in eine „gründerzeitliche Innenstadt" und eine „zwischen- und nachkriegszeitliche Außenstadt" eingelöst (vgl. Kapitel 3).
2. Sie muß einen tragfähigen, die physische Stadtstruktur sowie Gesellschaft und Wirtschaft umfassenden Theorieverbund besitzen (vgl. Kapitel 4.1.).
3. Sie muß in systematischer Weise Arealdaten der amtlichen Statistik mit Primärdaten verbinden (vgl. Kapitel 4.1.).
4. Sie muß auf einer mittleren Aggregierungsebene von Städten die verfügbaren Daten schrittweise durch multivariate Techniken derart analysieren, daß einerseits eine Erweiterung der theoretischen Konzeption durch neu operationalisierte theoretische Konstrukte jederzeit erfolgen kann und andererseits eine Schnittstelle zur verbalen Interpretation vorhanden ist.
Anhand eines Schemas (Figur 9) sei diese Forschungsstrategie vorgestellt sowie

auf die in der vorliegenden Publikation verwendeten theoretischen Konstrukte und die Datenbasis der Stadtentwicklungsanalyse eingegangen. Auf der Grundlage des genannten dualen Raummodells wurden die folgenden theoretischen Zugänge mittels Primärdaten und Sekundärdaten der amtlichen Statistik operationalisiert:

Figur 9: **Theoretische Konstrukte und Datenbasis der Stadtentwicklungsanalyse**

	Primärdaten:	**Sekundärdaten:**
Gesellschaft		1. Segregation: soziale demographische ethnische
Wohnraum	1. Stadtverfall (Residential Blight)	2. Institutionelle Bauträger und Wohnklassen 3. Aufspaltung der Wohnfunktion 4. Mietengradient
Arbeitsstätten	2. Veränderung der innerstädtischen zentralörtlichen Hierarchie (Commercial Blight)	5. Duale Arbeitsstättenorganisation

Unter Bezug auf den Time-lag zwischen Stadterweiterung und Stadterneuerung wurde in einer Primärerhebung der Verfall des Baubestandes sowie unter Bezug auf die Geschäftszyklen von ribbon development und geplanten shopping centres der Verfall des Geschäftslebens im gründerzeitlichen Stadtgebiet ermittelt. Auf die Ergebnisse dieser beiden Primärforschungskomplexe wird noch in einer anderen Publikation ausführlich eingegangen werden. Auf die Arealdaten der amtlichen Statistik stützt sich ein konventioneller sozialökologischer Ansatz, bei dem die theoretischen Konstrukte der sozialen, demographischen und ethnischen Segregation der Bevölkerung verwendet werden.

Zur Kennzeichnung des *Wohnraums der Stadt* wurden drei Konzepte verknüpft:
1. Die Polarisierung von institutionellen Bauträgern und Wohnklassen im Stadterweiterungs- und Stadterneuerungsgebiet,
2. die Aufspaltung der Wohnfunktion in Arbeits- und Freizeitwohnungen und
3. der standorttheoretische Ansatz des Bodenpreisgradienten, zu dessen Operationalisierung der Indikator der Miethöhe herangezogen wurde.

Zur Kennzeichnung der *räumlichen Struktur der Arbeitsstätten* fand die theoretische Konzeption eines dualen Arbeitsmarktes Verwendung.

Diese Forschungskonzeption ist nun keineswegs in einem Zuge entstanden, sondern, wie aus dem Schema (Figur 10) ersichtlich, in einem iterativen Forschungsprozeß, bei dem einerseits eine schrittweise Erweiterung durch die genannten theoretischen Konstrukte erfolgte und andererseits eine Korrektur durch Ausschluß von Indikatoren stattfand.

Figur 10: **Schema der Forschungsstrategie**

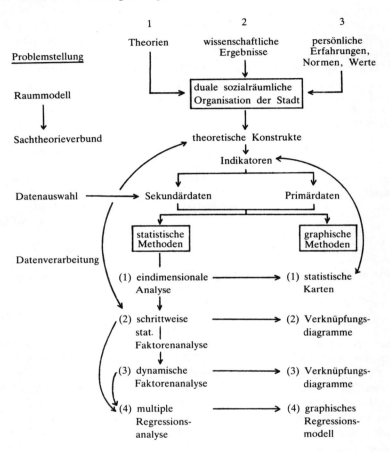

Aus dem Schema ist ferner zu entnehmen, daß bei dem Suchprozeß nach möglichst aussagekräftigen Indikatoren eine Stabilisierung der theoretischen Konzeption bei statistischen und graphischen Verarbeitungsschritten auf zwei verschiedenen Ebenen erfolgte, und zwar
– bei der graphischen Analyse mittels Indikatorenkarten und
– bei der statistischen Analyse auf der Ebene von strukturellen Faktorenanalysen.

Dagegen fand aufgrund der bereits genannten technisch-methodischen Schwierigkeiten und deutlichen Interpretationsdefizite die kartographische Darstellung von Faktorenwerten nur in eingeschränkter Form als Erkenntnismittel Verwendung.

Auf die im Forschungsprozeß entstandene Verknüpfung von Rechenphasen der Faktorenanalyse und Interpretationshorizonten wird noch weiter unten eingegangen werden.

Unter dem Gesichtspunkt der *Interpretationshorizonte*, welche als Schnittstelle zwischen der multivariaten statistischen Technik der Faktorenanalyse und der verbalen Interpretation definiert werden, wurden hierbei zunächst in getrennten Schritten die Variablensets für den Wohnraum, die Gesellschaft und die Wirtschaft in die Faktorenanalyse eingebracht und dann in zwei weiteren Analyseschritten zu übergeordneten Aussagen zusammengeführt.

Erst auf dieser Grundlage erfolgte ein weiterer Ausbau der statistischen Analyse in Form von dynamischen Faktorenanalysen, d. h. von Faktorenanalysen für die definierten räumlichen Aggregierungsebenen (Zählbezirke) mittels Indexvariablen.

Da Aussagen zur Kausalität von Phänomenen mit Hilfe der Faktorenanalyse nicht möglich sind, wurde diese mit einer multiplen Regressionsanalyse verknüpft, welche als gerichtetes Modell Wenn-Dann-Aussagen zuläßt. Derart besitzt die multiple Regressionsanalyse eine komplementäre Funktion zur Faktorenanalyse, die bisher viel zuwenig beachtet wurde.

Aus dem Schema ist ferner eine sehr wesentliche formalwissenschaftliche Lücke zu entnehmen, nämlich die *unzureichende Schnittstelle zwischen statistischen und graphischen Methoden.* Es besteht kein graphischer Methodenverbund analog zum schrittweisen Vorgehen bei der multivariaten statistischen Datenverarbeitung, sondern die Ergebnisse der einzelnen Schritte können nur jeweils für sich in graphische Aussagensysteme übergeführt werden.

4.3. Die Methodik der schrittweisen und dynamischen Faktorenanalyse (gemeinsam mit H. Faßmann)

4.3.1. Die Reevaluierung der Faktorenanalyse

In Kenntnis der einschlägigen Literatur und aufgrund zahlreicher eigener empirischer Untersuchungen können zwei spezifische Leistungen der Faktorenanalyse hervorgestrichen werden:

1. *Die Forschungsökonomie.* Die Faktorenanalyse ist in der Lage, die Komplexität einer Korrelationsstruktur zu reduzieren. Sie ist damit ein wichtiges Mittel zur kognitiven Erfassung umfangreicher Zusammenhangsstrukturen. Die Faktorenanalyse verlangt dabei keine asymmetrische Modellformulierung, d. h. der Anwender ist nicht gezwungen, abhängige und unabhängige Merkmale zu definieren.

2. Besondere Beachtung verdient die *Phänomene isolierende Eigenschaft der Faktorenanalyse.* Eine Reevaluierung der Faktorenanalyse folgt der wissenschaftlichen Ideologie der notwendigen Verknüpfung von phantasievoller hermeneutisch-phänomenologischer Kreation von Theorieansätzen mit der Möglichkeit, die Faktorenanalyse zur sachlichen und räumlichen Hypothesentestung zu verwenden. Aus dieser Sichtweise ergeben sich auch Spielregeln der verbalen Interpretation.

Die obige Eigenschaft der Faktorenanalyse bedeutet in weiterer Konsequenz, daß bei einer sowohl theoretisch gut abgesicherten als auch technisch sorgfältig durchgeführten Faktorenanalyse den einzelnen Faktoren über die Ladung der Variablen eine phänomenologische Realität zugeschrieben wird. Natürlich finden sich in der Literatur noch andere Aufgaben der Faktorenanalyse, wie etwa das „Rewriting" eines Datensatzes aufgrund von unabhängigen Grunddimensionen, die Berechnung der Faktorenwerte für nachfolgende Typisierungen oder die Identifizierung von Leitvariablen für bestimmte Faktoren. Darüber wird hier nicht näher referiert (KILLISCH, S. 4ff.; JOHNSTON, S. 126ff.).

4.3.2. Die Faktorenanalyse als Instrument der Hypothesentestung: Plädoyer für ein schrittweises Vorgehen

In der geographischen Forschung wird die Faktorenanalyse unter Verwendung von Arealadaten in erster Linie für Klassifikationszwecke und als wichtiger Baustein, im Zusammenhang mit einer Clusteranalyse, für die Regionalisierung von größeren oder kleineren räumlichen Gebilden eingesetzt. In diesem Zusammenhang zählt es zu den Usancen, die Faktorenwerte in statistische Kartogramme umzulegen. Anders als in den systematischen Disziplinen wird daher die Faktorenanalyse kaum zur Hypothesentestung herangezogen, und wenn, dann zum Nachweis der drei bekannten Dimensionen der Sozialökologie.

Dagegen stellt der englische Sprachraum prominente Vertreter, welche der Faktorenanalyse die Qualität eines Instruments für eine sachliche Hypothesentestung zuschreiben. So meint JOHNSTON (1980, S. 127) zur Funktion der Faktorenanalyse: „More usually statistical analysis is organised in scientific work on the basis of underlying theories, research for groups of variables may be deductive hypothesis-testing procedure."

Für die *Verwendung der Faktorenanalyse zur Hypothesentestung* sind grundsätzlich zwei Wege möglich:

1. der Einsatz von formalen Entscheidungstechniken,
2. Überlegungen aufgrund von Interpretationshorizonten, welche theoriegeleitet bzw. auf hypothetischen Annahmen gegründet sind.

Als formale Entscheidungsprozedur über Annahme oder Ablehnung von Hypothesen kann der SCREE-Test verwendet werden. Dabei werden in einem Diagramm die Faktoren geordnet nach den Eigenwerten eingetragen. Visuell wird einerseits die Faktorenanzahl bestimmt, andererseits wird der grundsätzlichen Frage nachgegangen, ob eine substanzwissenschaftliche Datenstruktur vermutet werden kann oder ob die Faktorenlösung der eines randomisierten Datensatzes entspricht. Der Einfluß einzelner Merkmalsgruppen, die aus hypothesen-geleiteten Gründen zusammengefaßt worden sind, kann nicht kontrolliert werden.

Diese Aussage führt zum zweiten Weg, dem nach den substanzwissenschaftlich definierten Interpretationshorizonten. Unter dem Gesichtspunkt der Interpretationshorizonte wird davon ausgegangen, daß Merkmalsbündel und damit auch entsprechend theoretisch begründete Phänomene nacheinander in die Faktorenanalyse aufgenommen werden, so daß es möglich ist, Schritt für Schritt Veränderungen der vorhandenen Strukturen der Faktoren, das Entstehen von neuen Dimensionen bzw. deren Modifizierung zu verfolgen. Ebenso ist es möglich festzustellen, wie sich bei der Eingabe von welchen Merkmalen (d. h. Phänomenen) die Faktorenmatrizen umstrukturieren bzw. bei welchen Phänomenen eine Einpassung in die vorhandenen Grundstrukturen der Faktoren erfolgt.

Damit ist die entscheidende Schnittstelle zwischen der multivariaten statistischen Technik der Faktorenanalyse und der verbalen Interpretation angesprochen. Diese Schnittstelle wird im folgenden unter dem Begriff des Interpretationshorizonts angesprochen.

4.3.3. Regeln zur Datenauswahl

Die Forderung nach theoriegeleiteter Auswahl der Daten ist in der Literatur unüberhörbar, und es herrscht zweifelsohne Konsens über deren Berechtigung. Erfüllt wird diese Forderung dagegen selten. Sehr oft klafft eine Lücke zwischen den theoretischen Gesichtspunkten und der konkreten Auswahl der Merkmale. Offen bleibt häufig die Frage, warum gerade *diese* Variable Verwendung fand, eine andere dagegen nicht. Vier Regeln der Merkmalsauswahl seien hier vorgestellt:

1. Bei einer Gruppe von Merkmalen, die jeweils Teile einer Verteilung beschreiben, die sich in Summe auf 100% ergänzen (z. B. Altersstrukturvariable) und somit ein „closed set" darstellen, sind die polarisierten Klassen (bzw. Typen) zu verwenden. So wird die demographische Struktur z. B. durch den Anteil der Kinder im Vorschulalter bzw. durch den Anteil der über 60-jährigen gekennzeichnet, die Sozialstruktur durch Selbständige und Arbeiter. Die Regel der Merkmalsauswahl unter dem Gesichtspunkt der *Polarisierung* fand bei zahlreichen weiteren Teilbereichen Anwendung, und zwar überall dort, wo die Merkmale zueinander in einer Rangreihe stehen. Die Variablen der Haushaltsstruktur (Einpersonenhaushalte, Zweipersonenhaushalte etc.) sind nach der Anzahl der Personen ordenbar. Gleiches gilt für die Ausstattungskategorien der Wohnungen, das Gebäudealter usf.

2. Die zweite Regel der Merkmalsauswahl gilt bei jenen Variablenkomplexen, die zueinander nur in einem nominalen Verhältnis stehen, wo also keinerlei Sortierungsstruktur erkennbar ist. Die Merkmalsauswahl erfolgt hier nach spezifischen, *theoretisch fundierten Leitinteressen*. Aus dem Set von fast 60 Merkmalen zur Arbeitsplatzstruktur wurden z. B. jene ausgewählt, die Cityfunktionen abbilden, oder jene, die den Versorgungsgrad der Bevölkerung mit Einzelhandelsaktivitäten messen.

3. Die dritte Regel betrifft die *Anzahl* der ausgewählten Merkmale. Es ist zwar ein instrumenteller Vorzug der Faktorenanalyse, umfangreiche Merkmalsets zu analysieren, es erweist sich aber aus Gründen der Transparenz als zweckmäßig, sparsam und eher zögernd Merkmale in die Analyse aufzunehmen und nicht zu großzügig Variable einfach zu akkumulieren. Eine Angabe der Anzahl der Merk-

male ist schwierig und hängt von zahlreichen Parametern ab (Fragestellung, Datenmaterial, Anzahl der Fälle, Anzahl der Faktoren usf.). In den vorliegenden Faktorenanalysen wurden maximal 24 Merkmale verwendet.

4. Die vierte Regel betrifft die *numerische Chancengleichheit* von theoretischen Konstrukten, die, wenn sie als sachlich gleichwertig angesehen werden, jeweils mit der gleichen Zahl von Variablen ausgestattet werden sollen. In der Faktorenanalyse der Gesamtstadt Wien wurden dementsprechend jeweils 8 Variable den Bereichen Gesellschaft, Wohnraum und Arbeitsstätten zugewiesen, um derart den theoretischen Konstrukten einen gleichen Stellenwert zu geben.

4.3.4. Interpretationshorizonte einer schrittweisen Faktorenanalyse

Zunächst ein Rückverweis zu den Regeln der Datenauswahl derart, daß bei diesen potentielle Interpretationshorizonte zu berücksichtigen sind. Unter Bezug auf die Zielsetzung, die abgebildete numerische Struktur jeweils in eine sachadäquate Interpretation überzuführen, dürfen nur diejenigen Variablen in die Faktorenanalyse eingebracht werden, deren rechentechnische Kombination in Form von Koeffizienten, Faktoren und dergleichen aufgrund des Wissens der jeweiligen Autoren auch tatsächlich in ein verbales Aussagensystem umgemünzt werden kann. Dieser rigide scheinende Anspruch ist allerdings — und dies darf unterstrichen werden — nur dann überhaupt einlösbar, wenn die Eingabe von Variablen in den Datenpool eines wie immer zu definierenden Theoriegebäudes auf zumindest unscharfen Hypothesen beruht.

Für die Rechenprozedur der Faktorenanalyse selbst muß zunächst festgehalten werden, daß die einzelnen numerischen Aussagen in Abhängigkeit vom substanzwissenschaftlichen Bezug und Umfang des Merkmalsets *in unterschiedlichem Ausmaß einer verbalen Interpretation* und damit einer Zurückführung der numerischen Information in ein sachliches Bezugssystem *zugänglich* sind.

Legt man an die rechentechnischen Prozeduren die Meßlatte der verbalen Transferierungsfähigkeit an, so gelangt man unter Bezug auf das statistische Ablaufprogramm der Faktorenanalyse zu folgenden Aussagen über die schrittweise *Verknüpfung von Rechenphasen* der Faktorenanalyse *und Interpretationshorizonten* (vgl. Figur 11):

1. *Im ersten Schritt der Faktorenanalyse* sollten jeweils nur klar abgegrenzte, theoretisch begründbare Segmente von Raum und Gesellschaft analysiert werden. Die Datensets sollten nur eine begrenzte Merkmalszahl umfassen. Korrelationsmatrizen und Hauptkomponentenanalysen sind dann noch graphisch abbildbar und auffaßbar. Der Stellenwert von Hauptkomponenten nach dem Varianzanteil kann ferner überall dort sinnvoll in eine verbale Aussage über die Bedeutung der durch die Hauptkomponenten definierten Phänomene umgesetzt werden, wo mit diesen sachlich definierten Phänomenen auch räumliche Ausgrenzungen verbunden sind (vgl. Hauptkomponentenanalyse der Außenstadt). Bei einer so kleinen Variablenzahl ist auch ein Vergleich zwischen der Hauptkomponentenanalyse und der rotierten Faktorenlösung möglich. Gleichzeitig ergeben gerade die Unterschiede der

Ladungen von Variablen zwischen den räumlichen Bezugseinheiten (Stadtteilen oder dergleichen) weitere wichtige Erkenntnisse.

Um die Effekte des Zusammentretens von zwei theoretischen Aussagensystemen zu kontrollieren, ist es erforderlich, die einzelnen Datenpakete getrennt diesem ersten Analyseschritt zu unterziehen.

Figur 11: **Interpretationshorizonte im Ablaufprogramm der Faktorenanalyse**

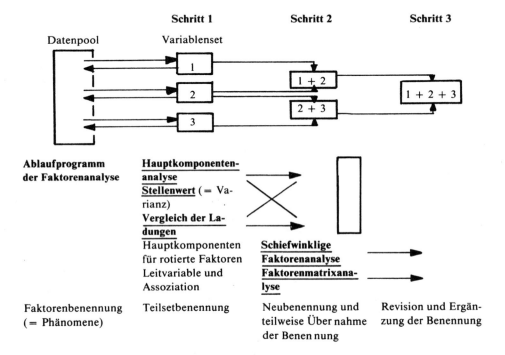

2. Im *zweiten Analyseschritt* ergibt es sich nämlich vielfach, daß ein Sachsystem die Oberhand gewinnt und diesem die Indikatoren des zweiten Sachsystems zugeordnet werden. In diesem zweiten Schritt der Analyse ist es zumeist nicht mehr möglich, einen Vergleich zwischen den Hauptkomponenten und den rotierten Faktoren durchzuführen. Es erweist sich vielmehr als zweckmäßig, ausgehend von den im rotierten Faktorenmodell entstandenen Faktoren die „Anlagerung" bzw. auch das „Verschwinden" von Variablen zu untersuchen. Aussagen über den Stellenwert von Hauptkomponenten sind bei den größeren Datensets des Schritts 2 nicht mehr möglich.

Aufgrund der restriktiven Nebenbedingung der Faktorenanalyse akkumulieren die Hauptkomponenten möglichst viele Merkmale mit hohen Ladungen. Die Rotation der Hauptkomponenten wird notwendig, um über das komplexe Beziehungsgerüst Aussagen treffen zu können. Dabei geht der ursprüngliche Stellenwert der

Faktoren, der aufgrund des Varianzanteils bestimmt war, verloren. Nach der Rotation muß der Varianzanteil neu berechnet werden, wobei es dem Modell der Faktorenanalyse inhärent ist, eine möglichst gleichmäßige Verteilung der Gesamtvarianz auf die einzelnen Faktoren zu erreichen. Wird die Forderung nach Einfachstruktur idealerweise erfüllt, so ist der Betrag jedes einzelnen Faktors gleich groß. Damit geht aber auch eine Erkenntnismöglichkeit der Analyse verloren, eine andere — zumindest im Falle einer schiefwinkeligen Rotation — wird gewonnen. Bisher wenig verwendet in der Literatur wurde die Analyse der Korrelation der schiefwinkelig rotierten Faktoren, aus der sich jedoch außerordentlich wichtige Interpretationsgesichtspunkte für die Verknüpfung von Faktoren (sprich: Phänomenen) gewinnen lassen.

3. Im *dritten Analyseschritt*, der sowohl durch zunehmende Merkmals- als auch Faktorenanzahl geprägt ist, erweist es sich, daß nur mehr von zwei Zugängen aus eine Interpretation der Faktoren möglich ist. Erstens, in Form der schematischen Zuordnung der Faktoren über die darin enthaltenen hochladenden Variablen zu bestimmten Theoriehorizonten und zweitens, mittels der oben erwähnten Interpretation der Verknüpfungsmatrix.

Gerade unter Bezug auf die Interpretationsqualität der Faktorenmatrix ergibt sich die Begründung für die Auslotung des Informationsgehalts des Datensets bei der Wahl der Anzahl der zu extrahierenden Faktoren.

In der vorliegenden Publikation ist als Auswahlkriterium zumeist nicht der Eigenwert größer 1, sondern der kumulierte Anteil erklärter Varianz von 90 % gewählt worden. Damit wird ein grundsätzlich neuer Gesichtspunkt in die Diskussion um die Faktorenanalyse eingebracht, nämlich der, daß möglichst viel interpretierbare Information aus dem vorhandenen Datenset gewonnen werden soll. Es ist ein sachlogisch einsehbares Argument, daß eine weiter aufgespannte — d. h. mit mehr Zellen ausgestattete — Faktorenmatrix ein größeres Verknüpfungspotential besitzt als eine, die auf wenige Faktoren reduziert bleibt.

4.3.5. Regeln zur Etikettierung der Faktoren

Die Herausarbeitung von Regeln für die Verbalisierung von Rechenergebnissen der multivariaten Statistik zählt zu den Desiderata der Forschung. Die vielgepriesene Intersubjektivität beschränkt sich letztlich auf die Rechenvorgänge selbst und endet mit diesen, nicht zuletzt deshalb, weil es de facto nicht möglich ist, das bereits bei der Datensammlung bzw. -auswahl gegebene Amalgam von theoretischen Zugängen, empirischem Wissen und normativen Wertungen zu separieren.

Die Verbalisierung von Rechenergebnissen ist nur in einem einzigen Teilbereich relativ leicht zu regeln, nämlich bei der Etikettierung von Faktoren. Im folgenden seien fünf Regeln vorgeführt.

1. Die Regel der *Benennung nach der Leitvariablen* ist stets dann anzuwenden, wenn sich im Ladungsmuster der Faktoren eine Variable deutlich von den anderen abhebt.

2. Bei Verwendung von *polarisierten Klassen (Typen)* aus einem „closed set" ist jeweils auf den Dachbegriff Bezug zu nehmen.

3. Ein *phänomenologischer Syndrombegriff* ist dann einzuführen, wenn mehrere Merkmale aus dem gleichen Sachbereich in der Faktorenstruktur mit hohen Ladungen vertreten sind.

4. Die *Regel fortschreitender Komplexität* in der Bezeichnung ist dann gültig, wenn zu einer Leitvariablen entsprechende Assoziationen von zugeordneten Variablen hinzutreten.

5. Nach dem Prinzip von *theoretisch fundierten Leitinteressen* sollten spezifische Begriffe gebildet werden. Unter Bezug auf die sozialökologische Theorie ist bei allen Gesellschaft und Wohnraum umgreifenden Faktoren der *Milieubegriff* zu verwenden.

4.3.6. Die Methode der dynamischen Faktorenanalyse (H. Faßmann)

Als dynamische Faktorenanalyse wird jener Typus einer Faktorenanalyse definiert, bei der ausschließlich Aspekte der Veränderung und nicht der Struktur im Vordergrund stehen. Neben den bekannten Trennungskriterien der Faktorenanalyse in Hauptkomponenten- und Faktorenanalyse im engeren Sinne und der Art der Rotation in schiefwinkeliger und rechtwinkeliger Achsenstellung stellt sich also ein drittes Gliederungskriterium, nämlich die Unterscheidung in eine strukturelle bzw. dynamische Faktorenanalyse. Für eine dynamische Faktorenanalyse finden sich in der Literatur nur wenige methodische Hinweise.

In aller Kürze seien zwei Beispiele vorgestellt.

1. Von HAYNES stammt die folgende Methode. Es wird für jeden Erhebungszeitpunkt eine Faktorenanalyse durchgeführt, und die Faktorenwerte werden berechnet. Die Differenz der Faktorenwerte und damit die Veränderung des Ladungsmusters kann als Ausdruck einer sachlichen und/oder einer räumlichen Veränderung gedeutet werden.

Die *Differenz der Faktorenwerte* hat also zwei Quellen, wobei die Veränderung des Ladungsmusters als „compositional change", jene des räumlichen Musters eines Merkmals als „spatial change" bezeichnet wird (HAYNES, 1971, S. 324). Nun führt dieser Ansatz zu keiner analytischen Trennung der beiden Veränderungsursachen. Wie HAYNES selbst feststellt, ist die Isolierung des räumlichen Veränderungseffektes eine „extremly delicate issue". Damit entwertet sich dieser Ansatz aber auch, weil über die tatsächliche Höhe eines faktorialökologisch erfaßten Veränderungsprozesses nichts Eindeutiges ausgesagt werden kann.

2. HUNTER (1974) modifiziert den Ansatz von HAYNES, indem er nicht die absoluten Differenzen der *Faktorenwerte* betrachtet, sondern diese *dichotomisiert*. Aufgrund der standardisierten Verteilung der Faktorenwerte faßt HUNTER jeweils alle Werte kleiner bzw. größer Null zusammen und stellt die so in zwei Gruppen zusammengefaßten Faktorenwerte eines Zeitpunktes in einer Vierfeldertafel den ebenfalls dichotomisierten Faktorenwerten eines zweiten Zeitpunktes gegenüber.

HUNTER entwickelte aus der Veränderung der Zellenhäufigkeiten ein „Modell" des Typwandels städtischer Teilräume.

Auch dieses Beispiel befriedigt keineswegs. Die beiden Ursachen der Veränderung von Faktorenwerten, nämlich
- tatsächliche Veränderung der Merkmalswerte und
- Veränderungen im Rechenmodell (Ladungsmuster),

können nicht getrennt werden.

In der vorliegenden Arbeit wurde daher ein anderer Weg beschritten, um Veränderungsprozesse und deren interne Korrelationsstruktur zu erfassen. Anhand eines Schemas sei die *Methode* der hiermit konzipierten *dynamischen Faktorenanalyse* vorgestellt (vgl. Figur 12).

Figur 12: **Dynamische Faktorenanalyse mittels Indexwerten**

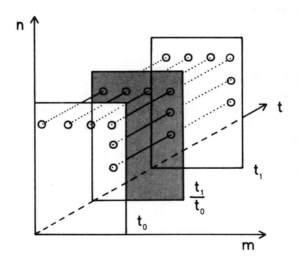

Es gehen in die Faktorenanalyse *Indexwerte* ein, wobei t_0 als Basisquerschnitt und t_1 als Referenzquerschnitt festgelegt wird. Die Indexwerte (I_{ki}) messen also die relative Veränderung für jedes Merkmal K in jeder Region zwischen zwei Zählzeitpunkten. Erfaßt wird die relative Veränderung von Merkmalen. Die Größe des Merkmals zu den Zeitpunkten t_0 und t_1 im Vergleich zur gesamtstädtischen Verteilung geht nicht in diesen Meßwert ein. I_{ki} negiert also Effekte der Größe und berücksichtigt nur Effekte der Dynamik.

Dies mag als Nachteil erscheinen, entspricht aber einer analytischen Vorgangsweise, bei der einzelne Wirkungskomplexe getrennt untersucht werden. Die Praxis der Faktorenanalyse zeigt auch deutlich, daß die Vermischung von Merkmalen zur Struktur und Dynamik zu sachlogisch nur schwer interpretierbaren Faktoren bzw. Hauptkomponenten führt.

Schrittweise und dynamische Faktorenanalyse 67

4.3.7. Zur Methodik der komparativen Faktorenanalyse (H. Faßmann)

Vergleicht man Faktorenanalysen von unterschiedlichen räumlichen Strukturen oder, wie im vorliegenden Fall, von Teilräumen einer Stadt miteinander, so stellt sich das Problem der Identifizierung von Faktoren. Darunter ist nicht die intuitive Deutung der Gleichheit oder Ungleichheit von Faktoren zu verstehen, sondern eine numerische Entscheidungshilfe über das Ausmaß der Identität von Faktoren.

Damit diese numerische Lösung überhaupt möglich ist, sind folgende Voraussetzungen notwendig:
— Die räumlichen Einheiten müssen mit den gleichen Merkmalen ausgestattet sein, und
— ebenso ist im Rechenmodell die Generierung der gleichen Faktorenzahl vorzusehen.

Figur 13: **Matrix der Ähnlichkeit von Faktorenstrukturen**

Matrix A

Varia-blen	Faktoren			
	1	2	3	4
1	−.0745	.0182	.1091	.9550
2	.7327	−.1428	.0566	−.2851
3	.9303	−.0935	−.1907	.1113
4	.9024	.0375	.2158	−.0204
5	−.8762	−.1425	−.1096	.1237
6	−.1222	−.9412	.2513	−.1045
7	−.1874	.8201	.2959	−.0989
8	.1131	−.0402	.9619	.0907

Matrix B

Varia-blen	Faktoren			
	1	2	3	4
1	−.0429	.0675	.1979	.9486
2	.5603	−.3816	.0402	−.3806
3	.8435	−.3343	−.2916	.1384
4	.8301	.0685	.3008	.1771
5	−.6567	−.6150	−.0904	.1521
6	−.0027	−.9521	.1897	−.1195
7	−.0577	.7340	.3641	−.0593
8	.0069	.0417	.9276	.1256

Faktoren				
1	.9892	−.0046	.0549	−.0822
2	−.0430	.9116	.0928	.0752
3	.0665	.09116	.9858	.1286
4	−.1320	.0602	.1360	.9771

Ähnlichkeit insgesamt: R = .9575

Matrix der Ähnlichkeit

Über den Vergleich der Ladungsmuster gelangt man zu einem Maß der Identität. Dafür bietet sich der Faktorenkongruenzkoeffizient (PAVLIK 1968, GÜSSEFELDT 1983) an, der jeweils paarweise die Korrelation des Faktors P der Studie (Raumeinheit) A mit dem Faktor Q der Studie (Raumeinheit) B mißt. Im folgenden hierzu ein Beispiel.

Zwei Faktorenmatrizen mit der Dimensionierung von 8 Merkmalen und 4 Faktoren liegen vor. Eine entstammt der Innenstadt (Matrix A), die andere der Außenstadt (Matrix B). Matrix B wird derart spaltenweise permutiert, daß eine möglichst hohe Anpassung an die invariante Matrix A erfolgt. Eine Matrix der Ähnlichkeit und ein Koeffizient der Gesamtähnlichkeit gibt nun Auskunft, inwieweit die Faktorenstruktur vergleichbar ist (vgl. Figur 13).

4.3.8. Die Vorzüge der Verknüpfung von Faktorenanalyse und multipler Regressionsanalyse

Als methodisches Instrument ist die Faktorenanalyse unzulänglich, sobald die Interpretation in die verbale Umsetzung der internen Struktur der Faktoren fortschreitet und eine Verbalisierung der Beziehungen der Zu-, Über- und Unterordnung der Abhängigkeiten voneinander bei den in einen Faktor mit höheren Ladungen eingegangenen Variablen vorgenommen wird. Hierbei ist es der Faktorenanalyse de facto nicht möglich, Abhängigkeitsverhältnisse bzw. Wechselbeziehungen aufzudecken. Faktoren stellen nur Beschreibungsdimensionen dar. Aussagen zur Kausalität von Phänomenen sind daher methodisch mit Hilfe der Faktorenanalyse nicht zu belegen. Erst in der Kombination mit anderen Verfahren ist es möglich, Wenn-Dann-Aussagen zu treffen, z. B.: mit einem Kausalmodell oder mit einer multiplen Regressionsanalyse, um unabhängige und intervenierende Variable voneinander zu isolieren und Gedankenketten auch mit Meßgrößen auszustatten.

Die Autoren verwendeten dazu die multiple Regressionsanalyse. Diese erlaubt die Erfassung und Bewertung des Einflusses von erklärenden Merkmalen auf eine Zielvariable. Im Modell der multiplen Regression geschieht dies unter Kontrolle der Einflüsse aller übrigen Merkmale.

Die multiple Regression erzeugt ein gerichtetes, asymmetrisches Modell. Bei polarisierten Merkmalspaaren (alt/jung, Arbeiter/Selbständige, gut/schlecht ausgestattete Wohnungen usf.) ist die Austauschbarkeit der Höhe und Richtung der Regressionskoeffizienten a priori nicht gegeben. Es wurden daher jeweils getrennte multiple Regressionsmodelle gerechnet und deren Abhängigkeitsstruktur in zusammenfassenden Graphiken dargestellt. Zwei wesentliche Ergebnisse konnten gewonnen werden:
- die Bestätigung der Existenz unterschiedlicher Zusammenhangsstrukturen in städtischen Teilräumen,
- die Identifikation von Milieus.

Zusammenfassend kann man feststellen, daß die komplementäre Funktion der multiplen Regressionsanalyse, welche auf den gleichen Datenpool wie die Faktorenanalyse zurückgreifen kann, in der bisherigen Forschung viel zuwenig Beachtung gefunden hat.

4.3.9. Prinzipien der räumlichen Disaggregierung

Die Notwendigkeit der räumlichen Disaggregierung ergibt sich aus der Basisannahme, wonach es sich bei dem zu disaggregierenden Untersuchungsobjekt um ein heterogenes Gebilde handelt, bei dem es daher methodisch ungerechtfertigt ist, das Beziehungssystem und die strukturellen Zusammenhänge mit einer Faktorenanalyse erfassen zu wollen. Verwiesen sei hier auf Abschnitt 2.2.2., wo die Populationsabhängigkeit der Korrelationsstruktur gezeigt worden ist.

Das Problem, wie die räumliche Disaggegierung möglichst problemadäquat zu bewerkstelligen sei, bleibt zum Teil offen. Die Faktorenanalyse selbst liefert nur Anhaltspunkte, nämlich über die Analyse der Faktorenwerte.

Andere Zugänge eröffnet das kartographische Verteilungsbild von einzelnen Variablen, die in die Faktorenanalyse eingegangen sind. Die wohl wichtigste Grundlage zur Disaggregierungsstrategie stellt das eingebrachte Wissen dar. Allen drei Zugängen gemeinsam bleibt freilich der Makel der mangelnden Testbarkeit der räumlichen Heterogenität bzw. der optimalen Disaggregierungsstrategie. Dies ist aber ein eher allgemeines Problem multivariater raumtypisierender Verfahren. Jede Typisierung, jede räumliche Disaggregierung bzw. Aggregierung beruht letztlich auf einer oder mehreren Hypothesen, die aus der formalen Prozedur nicht gewonnen werden können.

Die Autoren gelangen damit zur These, daß es ohne externes Wissen nicht möglich ist, eine sinnvolle Disaggregierung von kontinuierlichen räumlichen Gebilden, welcher Art immer, vorzunehmen. Dieses externe Wissen kann selbstverständlich auch durch normative Prinzipien, so z. B. Vorstellungen des Städtebaus oder gesellschaftspolitische Ideologien der Stadtplanung, substituiert werden.

4.4. Komparative dynamische Faktorialökologie: ein interurbaner Vergleich (H. Faßmann)

Die Loslösung einer faktorialökologischen Untersuchung vom „idiographischen Einzelfall" und der Übergang zu einem interurbanen Vergleich erbringt als zusätzliches Erkenntnismoment die Identifizierung und Bewertung der sozialräumlichen Veränderungsprozesse. Voraussetzung dafür ist eine exakte Vergleichbarkeit der

Methodik und der Input-Variablen. Inkludiert wurden in den Städtevergleich München, Wien und Hamburg. Zwei Einschränkungen sind anzubringen:

Aufgrund des Fehlens der Volkszählung in der Bundesrepublik Deutschland 1980/81 konnte eine exakte Parallelisierung nur für den Zeitraum 1960 und 1971 durchgeführt werden. Außerdem mußten unter der Prämisse einer exakten Vergleichbarkeit ehrgeizige Informationswünsche deutlich eingeschränkt werden. Die zur Verfügung stehenden Informationen erlaubten nur die Messung sozialer und demographischer Veränderungen. Hierbei wurde das *theoretische Konstrukt der sozialen Segregation* mit den Variablen:

— Veränderung des Anteils der Selbständigen,
— Veränderung des Anteils der Arbeiter,
— Veränderung des Anteils der Angestellten,

und das *theoretische Konstrukt der demographischen Segregation* mittels der Variablen:

— Veränderung der Haushaltsgröße,
— Veränderung des Anteils der Einpersonenhaushalte,
— Veränderung des Anteils der Jugendlichen und
— Veränderung des Anteils von Personen über 60 Jahre

operationalisiert.

Die zweite Einschränkung betrifft die unterschiedliche *Aggregationsebene der Daten* in den drei Städten. In Wien fanden Zählbezirke, in Hamburg Stadtteile und in München Bezirke Verwendung. Damit schwankt auch die Fallzahl: von $n_1 = 220$ in Wien, $n_2 = 104$ in Hamburg und $n_3 = 47$ in München. Prozesse haben aber ihren spezifischen Maßstab, und es kann daher nicht ausgeschlossen werden, daß in den Städten unterschiedliche Phänomene erfaßt werden.

Die *univariate Analyse* der Indexwerte der genannten Variablen (Basis 1960 = 100) erbrachte eine übereinstimmende Gesamttendenz, die folgendermaßen charakterisiert werden kann:

1. In demographischer Hinsicht kam es in allen Städten zu einem Zuwachs an *Einpersonenhaushalten*, ferner nahm der Anteil an unter Fünfzehnjährigen (geburtenstarke Jahrgänge), ebenso aber auch der Anteil der über Sechzigjährigen zu. Die *mittlere Haushaltsgröße* verringerte sich einheitlich in allen drei untersuchten Städten.

2. Die gesellschaftliche Entwicklung wies ein Anwachsen der *Angestellten* bei gleichzeitigem Rückgang des Anteils der *Selbständigen und der Arbeiter* an der Wohnbevölkerung als durchgehenden Entwicklungstrend auf. Dieses Muster der Zu- und Abnahme erfährt bei der Differenzierung in Innenstadt und Außenstadt eine Modifizierung insofern, als in der *Innenstadt* bereits in den sechziger Jahren in allen drei Städten eine *Bevölkerungsabnahme* erfolgt ist.

Bei der *multivariaten Analyse* rückt die Frage nach der Zusammenhangsstruktur der Indexmerkmale, ihrer gegenseitigen Vernetzung und ihrer unterschiedlichen Gewichte in den einzelnen Städten in den Vordergrund. Die „options" der Faktorenanalyse wurden für alle drei Städte gleich gewählt (Hauptkomponentenanalyse, schiefwinkelige Rotation), so daß von der technischen Seite her die Vergleichbarkeit gewährleistet wurde. Als wesentliche Ergebnisse seien im folgenden diejenigen Resultate geboten, denen Regelhaftigkeit zugeschrieben werden kann.

1. Es überrascht nicht weiter, daß die gesellschaftliche Veränderung der drei Städte in *demographische und soziale Komponenten* zerfällt. Damit finden die Faktoren der Indexvariablen eine Entsprechung in den bekannten strukturellen faktorialökologischen Modellen (vgl. Tabelle 1).

2. Der *interurbane Vergleich* der Faktorenanalysen gestattet eine Aussage über die Ähnlichkeit bzw. Unähnlichkeit der drei Städte anhand ihrer räumlichen Veränderungstendenzen. Dabei kommt man, bei Berücksichtigung aller Unzulänglichkeiten von verallgemeinernden Aussagen, zur Erkenntnis, daß die Hamburger Entwicklung zwischen 1961 und 1971 eher an jene Wiens im gleichen Zeitraum als an jene Münchens anschließt, und zwar aus zweierlei Gründen:

— Gemeinsamkeiten bestehen zwischen Wien und Hamburg in der Überalterung und in der Vereinzelung in der Innenstadt, Vorgänge, die in München fehlen. Mit der Bevölkerungsentleerung ist in allen Städten eine Reduzierung der Wohnfunktion im Innenstadtbereich verbunden.

— Allen drei Städten gemeinsam ist auch die polarisierte Veränderung der sozialen Gruppen „Arbeiter" und „Angestellte". Es liegt daher nahe, daß diese beiden Gruppen als Leitmerkmale in einem gemeinsamen Faktor zusammengefaßt werden.

— Spezifisch und von den anderen Phänomenen eher unabhängig (geringe Faktorenkorrelation der schiefwinkeligen Lösung) ist die Veränderung der Selbständigen in Wien und München, in Hamburg die Umstrukturierung der Haushalte.

3. Werden die räumlichen Einheiten der Städte in eine *Innenstadt* und in eine *Außenstadt* getrennt, so ergeben die einzelnen Analysen folgende Ergebnisse (vgl. Tabelle 2):

— Sowohl in Hamburg als auch in München erweisen sich Innenstadt und äußere Bezirke als weitgehend selbständige *städtische Subsysteme*; die in ihnen ablaufenden Prozesse sind deutlich unterschieden von denen im gesamtstädtischen System. Anders in Wien: hier entsprechen die in den Stadtrandgebieten und in der Innenstadt ablaufenden Vorgänge hinsichtlich der Ladungsstrukturen der Faktoren weitgehend den Ergebnissen für die Gesamtstadt.

— Die *Bevölkerungsentleerung der Innenstädte* von Wien, München und Hamburg ist als Leitvariable eines eigenen Faktors mit unterschiedlichen Merkmalen gekoppelt: in Wien mit einer Abnahme der Haushaltsgröße und einer Zunahme der polarisierten Altersgruppen, in München mit der Umstrukturierung der Haushalte und in Hamburg mit einer Zunahme alter Menschen und Selbständiger.

Tabelle 1: **Dynamische Faktorenanalyse Wien — München — Hamburg**
(Varianzanteile beziehen sich auf die rotierte Lösung)

	Faktoren		
	I	II	III
Wien	demographische Polarisierung	soziale Polarisierung	soziale Aufwertung
	+ unter 15jährige	+ Arbeiter	+ Selbständige
	+ Haushaltsgröße	− Angestellte	
	+ Bevölkerungswachstum		
	+ 65- u. Mehrjährige		
	+ Einpersonenhaush.		
erklärter Varianzanteil	51,1	26,6	22,3
München	demographische Verjüngung	soziale Polarisierung	soziale Aufwertung bei zunehmender Überalterung
	+ unter 15jährige	− Arbeiter	+ Selbständige
	+ Haushaltsgröße	+ Angestellte	+ 65- u. Mehrjährige
		+ Bevölkerungswachstum	
erklärter Varianzanteil	39,0	32,3	28,7
Hamburg	demographische Polarisierung	soziale Polarisierung	schrumpfende Haushaltsgrößen
	+ unter 15jährige	− Arbeiter	+ Einpersonenhaush.
	+ Bevölkerungswachstum	+ Angestellte	− Haushaltsgröße
	− 65- u. Mehrjährige	+ Selbständige	
	− Einpersonenhaush.		
erklärter Varianzanteil	50,3	17,5	32,2

— Das *Bevölkerungswachstum der Außenstadt* tritt dagegen in Wien gemeinsam mit allen anderen demographischen Veränderungen auf (Zunahme der jungen Bevölkerung und der Haushaltsgröße, Abnahme der über 65-jährigen und der Einpersonenhaushalte). In München und Hamburg werden zwei getrennte Dimensionen der Veränderung ausgewiesen: einerseits die Veränderung der Haushaltsstruktur bei Zunahme der jungen Bevölkerung und andererseits das Bevölkerungswachstum verknüpft mit speziellen sozialen Gruppen. Man gelangt damit

4. zur schwierigen Frage nach der Bedeutung von *demographischen und sozialen Segregationsprozessen*. In Wien, wo sich demographische und soziale Faktoren in der Innen- und Außenstadt eindeutig separieren, läßt sich dazu folgendes be-

Tabelle 2: **Dynamische Faktorenanalyse Wien — München — Hamburg**
Die Differenzierung in Innen- und Außenstadt
(Varianzanteile der rotierten Lösung)

	Faktoren		
	I	II	III
Wien	demographische Polarisierung	soziale Polarisierung	soziale Aufwertung
Innenstadt	+ unter 15jährige + über 65jährige − Haushaltsgröße − Bevölkerungswachstum	+ Angestellte − Arbeiter − Einpersonenhaush.	+ Selbständige
erklärter Varianzanteil	49,5	30,7	19,8
Außenstadt	+ unter 15jährige − über 65jährige + Haushaltsgröße + Bevölkerungswachstum − Einpersonenhaush.	− Angestellte + Arbeiter	+ Selbständige
erklärter Varianzanteil	61,8	19,6	18,7
München	demographische und soziale Entwicklung	Haushaltsstruktur	soziale Veränderung
Innenstadt	+ unter 15jährige + über 65jährige + Selbständige − Arbeiter	− Einpersonenhaush. + Haushaltsgröße − Bevölkerungswachstum	− Angestellte
erklärter Varianzanteil	39,0	37,8	23,2
Außenstadt	+ unter 15jährige − über 65jährige − Selbständige + Bevölkerungswachstum	− Einpersonenhaush. + Haushaltsgröße + unter 15jährige	+ Angestellte − Arbeiter
erklärter Varianzanteil	40,1	40,1	29,7
Hamburg	demographische und soziale Entwicklung	Haushaltsstruktur	soziale Veränderung
Innenstadt	− unter 15jährige + über 65jährige − Bevölkerungswachstum + Selbständige	+ Einpersonenhaush. − Haushaltsgröße	− Selbständige + Arbeiter
erklärte Varianz	39,6	45,6	14,8
Außenstadt	− über 65jährige + Bevölkerungswachstum + Haushaltsgröße + Arbeiter	− Einpersonenhaush. + Haushaltsgröße + unter 15jährige	+ Selbständige + Angestellte
erklärte Varianz	39,9	39,4	20,7

merken: Durch die Bautätigkeit am Stadtrand kommt es zu einer Zunahme und zu einer „Verjüngung" der Bevölkerung sowie zur Vergrößerung der Haushalte. Die demographischen Veränderungen sind miteinander eng verknüpft und erklären nach der Faktorenrotation 61,8% der Gesamtvarianz. In der Innenstadt beträgt dieser Wert nur 49,5%. Es zeigt sich also, daß in der Außenstadt die demographische Segregation im Untersuchungszeitraum größere Bedeutung besaß als die soziale Segregation.

Für München und Hamburg läßt sich diese Frage weniger eindeutig beantworten. Soziale und demographische Veränderungen sind stärker gekoppelt. Es kann daher nur vermutet werden, daß auch in den Innenstädten Münchens und Hamburgs soziale Segregation dominiert. Auf einem doch eher marktwirtschaftlich dominierten Wohnungsmarkt, wo Luxussanierung in der Innenstadt und sozial differenzierte Suburbanisierung zu beobachten sind, kann die ökonomisch gesteuerte Auseinanderschichtung der Bevölkerung eher erwartet werden als in Wien, wo der kommunale Wohnungsbau eine „soziale Integrationspolitik" als politische Zielsetzung verfolgt. Dies ist aber wegen der knappen Merkmalsauswahl (es fehlen Indexvariable zur physischen Struktur der Städte) und des Fehlens aktueller Daten nicht beantwortbar.

Teil II: Das Wiener Beispiel

1. Sozialökologische Modelle von Wien in den sechziger Jahren und in der Gegenwart

1.1. Das sozialökologische Modell von Wien in den sechziger Jahren

Die Modelle der amerikanischen Sozialökologie wurden lange Zeit ziemlich widerspruchslos akzeptiert. Aufgrund von langjähriger Forschungserfahrung mit europäischen und nordamerikanischen Städten hat die Autorin in den späten sechziger Jahren, ausgehend von den obigen Überlegungen zur Stadt-Mitte-Konzeption und zu den Sozialgradienten, das Wiener Beispiel als Prototyp für die kontinentaleuropäische Großstadt gewählt und damit gleichzeitig ein erstes kulturökologisches Stadtmodell kreiert (vgl. Figur 14).

Die folgende Beschreibung darf gleichzeitig als eine Basisinformation für die Überlegungen zur *räumlichen Disaggregierung* des Wiener Stadtgebietes und damit als Grundlage für die Durchführung der dynamischen Faktorenanalyse betrachtet werden.

1. Das Soziale-Mitte-Konzept der barocken Residenz konnte sich in Wien auch in der Industrialisierungsphase der Gründerzeit behaupten. Trotz der Umwandlung der Altstadt in die City blieb die Innenstadt die attraktivste Wohngegend. Damit wurde die Citybildung in Wien nicht durch Verslumung erkauft.

2. In den anschließenden Vorstädten ersetzte der gründerzeitliche Umbau Gewerbegebiete zum Großteil durch Mittelstandsquartiere mit Hinterhofindustrie. Dieses scheinbare Paradoxon resultiert daraus, daß die bausoziale Aufwertung gegenüber der Industrieansiedlung den Vorrang behielt.

3. Erst außerhalb des Gürtels, der ehemaligen Grenze zwischen den Vorstädten und Vororten, entstanden, z.T. auf grünem Anger, die Arbeiterwohngebiete in fußläufiger Distanz zu einer peripheren Industriezone. Danach bestand insgesamt ein vom Zentrum zur Peripherie hin fallender Sozialgradient.

4. Nach außen hin schloß ein Industriegürtel an die kompakte Arbeitermiethaus-Verbauung an.

5. Nur in zwei Sektoren wurde der Arbeitermiethaus-Gürtel um die Industriezone durchbrochen, und zwar im Nordwesten und Südwesten, wo in attraktiver Lage Oberschichtquartiere in Richtung auf den Wienerwald entstanden.

6. Entsprechend dem kapitalistischen Wirtschaftssystem bestand eine breite Zone von Spekulationsbrache rings um den Baukörper. In den Notjahren des Ersten Weltkriegs wurde dieses Areal zuerst von Ernteland besetzt und später in Schrebergärten umgewandelt.

Figur 14: **Das sozialökologische Stadtmodell von Wien in den 60er Jahren**

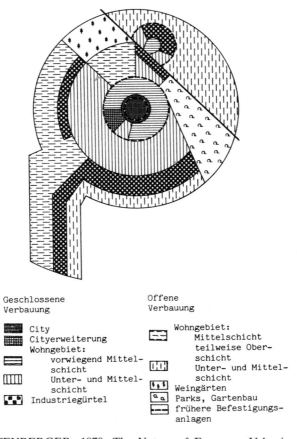

aus: E. LICHTENBERGER, 1970. The Nature of European Urbanism. Geoforum 4, S. 61.

7. Entsprechend dem vorindustriellen Thünen'schen Modell der „Stadt im isolierten Staat" hat sich eine Intensivzone der Landwirtschaft im unmittelbaren Stadtkontakt, ebenso wie in vielen anderen europäischen Städten, bis in die Gründerzeit erhalten. Sie wurde nicht durch das Wachstum des Baukörpers der Stadt zerstört, sondern nur peripher verschoben.

Das Ende des Ersten Weltkrieges brachte einen Wechsel der politischen Landkarte für den österreichischen Staat und mit dem Einzug der sozialdemokratischen Mehrheit in das Wiener Rathaus einen politischen Wechsel der Stadtregierung. Beide Vorgänge betrafen das gesellschaftspolitische System grundlegend.

Es erfolgte eine Immobilisierung des Boden- und Wohnungsmarktes durch das Mieterschutzgesetz, eine Privilegierung der Arbeiterschichten durch das Zuweisungssystem des kommunalen Wohnungsbaus, der zum „Programmpunkt Nummer Eins" avancierte.

Der Zusammenbruch der Monarchie brachte der Stadt den Niedergang ihrer Oberschicht, des Adels, der ökonomischen Führungskräfte und der von Kapitalrenten lebenden Privatiers. Angehörige der freien Berufe, Ärzte, Rechtsanwälte, Wirtschaftsberater, Architekten, rückten — zum Teil stellvertretend — an die Spitze.

Die Bautätigkeit polarisierte sich zwischen den Großwohnanlagen des kommunalen Wohnungsbaus und den zum Teil behelfsmäßigen, vielfach „wilden" Siedlungen des Stadtrandes.

Nichtsdestoweniger verblieb die räumliche Entwicklung in der zonalen Konzeption der Gründerzeit. Die Standortwahl des kommunalen Wohnungsbaus erfolgte in Form einer Baulückenpolitik im Anschluß an den gründerzeitlichen Stadtkörper, und zwar unter Bevorzugung der Arbeiterwohngebiete.

1.2. Wien in der Gegenwart: Von der Asymmetrie zur Bipolarität: ein Szenario

Hatten die Zwischenkriegszeit und die ersten Nachkriegsjahre an die gründerzeitlichen Strukturen angeschlossen, so wurden in den sechziger Jahren die neuen politischen Parameter der Stadtentwicklung aufgedeckt. Unter dem Schlagwort *„vom sozialen Wohnungsbau zum sozialen Städtebau"* entstanden Großwohnanlagen auf freiem Feld im Süden und Osten der Stadt in Dimensionen, die an die sozialistische Stadtplanung im Osten Europas erinnern. Sie sind im Sinne des oben gebotenen dualen Zyklusmodells als Stadterweiterung zu interpretieren. Mit der enormen Neubautätigkeit von rund 180.000 Wohnungen hat die traditionelle West-Ost-Orientierung von Wien, einer Stadt, deren Entwicklung bis herauf zur Gründerzeit stets mit dem Rücken gegen die Donau erfolgt ist, eine Umdrehung um 180 Grad erfahren.

Während der Wienerwald eine weitere Westexpansion verwehrt, richten sich die Wachstumsfronten der Stadt nach dem Süden und Osten. Neue Trassen des Verkehrs, von Schnellbahn, U-Bahn und Autobahn, verbinden den Süden und Osten der Außenstadt. Die neuen Netze der Fernheizwerke kommen ebenfalls diesem Stadtraum zugute. Neue Spitäler, Schulen usf. wurden errichtet, Industriebaugebiete ausgewiesen, und mit der Anlage der UNO-City im Osten der Donau wurde das Symbol für die Transfer-Rolle des Staates in der Stadt gleichzeitig auch zu einem Symbol dieses neuen Stadtraumes.

Die Wohnbautätigkeit selbst hat längst die Dimensionen von sozialen Fürsorgemaßnahmen gesprengt. Wenn auch der Anspruch auf „Städtebau" noch nicht in allen Belangen eingelöst werden konnte, so werden dem Bewohner in der Außen-

Figur 15: **Das duale Stadtmodell von Wien in der Gegenwart**

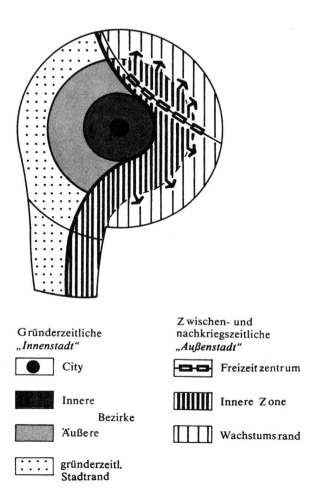

Gründerzeitliche „*Innenstadt*"
- ● City
- ■ Innere Bezirke
- ▨ Äußere Bezirke
- ⋮ gründerzeitl. Stadtrand

Zwischen- und nachkriegszeitliche „*Außenstadt*"
- ▭▬▭ Freizeitzentrum
- ▦ Innere Zone
- ▥ Wachstumsrand

stadt doch integrierte Pakete von Massenverkehrsmitteln, Einkaufszentren, Fußgängerzonen, Grünflächen, sozialen Einrichtungen und Wohnanlagen angeboten.

Mit der Konzeption „*Wien an die Donau*", der Anlage des zweiten Donaubettes, der Donauinsel und weiterer Einrichtungen, hat die Gemeinde Wien eine neue Freizeitachse geschaffen und, ohne daß dies explizit ausgesprochen worden wäre, nicht nur den öffentlichen Freizeitraum ganz wesentlich verbessert, sondern gleichzeitig damit – zumindest in Ansätzen – die im ersten Kapitel angesprochene bipolare Konzeption von Städten zu verwirklichen begonnen, d. h. sie ist dabei, neben der City der arbeitsteiligen Gesellschaft eine *Freizeitcity* zu errichten, für deren Ausgestaltung freilich nicht nur winterfeste Anlagen und entsprechende technische Infrastruktur, sondern auch noch weitere Einrichtungen notwendig wären. Die Akzeptanz der breiten Öffentlichkeit von diesen neuen großen Freizeitanlagen spricht jedenfalls für die Notwendigkeit, Freizeiträume als öffentliche Aufgabe in zentraler Position zu errichten.

Hinter dieser neuen Konzeption stehen allerdings auch gravierende finanzpolitische Entscheidungen. Sukzessive wurde bereits in den siebziger Jahren der Wohnungsbau aus dem „Nulltarif" herausgenommen und das Subventionsprinzip in ein Kostendeckungsprinzip verändert. Nicht nur die notwendig gewordenen Investitionen in die technische Infrastruktur zwangen dazu, sondern es wurde von den politischen Entscheidungsträgern intuitiv – als Gegensteuerungsmaßnahme gegen Suburbanisierung von Mittelschichten und Zweitwohnungswesen – der Ausbau des kollektiven Freizeitraums forciert, der nunmehr zum „Nulltarif" angeboten wird.

Die angesprochene Asymmetrie der Stadtentwicklung, die Drehung der Wachstumsfront, hat zu einer bipolaren Stadtkonzeption geführt. Die Zeit der Konzeption eines peripheren Grüngürtels ist vorbei. Die „große grüne Wiese", Erholungsflächen und Sportanlagen, gehören in einer Zeit der Freizeitgesellschaft in die Mitte der Stadt, mit bester Erreichbarkeit für alle. Eine grundsätzliche Frage bleibt allerdings offen, nämlich welcher Anteil der Bevölkerung auch in Zukunft die private Freizeitsphäre der Benützung von kollektiven Freizeiteinrichtungen, welcher Art immer, vorziehen wird (vgl. Figur 15).

Wie im Überblick ausgeführt, zählt die Stadterweiterung bei jedem neuen politischen System zur ersten Entwicklungsphase. Erst in der zweiten beginnt eine Umpolung der Stadterweiterung in eine Stadterneuerung. Die Wiener Stadtentwicklung ist gegenwärtig an diesem Wendepunkt angelangt.

Die *Blightphänomene* und *Verfallserscheinungen* im gründerzeitlichen Stadtkörper waren schon in den sechziger Jahren sichtbar, und ihre – zum Teil viertelweise – erschreckende Zunahme ist kaum mehr zu übersehen. Nicht nur unter dem Druck der Öffentlichkeit, sondern aufgrund der politischen Systemen innewohnenden Konsequenz ist daher auch diese jüngste Entwicklungstendenz verständlich, die Stadterneuerung in den politischen Zielsetzungen in den Vordergrund zu schieben. Freilich ist ihre Realisierung keineswegs, so wie die der Stadterweiterung, zum Nulltarif möglich, sondern man bedarf auch der Investitionsbereitschaft der privaten Hausbesitzer sowie der Mieter, um den notwendig gewordenen Umbau des gründerzeitlichen Stadtkörpers Schritt für Schritt in Angriff nehmen zu können.

2. Phänomene der Stadtentwicklung in Wien in der Nachkriegszeit

2.1. Einleitung

Die allgemeine Zielsetzung einer dynamischen Faktorialökologie wurde im theoretischen Teil dargelegt. Es ist die Aufgabe dieses Kapitels, aus einer breiten Forschungserfahrung mit zum Teil praxisrelevanten Einsichten gewonnene komplexe Phänomene der Stadtentwicklung von Wien in der Nachkriegszeit zu präsentieren und im Anschluß daran eindimensionale Karten von denjenigen Merkmalen von Bevölkerung, physischer Struktur der Stadt und Arbeitsstätten zu bieten, welche in die Faktorenanalyse eingegangen sind.

Art und Abfolge in der Darstellung der aufgelisteten Phänomene beanspruchen weder Vollständigkeit noch unmittelbar einsichtige Verknüpfung. Im folgenden zunächst einige Stichworte.

1. Das erste und wichtigste Phänomen kann unter das Schlagwort gestellt werden: „die *Umverteilung der Bevölkerung in der Stadtregion und in der Kernstadt*".

Auch Wien reiht sich ein in die immer größer werdende Zahl von Städten, für die Wachstumsmodelle nicht mehr gültig sind. Es erfolgt einerseits ein Suburbanisierungsvorgang und andererseits eine Abnahme der Bevölkerungszahl in der Kernstadt. Dieser Rückgang der Bevölkerung vollzieht sich Hand in Hand mit der Reduzierung spezifischer demographischer und sozialer Gruppen.

Die Feststellung von Umverteilung und Rückgang der Bevölkerung bedarf jedoch einer sehr wesentlichen Ergänzung, und zwar hinsichtlich der Entwicklungstendenz der städtischen Flächennutzung, die besagt, daß selbst bei schwach abnehmender oder gleichbleibender Bevölkerung der *wachsende Flächenbedarf aller städtischen Funktionen*, d. h. der Wohnfläche pro Einwohner, der Arbeitsfläche pro Beschäftigtem, der Verkehrsfläche pro Verkehrsteilnehmer, den *Motor für die anhaltende Dynamik* bildet.

Die Stadtentwicklung steht damit unter zwei gegensinnigen Vorzeichen:
— einem Rückgang der Bevölkerung und ebenso einer Reduzierung von bestimmten demographischen und sozialen Gruppen auf der einen Seite und
— einem differenzierten Wachstum des Flächenbedarfs von spezifischen Funktionen auf der anderen Seite.

Es fehlen bisher Modelle, in denen diese gegenläufigen Entwicklungstendenzen simuliert worden wären, nicht zuletzt aufgrund des Fehlens von Daten der amtlichen Statistik für die konkrete Flächennutzung.

2. In sozialökologischen Modellen ist implizit das Vorhandensein von nur einem Wohnstandort der jeweiligen Stadtbewohner enthalten. Diese Basisannahme bedarf einer Revision, da sich in Europa in West und Ost, und zwar zuerst in den großen Städten mit vorherrschender Miethausstruktur, eine Aufspaltung der Wohnfunktion vollzieht und damit eine Instabilität der Bevölkerung entsteht, deren Auswirkungen auf die weitere Stadtentwicklung noch nicht absehbar sind. Zuordnungsprobleme neuer Art sind damit entstanden, nicht nur für die statistischen Ämter, sondern für die Stadtplanung schlechthin, da diese *Aufspaltung der Wohnfunktion* in Haupt- und Nebenwohnsitz (Freizeitwohnsitz) oder, anders ausgedrückt, in eine *Arbeitswohnung* und eine *Freizeitwohnung* nicht nur die ortsständige Bevölkerung betrifft, sondern auch die große Gruppe der Gastarbeiter, welche ebenfalls vielfach zwei Wohnstandorte besitzt, nämlich einen in der Heimat und einen am Arbeitsort.

3. In der Literatur findet man das Schlagwort „Abschied vom Proletariat", das man vermutlich besser in *„Abschied von der Klassengesellschaft"* umformulieren sollte. Worum handelt es sich dabei? Auf dem Wege von der Produktions- in die Dienstleistungsgesellschaft, welcher zuerst in den USA und inzwischen, von dort ausgehend, in allen westlichen Gesellschaften beschritten wurde, hat das Take-off der Arbeitnehmer des tertiären Sektors, nämlich der großen und in sich stark gegliederten Gruppe der Angestellten, die ursprünglich mit der Produktion verknüpfte Dichotomie von Selbständigen (Unternehmern) und Arbeitern zunehmend aufgelöst. Die Zahlen der Angehörigen beider genannter Gruppen nehmen laufend in dem Maße ab, als sich diese in das wachsende Heer der Angestellten eingliedern.

Nun wissen wir aus der historischen Stadtforschung, daß bei der Reduzierung von städtischen Sozialgruppen und Funktionen grundsätzlich zwei räumliche Entwicklungen möglich sind:
— eine Auflösung von ursprünglichen Ballungen und
— umgekehrt eine Erhöhung der Segregation.

Eine longitudinale Segregationsanalyse bietet eine Antwort auf die Frage, ob sich die in Abnahme begriffenen Gruppen von Selbständigen und Arbeitern derart in der räumlichen Konfiguration der Stadt segregieren oder stärker gestreut auftreten.

Bereits in der theoretischen Einleitung wurde auf den Übergang von der sozialen Klassengesellschaft zur *Altersklassengesellschaft* hingewiesen, welcher für die postindustrielle Gesellschaft kennzeichnend ist. Die Frage, die es im folgenden zu beantworten gilt, lautet daher: Haben in Wien demographische Segregationsvorgänge bereits die Vorhand vor denen der sozialen Segregation, und bestehen Unterschiede zwischen der Innenstadt und der Außenstadt?

4. Noch 1970 konnte die Verfasserin schreiben, daß die Segregationsvorgänge in den europäischen Städten in erster Linie durch Kriterien der sozialen und demographischen Dimension bestimmt sind. Inzwischen haben durch die Zuwanderung von Gastarbeitern *ethnische Segregationsvorgänge* Platz gegriffen.

Wie J. HOFFMEYER-ZLOTNIK anhand des Beispiels der türkischen Gastarbeiter in Kreuzberg, Berlin nachweisen konnte, erweist sich die Konzeption von Infiltration und Sukzession der sozialökologischen Theorie als ganz ausgezeichnet ge-

Einleitung 83

eignet, um Prozesse und räumliche Muster der Ghettoisierung bei Gastarbeitern abzubilden.

Nun bestehen zwar auch in Wien für die Gastarbeiter verschlossene Wohnungsmärkte, es fehlt aber eine viertelweise Ghettobildung. Auf die Hintergründe für diese Phänomene soll daher eingegangen werden.

5. Aus der Ideologie des sozialen Wohlfahrtsstaates, welcher die Sicherheit des Wohnstandortes durch Gesetze und Maßnahmen aufrechtzuerhalten sucht, ist eine gewisse Immobilisierung der Bevölkerung entstanden und damit das systemimmanente Problem von Über- und Unterbelag im Laufe des Lebenszyklus. Die *Schnittstelle zwischen Wohnungen und Haushalten* ist in privatkapitalistischen Systemen durch die Fähigkeit der Haushalte, eine bestimmte Miete zu bezahlen, definiert. Im sozialen Wohlfahrtsstaat wird der Marktmechanismus durch monetär nicht substituierbare Garantien teilweise außer Kraft gesetzt und der Schnittstelle zwischen Wohnungen und Haushalten derart eine andere Funktion zugewiesen. Dadurch entstehen überraschende neue Probleme der Wohnungsnot.

6. Der *Wiener Wohnungsmarkt* besitzt im deutschen Städtewesen eine nahezu singuläre Position aufgrund der immobilisierenden und segregationsreduzierenden Kategorien, wie den jahrzehntelang beibehaltenen Mieterschutz, die Niedrigmietenpolitik und den sozialen Wohnungsbau. Die Aufgabe des betreffenden Kapitels besteht darin, nachzuweisen, daß gerade aufgrund dieser Segmentierung des Wohnungsmarktes aus den „sozialen Klassen" zum Teil neue „Wohnungsklassen" entstanden sind, wobei interessanterweise die Unterschiede zwischen den Wohnungen selbst im Hinblick auf Größe und Ausstattung zumindest in der Neubautätigkeit sehr stark abgebaut wurden.

7. Die Frage nach den Wohnverhältnissen führt hinein in die „Ideologien", welche von den politischen Entscheidungsträgern, damit letztlich vom *politischen System* eines Staates, bestimmt werden. Hinsichtlich dieser politisch-ökonomischen Perspektive, konkreter bei der *Analyse der Entscheidungsträger*, welche einerseits auf der Gesetzes- und Maßnahmenebene durch die Politiker und die Behörden und andererseits in einer mittleren Ebene durch Institutionen der Bauträger vertreten werden, besteht ein Forschungsdefizit nicht zuletzt deshalb, weil in der sozialökologischen Theorie ebenso wie in der aus der angelsächsischen Literatur stammenden Standorttheorie eine Laissez-faire-laissez-aller-Politik im Marktmechanismus vorausgesetzt wird. Auch in Wien bedarf es erst weiterer Primärforschungen, um dieses Defizit zu beseitigen. Anhand eines Datensets über die Bautätigkeit und die Reduzierung des Altbaubestandes ist es möglich, den Weg „*von der Wohnungsverbesserung zur Stadterneuerung*" aufzuzeigen.

8. Die Wirtschaft des österreichischen Staates weist zwei Besonderheiten auf:

(1) Österreich hat niemals einen *Industrialisierungsgrad*, definiert als Anteil der Beschäftigten in der Industrie, erreicht wie andere westliche Industrieländer und ist sehr viel früher bereits auf den Weg in eine Dienstleistungsgesellschaft eingeschwenkt.

(2) Eine Sonderstellung besitzt Österreich ebenso im Hinblick auf die Nationalisierung von Industrien, Banken und Versicherungen. Die beiden Aussagen gelten verstärkt für die Hauptstadt Wien, so daß als Titel eines Subkapitels „Der Du-

alismus des Arbeitsmarktes und die Entindustrialisierung" gewählt werden konnte. Die zur Verfügung stehenden amtlichen Daten gestatten es jedoch nur teilweise, diese Situation auch mit präzisen Zahlen zu belegen.

Immerhin konnte bereits im Jahr 1971 als einfach zu merkende Formel für die Wiener Beschäftigungsstruktur die folgende geboten werden*:

Ein Drittel der Beschäftigten befand sich im Produktionssektor, ein weiteres Drittel im privaten Dienstleistungssektor und das dritte Drittel im tertiären Sektor der öffentlichen Hand. Inzwischen ist eine weitere Tertiärisierung der Betriebe erfolgt. Ferner hat die Suburbanisierung bisher in erster Linie den sekundären Sektor erfaßt, so daß sich auch dadurch anteilsmäßig der tertiäre Sektor in der Kernstadt weiter verstärken konnte. Die Frage nach den räumlichen Konsequenzen der Tertiärisierung und Entindustrialisierung ist damit zu stellen.

9. Hinsichtlich des *Verhältnisses von physischer Stadtstruktur und Gesellschaftsentwicklung* vertritt die Stadtforschung die Annahme, daß physische Strukturen von Städten die Generationenfolge der Bevölkerung überdauern.

Die Verknüpfung dieser Persistenzkonzeption mit der Produktzyklustheorie für bestimmte Elemente der physischen Struktur bzw. den gesamten Komplex derselben gestattet es, Filtering-down-Vorgänge und damit Verfallserscheinungen aller Art zu erklären.

Mit der Thematik *„Stadtverfall"* beschäftigt sich ein mehrjähriges Forschungsprojekt an der Kommission für Raumforschung, für welches dieser provozierende Titel gewählt wurde, um die Entscheidungsträger möglichst rechtzeitig auf potentielle Gefahren hinzuweisen.

2.2. Die Umverteilung der Bevölkerung in der Stadtregion und in der Kernstadt

Die Wiener Situation weist einige spezifische Züge auf, welche sie hinsichtlich der Bevölkerungsentwicklung von anderen Millionenstädten Europas abheben. Hierzu zählen die Schübe der Bevölkerungsabnahme, welche seit dem Zusammenbruch der Monarchie zu verzeichnen waren.

Erinnern wir uns daran, daß in der Zwischenkriegszeit ein Journalist, die damalige Situation dramatisierend, schreiben konnte, daß „die nächste Generation auf den Trümmern der Ringstraße ihre armseligen Hütten bauen" würde. Die katastrophale Situation von Wien in der Zwischenkriegszeit ist uns Nachgeborenen kaum mehr verständlich.

Wir haben vergessen, daß die Stadt damals ihre wirtschaftliche Existenzgrundlage weitgehend eingebüßt hatte, rund 350.000 fremdsprachige Bewohner in ihre

---

* E. Lichtenberger, 1978.

Herkunftsländer zurückgekehrt waren und die Bevölkerungszahl im Zeitraum 1917-1923 von 2,2 auf 1,8 Millionen absank.

Ein zweiter Schub des Bevölkerungsrückgangs erfolgte 1938 durch die Ausweisung der jüdischen Bevölkerung, weiters durch die Westwanderung von Teilen der ortsbürtigen Bevölkerung im Gefolge der unmittelbaren Kriegsereignisse 1945. Die Einwohnerzahl von Wien blieb mit rund 1,6 Millionen Einwohnern von 1951 bis 1971 nahezu unverändert. R. GISSER* erkannte zwar frühzeitig, daß die innerösterreichische Zuwanderung bereits Mitte der 60er Jahre abgerissen war, die Kompensation des Enwicklungsdefizits konnte aber noch eine Zeitlang durch den Zustrom von Gastarbeitern bewerkstelligt werden. Erst die Volkszählung 1981 legte den längst im Hintergrund wirksamen Vorgang einer Stadtflucht aus der Kernstadt in das Umland offen und zeigte auch, daß die Wiener Agglomeration selbst in die roten Zahlen gekommen ist (vgl. Tabelle 3).

Tabelle 3: **Die Umverteilung der Bevölkerung in der Stadtregion Wien 1951—1981**

Jahr	Kernstadt	Umland	Stadtregion
1951	1,616.125	384.000	2,000.125
1961	1,627.566	380.160	2,007.720
1971	1,614.841	409.822	2,024.663
1981	1,531.346	439.831	1,971.177
1951—1981	−84.779	+55.831	−28.948

Bei dieser Aussage darf man allerdings nicht übersehen, daß durch die Erweiterung eines rurbanen Saumes um die Stadtregion diese bereits vor 20 Jahren abgegrenzte Regionseinheit aufgrund der Erweiterung der Arbeitsmarktregion ebenfalls erweitert werden müßte!

In der Kernstadt selbst sind in dem Zeitraum von 30 Jahren sehr wesentliche Bevölkerungsverschiebungen erfolgt, welche mittels der Dichotomie
— „Entleerung" im älteren baulichen Gehäuse der gründerzeitlichen Stadt und
— Bevölkerungszunahme in den seit der Zwischenkriegszeit erschlossenen Stadtrandgebieten.

zusammengefaßt werden können. Im folgenden wird ersteres stets auch als „Innenstadt" apostrophiert und der „Außenstadt", d. h. dem Gebiet der Neubautätigkeit und Bevölkerungszunahme am Stadtrand, gegenübergestellt. Zur Information über diesen Umverteilungsprozeß zwei Zahlen:

In der gründerzeitlichen Reihenmiethausverbauung lebten im kaiserlichen Wien im Jahr 1910, d. h. vor dem Ausbruch des Ersten Weltkriegs, rund zwei Millionen Menschen, im Jahr 1981 waren es nur mehr rund 900.000. Danach hat sich — wenn man die Bevölkerungsabnahme von Wien einkalkuliert — eine Umverteilung von rund 600.000 Einwohnern in die Außenstadt vollzogen. Allein in den letzten zwei Jahrzehnten betrug der Verlust an Wohnbevölkerung rund 1/4 Million Menschen (vgl. Tabelle 4).

---

* R. GISSER, 1973.

Tabelle 4: **Die Umverteilung der Bevölkerung in der Kernstadt von Wien 1961—1981**

Jahr	Gesamt-Wien	Außenstadt	Gründerzeitl. Stadtgebiet	
			Äußere Bezirke	Innere Bezirke
1961	1,627.566	543.992	568.390	515.184
1971	1,614.994	660.820	516.536	437.638
1981	1,531.346	704.287	458.997	368.062
1961—1981	−96.220	+160.295	−109.393	−147.122
1961 = 100 %				
1971	99,22	121,48	90,88	84,95
1981	94,01	129,46	80,75	71,44

Die Karte der Bevölkerungsentwicklung 1961-1981 (vgl. Karte 1) bietet hierzu noch weitere Detailaussagen, wie die Akzentuierung der Bevölkerungszunahme im südlichen und östlichen Stadtraum von Wien auf der einen Seite und besonders starke Entleerungstendenzen in den gesamten Inneren Bezirken und in den westlichen Äußeren Bezirken auf der anderen Seite.

2.3. Die Aufspaltung des Wohnstandortes und die neue Instabilität der Bevölkerung

In einer 1983 erschienenen Publikation wurde von der Autorin* bereits darauf hingewiesen, daß entsprechend den rhythmischen Phänomenen der arbeitsteiligen Gesellschaft, der Trennung der Arbeitswohnung von der Freizeitwohnung bzw. der Verschiebung des Wohnstandortes im Laufe des Lebenszyklus, die Einwohner von großen Städten in zunehmendem Maße zu „Bewohnern auf Zeit" werden. Ferner kommen − in einem nicht vorhersehbaren und daher nicht abschätzbaren Ausmaß − ausländische „Zeitwanderer" in die Städte, um hier für eine a priori nicht definierte Zeitdauer Arbeit zu suchen. Im Zusammenhang mit diesen neuen Phänomenen wurde der Begriff der „neuen Instabilität der städtischen Gesellschaft" geprägt. Diese neue Instabilität der Bevölkerung erschwert sämtliche Vorausschätzungen und Zukunftsperspektiven in einem Maße wie nie zuvor. Ferner ergeben sich neue Zuordnungsprobleme, nicht nur bei der Erstellung von Steuerbudgets, sondern ebenso auch in innerstädtischer Sicht. Kommunalpolitische Leerräume entstehen überall dort, wo derartige Bewohner auf Zeit größere Anteile an der Bevölkerung erreichen. Die derzeitigen statistischen Erhebungstechniken sind nicht imstande, dieses Phänomen präzise zu erfassen. Die folgenden Ausführungen

---

* E. Lichtenberger, 1983.

Karte 1: Die Bevölkerungsentwicklung von Wien 1961–1981

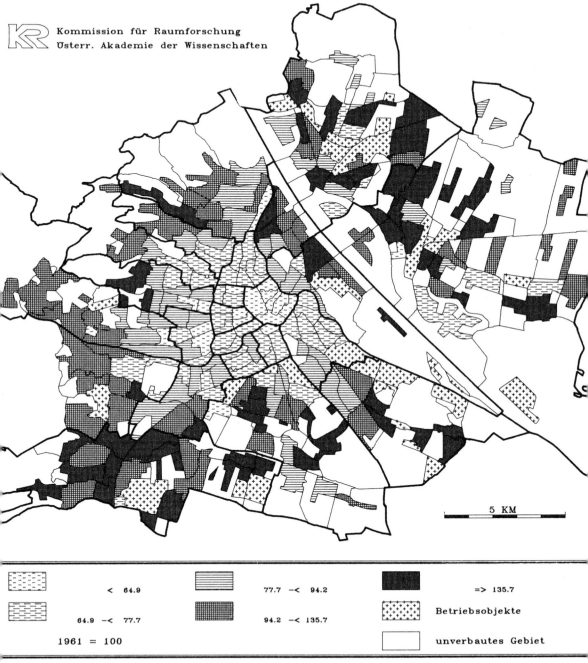

Kommission für Raumforschung
Österr. Akademie der Wissenschaften

< 64.9
64.9 –< 77.7
77.7 –< 94.2
94.2 –< 135.7
=> 135.7
Betriebsobjekte
unverbautes Gebiet

1961 = 100

Grundlagen: CHOROS, W.D.Rase
RBW-Code: Mag.d.St.Wien
ISIS-Datenbank: ÖStZ

Thematik, Design: E. Lichtenberger
EDV-Systeminstallation: H.Faßmann
Generalisierung, Plot: E.Knabl

stellen daher nur einen ersten Versuch dar, dasselbe, soweit Zahlen zur Verfügung stehen, zu beschreiben und einzelne Elemente kartographisch zu präsentieren.

Aus den Ergebnissen der Volkszählung 1981 wurde folgende Instabilitätsbilanz der Bevölkerung in Wien errechnet (vgl. Tabelle 5).

Tabelle 5: **Die Instabilitätsbilanz der Bevölkerung in Wien 1981**

	Wohnbevölkerung 1,531.000		
	+ Bevölkerung auf Zeit −		
Einpendler	173.000	32.000	Auspendler
Ghostbevölkerung	230.000	163.000	Bevölkerung mit Zweitwohnsitzen
Geschäftsreisende, Touristen usw.	25.000	152.000	Ausländer
Studenten	70.000	—	
	498.000	347.000	
Aufgestockte Bevölkerung	2,029.000	1,184.000	**Wien-zentrierte Bürger**

Zunächst sei die positive Seite der Bilanz der Bevölkerung auf Zeit vorgestellt. Ihre Gesamtsumme wird als *„aufgestockte Bevölkerung"* bezeichnet. Folgende Positionen tragen hierzu bei:

(1) Die erste Stelle ist durch die Stellung Wiens als Arbeitsstättenzentrum bestimmt, die sich seit der Zählung 1971 sehr wesentlich verbessert hat. 1981 zog Wien aus dem engeren und weiteren Umland täglich bereits rund 162.000 Menschen als *Einpendler* an.

(2) Unter der Rubrik *„Geschäftsreisende, Touristen usw."* wurden diejenigen Personengruppen aufgelistet, welche entweder geschäftlich in Wien zu tun haben oder im Zuge des Städtetourismus nach Wien kommen. Entsprechend der Zahl der derzeit vorhandenen Fremdenbetten wird ein Rahmenwert von rund 25.000 potentiell anwesenden Personen angenommen. Vermutlich ist in den Spitzenzeiten der Fremdenverkehrssaison die Zahl noch höher, ganz abgesehen davon, daß über den Städtetourismus täglich weitere zehntausend Gäste die Stadt besuchen.

(3) Ebenso wurde die Zahl der *Studenten* berücksichtigt, welche nicht in Wien beheimatet sind und sich nur während der Semesterzeit in Wien aufhalten.

(4) Mit dem Begriff der *„Ghostbevölkerung"* stehen die unbewohnten Wohnungen in Wien zu Buche, denen entsprechend der durchschnittlichen Haushaltsgröße der bewohnten Wohnungen eine Ghostbevölkerung zugeschrieben wurde. Auf dieses Problem der Ghostbevölkerung wird noch ausführlich zurückgekommen.

Fügt man die genannten Positionen zur Wohnbevölkerung hinzu, so gelangt man zu einer Zahl von 2.029.000 potentiellen Benützern, welche die Einrichtungen

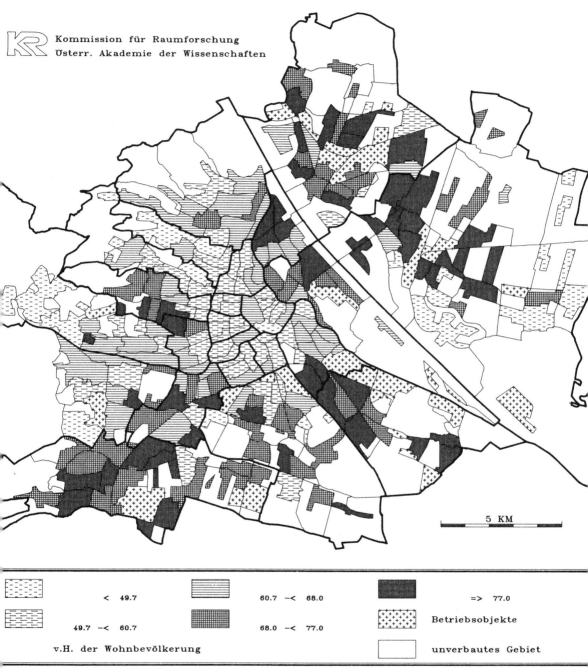

Karte 2: Wienzentrierte Bürger 1981

der Kernstadt, den Wohnraum, die Arbeitsstätten, die Verkehrsmittel usf., in Anspruch nehmen.

Diese Zahl könnte man ferner noch erweitern durch die unbekannte Zahl der Personen, welche außerhalb von Wien wohnhaft sind und zentrale Einrichtungen, wie Krankenhäuser und dgl., regelmäßig in Anspruch nehmen.

Im folgenden die Angaben über die *negative Bilanzseite*:

(1) Zunächst ist eine — wenn auch nur bescheidene — Anzahl von *Auspendlern* in Rechnung zu setzen, d. h. von in Wien wohnhaften Berufstätigen, welche außerhalb der Kernstadt beschäftigt sind. Für den zunehmenden Verflechtungsgrad der Kernstadt mit der Region spricht die Tatsache, daß auch die Zahl der Auspendler 1981 (verglichen mit 1971) schwach zugenommen hat.

(2) Dazu kommt die Wiener Bevölkerung, welche über einen *Zweitwohnsitz* verfügt, und

(3) schließlich die Zahl von rund 152.000 *Ausländern*, welche man zum Großteil ebenfalls nur als Bewohner auf Zeit bezeichnen kann.

Reduziert man die Wohnbevölkerung um die genannten Gruppen, so verbleiben 1.184.000 *„Wien-zentrierte Bürger"*. Dieser Ausdruck wurde gewählt, um damit den Bevölkerungsanteil zu erfassen, der über einen verhältnismäßig stabilen Aktionsraum verfügt; überdies wurden gleichzeitig die Inländer von den Ausländern getrennt.

Berechnet man den Umsatz dieser Instabilitätsbilanz, so gelangt man zu einem Wert von über 800.000 Personen, welche als *Bevölkerung auf Zeit* definiert werden können. Diese Zahl gibt eine Vorstellung von der Größenordnung der Probleme, welche langfristig auf die mit der Stadtplanung befaßten Stellen zukommen.

Berechnet man die *Instabilitätsquote*, d. h. das Verhältnis zwischen der *Wohnbevölkerung* von Wien und der Bevölkerung auf Zeit, so gelangt man zur Aussage, daß derzeit bereits ein *„Bewohner auf Zeit"* auf zwei *„Wien-zentrierte Bürger"* entfällt.

Anhand einer Karte sei die *Verteilung der Wien-zentrierten Bürger vorgestellt (vgl. Karte 2). Die Berechnung erfolgte durch Reduzierung der Wohnbevölkerung um die Zahl der Ausländer und der Bevölkerung mit Zweitwohnungen.*

Das interessante und gleichzeitig neue Ergebnis belegt die West-Ost-Asymmetrie der Stadt. Danach wohnen die Wien-zentrierten Bürger nicht mehr im Stadtzentrum und auch nicht in den anschließenden Inneren Bezirken, ebensowenig an der westlichen Peripherie, sondern ihre Standorte umgürten, einem Halbmond vergleichbar, den genannten Stadtraum im Süden und Osten. Diese Verteilung der Wien-zentrierten Bürger kann als wichtiger Indikator für das bipolare Stadtmodell angesehen werden. Auf das Verteilungsmuster der oben angesprochenen Ghostbevölkerung wird später eingegangen.

Geradezu dramatische Größenordnungen erreicht das Problem der *Instabilität der Bevölkerung* in den *Inneren Bezirken von Wien*, deren Sonderstellung im Rahmen des gründerzeitlichen Stadtgebietes damit auch eindrucksvoll dokumentiert wird.

Die Tabelle 6 gestattet folgende Aussagen:

(1) Zur positiven Bilanzseite werden ebenso wie für Gesamt-Wien die *Einpendler* gezählt, welche allerdings in diesem Stadtraum — bezogen auf die Wohnbe-

Instabilität der Bevölkerung

Tabelle 6: **Die Instabilitätsbilanz der Bevölkerung in den Inneren Bezirken (I—IX) 1981**

	Wohnbevölkerung 408.519		
	+ Bevölkerung auf Zeit	−	
Einpendler	272.428[1]	62.449[2]	Auspendler
Ghostbevölkerung	64.309	70.020	Pendler in andere Bezirke
Zahl der Studenten	65.000[3]	53.436[4]	Bevölkerung mit Zweitwohnsitzen
Touristen	ca. 25.000	39.986	Ausländer
	+426.737	−225.891	
Aufgestockte Bevölkerung	835.256	182.628	**Bezirkszentrierte Bürger**

[1] Einpendler: a) Einpendler aus den Bundesländern
                  b) Einpendler aus den Bezirken X—XXIII

[2] Auspendler: a) Auspendler ins Ausland
                  b) Auspendler in ein anderes Bundesland
                  c) Auspendler in die Bezirke X—XXIII

[3] Studenten: Universität, TU, Veterinärmedizin, WU
                  (Quelle: Österr. Hochschulstatistik 1981/82, Beiträge zur Österr. Statistik 728)

[4] Zweitwohnsitze: Quelle: Mitt. aus Verwaltung und Statistik 1982/2, S. 3—4

völkerung — rund 70% betragen.

(2) Sehr hoch ist auch der Anteil der gelegentlich anwesenden *Ghostbevölkerung* im Verhältnis zur Wohnbevölkerung (mit über 15%), ebenso

(3) die Zahl der *Studenten* und

(4) diejenige der *Touristen.*

Summiert man die Werte der genannten Gruppen auf, so gelangt man zu einer Zahl, welche diejenige der Wohnbevölkerung bereits knapp überschreitet.

Daraus folgt die These: *Stadterneuerungsprogramme* müssen den Stellenwert der Arbeitsbevölkerung und der Studenten im Stadtraum der Inneren Bezirke zur Kenntnis nehmen und deren Raumbedürfnissen Rechnung tragen. Tun sie dies nicht und bemühen sie sich — wie bisher — nach wie vor in erster Linie, im Gefolge der Stadterneuerung Wohnbevölkerung in die Inneren Bezirken „hineinzupumpen", so wird derart ein Prozeß der Suburbanisierung der Betriebe in Gang gesetzt werden. Auch die negative Bilanzseite weist beachtliche Positionen aus:

(1) Die Zahl der *Auspendler* aus den Inneren Bezirken in die Äußeren Bezirke bzw. in andere Bundesländer beträgt rund 15% der ortsständigen Bevölkerung,

(2) die *Bevölkerung mit Zweitwohnsitzen* beträgt im Mittel 13% derselben und

(3) die Zahl der *Ausländer rund 10%.*

Nicht berücksichtigt in der Bilanz wurde die Spitalsfunktion der Inneren Bezirke, insbesonders das Allgemeine Krankenhaus mit seinem täglichen Ambulanzbetrieb.

Summiert man die Angehörigen obiger Gruppen und zieht die Summe von der Wohnbevölkerung ab, so gelangt man unter Berücksichtigung der Pendelwanderung innerhalb der Inneren Bezirke zur Aussage, daß in den Inneren Bezirken einschließlich der Innenstadt nur knapp mehr als 180.000 „bezirkszentrierte Bürger" leben.

In diesen Aussagen kommen die Trennung von Arbeiten und Wohnen und die Aufspaltung der Wohnfunktion in geradezu dramatischer Weise zum Tragen. Es ergibt sich nämlich, daß die *bezirkszentrierte Bevölkerung nur rund ein Viertel der aufgestockten Bevölkerung in den Inneren Bezirken ausmacht.*

Damit ist die Frage an die politischen Entscheidungsträger zu stellen: Welche Funktionen werden den Inneren Bezirken aufgrund der gegenwärtigen Situation in Zukunft zugemessen? Wird ihre Arbeitsstättenfunktion zunehmen und auch die Zahl der Absteigquartiere von in Hauptwohnsitzen außerhalb der Stadt lebenden Bevölkerungsgruppen? Werden schließlich, ebenso wie in anderen großen europäischen Städten, die Zahlen der Ausländer wachsen? Und wird der devisenbringende Fremdenverkehr durch Förderung des Hotelbaus und die Zunahme der Zahl von Fremdenpensionen weiter an Bedeutung gewinnen? Last not least: Wird aufgrund der Bildungspolitik die Zahl der auswärtigen Studenten weiter ansteigen?

Alle bisherigen Stadterneuerungsprogramme gehen völlig zu Unrecht von der Voraussetzung aus, daß Stadterneuerung in den Inneren Bezirken als Schaffung von Wohnraum mit konsumentenorientierten Diensten zu verstehen ist. Diese Vorstellung ist grundsätzlich falsch und muß eine darauf beruhende Stadterneuerung zum Scheitern verurteilen.

2.4. Von der sozialen Klassengesellschaft zur Altersklassengesellschaft

Mit dieser Überschrift wird ein entscheidendes, die westlichen städtischen Gesellschaften bestimmendes Phänomen angesprochen, nämlich die *Verschiebung der räumlichen Entmischungsverhältnisse* der städtischen Gesellschaft *von den traditionellen sozialen Klassen in die demographische Dimension von Altersklassen und Haushaltstypen.*

Aufgrund der sozialrechtlichen Differenzierung der unselbständig Beschäftigten bestehen drei Gruppen von Arbeitnehmern mit unterschiedlichen sozialen Rechten, unterschiedlicher Arbeitsplatzsicherheit und entsprechenden Einkommen- bzw. Lohnstrukturen, nämlich Beamte, Angestellte und Arbeiter. Dazu kommt als Weiteres die in sich stark differenzierte Gruppe der Selbständigen, d. h. von Gewerbetreibenden, Unternehmern und Angehörigen der freien Berufe.

Im folgenden wird unter Bezug auf die in die Faktorenanalyse aufgenommenen Elemente nur auf die Gruppen der *Selbständigen* und der *Arbeiter* eingegangen.

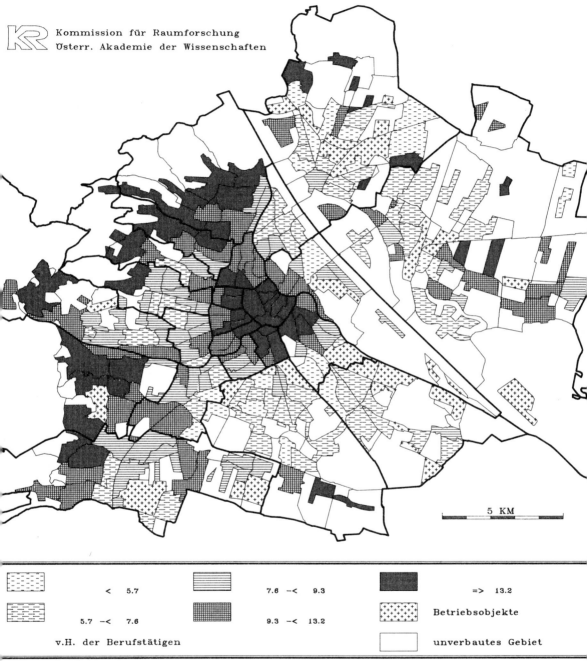

Tabelle 7: **Die Reduzierung der traditionellen sozialen Klassen von Arbeitern und Selbständigen und das Take-off der Angestellten in Wien 1961—1981**

Jahr	Summe der wohnhaften Berufstätigen	Selbständige	davon (v. H.): Arbeiter	Lehrlinge	Angestellte
1961	820.597*	*12,98*	*42,81*	*3,88*	*40,33*
1971	719.538	*11,11*	*37,34*		*51,55*
1981	720.170	*8,00*	*34,45*		*57,55*

* Mit der Zählung von 1971 und 1981 nicht direkt vergleichbar

Die beachtliche Reduzierung beider Gruppen im Zeitraum von 1961 bis 1981, welche aus Tabelle 7 zu entnehmen ist, würde Veränderungen der Ungleichverteilung im Stadtgebiet und damit in der Meßgröße des Segregationsindexes erwarten lassen. Eine Berechnung der Indizes für die Zeitpunkte der Volkszählungen 1961, 1971 und 1981 ergibt unter Berücksichtigung der veränderten Bezugsbasis (1971 Erwerbsbevölkerung, 1981 Wohnbevölkerung) keine wesentlichen Verschiebungen. Der Segregationsindex betrug 1981, auf der Basis der Zählbezirke berechnet (unter Ausschluß von Ausreißern, n=201), 16,1 für die Selbständigen und 18,2 für die Arbeiter. Er hat sich für erstere kaum, bei letzteren um 4% erhöht. Diese sehr niedrigen Segregationsindizes belegen die starke soziale Durchmischung der Wohnbevölkerung auf der Basis der Zählbezirke.

Nichtsdestoweniger überrascht jedoch das Muster der Verteilung hinsichtlich der Persistenz älterer sozialräumlicher Gliederungen. Beim *Standortmuster der Selbständigen* sind folgende Stadträume mit überdurchschnittlichem Anteil zu unterscheiden (vgl. Karte 3):
— die Inneren Bezirke (mit Ausnahme des V.Bezirkes); darin wirkt der zentral-periphere Sozialgradient von Wien in den Gründerjahren bis heute nach;
— die westliche Peripherie, wo ältere Suburbanisierungsvorgänge in der Gründerzeit einsetzten;
— die südliche und östliche Peripherie, in der es sich bei den Selbständigen freilich in erster Linie um Angehörige des primären Sektors handelt.

Die *räumliche Verteilung der Arbeiter* im Jahr 1981 (vgl. Karte 4) ergänzt nahezu spiegelbildlich die Verortung der Selbständigen. Es lassen sich hierbei zwei Zonen unterscheiden:
— der Ring der Äußeren Bezirke, welcher aufgrund der Kleinwohnungsstruktur aus der Gründerzeit als „würgender Ring" in die Literatur eingegangen ist, mit einem nach wie vor überproportionalen Anteil von Arbeitern und
— die südliche und östliche Peripherie der Stadt, wo es — nicht zuletzt über den kommunalen Wohnungsbau — zum Aufbau einer zweiten Arbeiterwohnzone gekommen ist. Die historische sozialräumliche Gliederung von Wien vereint sich mit der aktuellen west-östlichen Zweiteilung der Stadt in einem recht komplexen Muster.

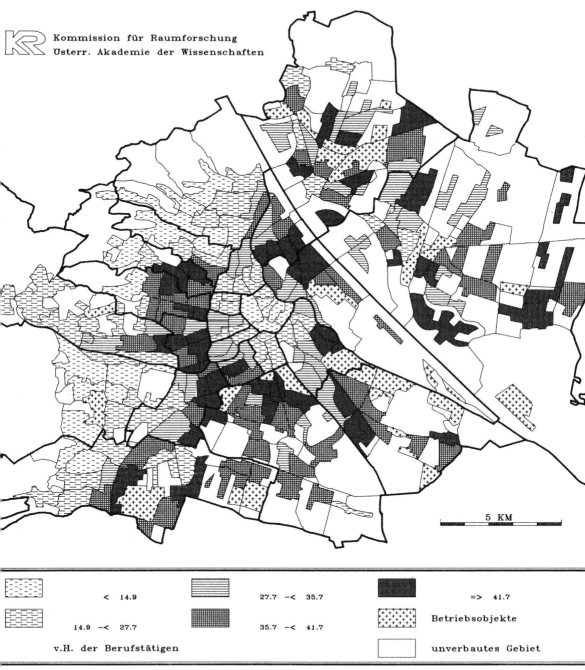

Karte 4: Die Verteilung der Arbeiter in Wien 1981

Tabelle 8: **Der Rückgang der Arbeiter und Selbständigen im Stadtgebiet von Wien 1961—1981**

Arbeiter:

Jahr	Gesamt-Wien	Außenstadt	Gründerzeitl. Stadtgebiet	
			Äußere Bezirke	Innere Bezirke
1961	362.275	121.515	145.410	95.350
1971	268.665	106.809	100.261	61.595
1981	248.208	107.971	89.851	50.386
1961—1981	−114.067	−13.544	−55.559	−44.964
1961 = 100 %				
1971	74,16	87,90	68,95	64,60
1981	68,51	88,85	61,79	52,84
1981 gewichtetes Soll		94,35	57,03	52,06

Selbständige:

Jahr	Gesamt-Wien	Außenstadt	Äußere Bezirke	Innere Bezirke
1961	106.461	30.462	31.047	44.952
1971	79.913	29.832	21.328	28.753
1981	57.567	25.214	14.507	17.846
1961—1981	−48.894	−5.248	−16.540	−27.106
1961 = 100 %				
1971	75,06	97,93	68,70	63,96
1981	54,07	82,77	46,72	39,70
1981 gewichtetes Soll		74,46	45,01	41,08

Zusammenfassend läßt sich jedenfalls feststellen, daß, ungeachtet der Reduzierung der Zahl der Selbständigen und Arbeiter, die historischen sozialräumlichen Strukturen von Wien gleichsam „zementiert" bleiben. Die räumliche Verteilung verdeckt freilich Vorgänge der Verschiebung der beiden Sozialgruppen im Stadtraum. Gewichtet man nämlich die Veränderungen der Anteilswerte der einzelnen Stadträume unter Bezug auf die Bevölkerungsentwicklung, so gelangt man zu folgenden Aussagen (vgl. Tabelle 8):

1. Die Selbständigen haben sich anteilsmäßig stärker als die Gesamtbevölkerung in die Außenstadt verlagert. Damit ist dort eine „soziale Aufwertung" erfolgt.

2. Umgekehrt sind die Arbeiter stärker im gründerzeitlichen Stadtgebiet verblieben. Derart ist hier eine „soziale Abwertung" eingetreten.

Karte 5: Die Verteilung der über 60-jährigen in Wien 1981

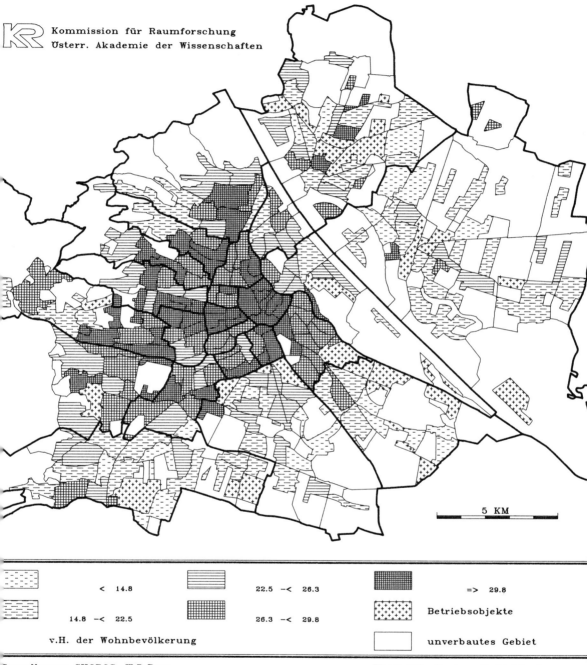

Wie bereits im 1. Kapitel ausgeführt, ist die generelle *demographische Entwicklungstendenz* der großen Städte der westlichen Industriegesellschaften durch die Reduzierung der Haushaltsgröße und die Zunahme von Einpersonenhaushalten gekennzeichnet. Auch die Wiener Bevölkerung folgt dieser allgemeinen Tendenz, und zwar ungeachtet der Bevölkerungsabnahme sogar eher verzögert.

Diese Tendenz wird vielfach mit *Überalterung* gleichgesetzt und mit Verlust an Wohnbevölkerung im gründerzeitlichen Stadtkörper begründet. Derartig drastische Abnahmen der Bevölkerung, wie sie hier im Zeitraum von 1961 bis 1981 erfolgten, sind üblicherweise mit einer „Hypothek des Todes", d. h. mit einem Ansteigen der älteren Bevölkerung, verbunden. Diese Annahme trifft jedoch nicht zu. Vielmehr ist es, nach einem Anstieg des Anteils der Senioren bei der Volkszählung 1971, seither zu einer Reduzierung desselben gekommen. Trotz des Rückgangs der Gesamtbevölkerung hat sich der Anteil der Bevölkerung mit 60 und mehr Jahren im Zeitraum von 1961 bis 1981 nicht erhöht, sondern hat im Stadtmittel sogar abgenommen (vgl. Tabelle 9).

Tabelle 9: **Die Umverteilung der Senioren in Wien 1961—1981**

Jahr	Gesamt-Wien	Außenstadt	Gründerzeitl. Stadtgebiet	
			Äußere Bezirke	Innere Bezirke
1961	408.180	121.545	153.275	133.360
1971	448.518	154.354	159.182	134.982
1981	386.310	154.525	124.485	107.300
1961 = 100 %				
1971	*109,88*	*126,99*	*103,85*	*101,21*
1981	*94,64*	*127,13*	*81,21*	*80,45*
1981 gewichtetes Soll		*130,33*	*78,78*	*71,92*

Gewichtet man den Anteil der Senioren in derselben Weise wie den der Selbständigen und Arbeiter mit den Anteilen der Bevölkerung in den einzelnen Teilräumen der Stadt, so stellt man mit Überraschung fest, daß einerseits die Bevölkerungsentleerung im gründerzeitlichen Stadtgebiet nur in den Inneren Bezirken zu einer relativen Verstärkung des Anteils der alten Leute geführt hat und andererseits der Anteil der Senioren mit dem Bevölkerungswachstum in der Außenstadt Schritt halten konnte.

Nichtsdestoweniger hat sich die zentral-periphere Differenzierung in der Verteilung der über 60jährigen erhalten (vgl. Karte 5). Blendet man in diese Thematik der Überalterung diejenige der *Zunahme der Einpersonenhaushalte* ein, so ergibt sich für den gründerzeitlichen Stadtkörper, daß die außerordentlich starke Zunahme der Einpersonenhaushalte jedenfalls nicht aus der Zunahme von alleinstehenden alten Leuten zu erklären ist, sondern aus der Zunahme von jüngeren Altersklassen, in er-

Karte 6: Die Verteilung der Einpersonenhaushalte in Wien 1981

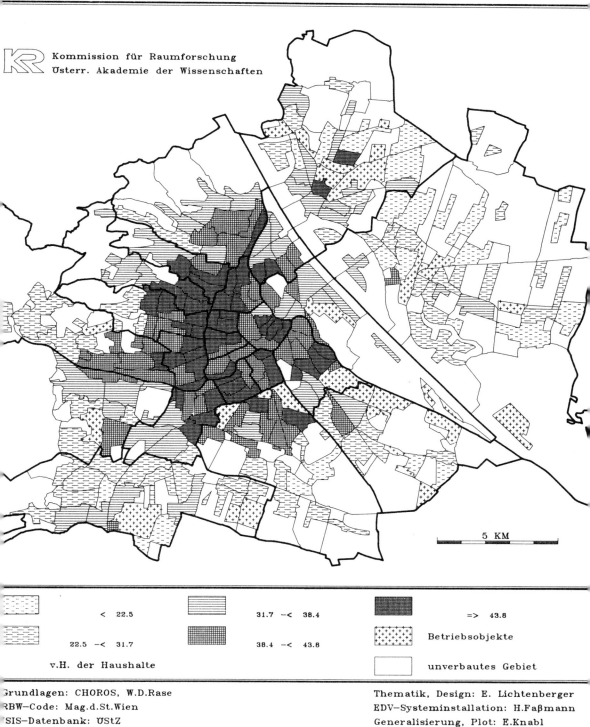

Tabelle 10: **Die Zunahme der Einpersonenhaushalte in Wien 1961—1981**

Jahr	Gesamt-Wien	Außenstadt	Gründerzeitl. Stadtgebiet	
			Äußere Bezirke	Innere Bezirke
1961	192.010	49.553	82.163	60.294
1971	247.410	72.185	98.632	76.593
1981	278.937	95.742	104.119	79.076
1961 = 100 %				
1971	*128,85*	*145,67*	*120,04*	*127,03*
1981	*145,27*	*193,21*	*126,72*	*131,15*
1981 gewichtetes Soll		200,05	120,92	110,39

ster Linie von Studenten und alleinstehenden jungen Berufstätigen, resultiert (vgl. Tabelle 10).

Diese Zunahme der Einpersonenhaushalte betrifft in besonderem Maße die Inneren Bezirke. Einpersonenhaushalte sind hier ein Bestandteil des Citymantels — und damit von der Arbeitsstättenstruktur des tertiären Sektors abhängig. Diese Aussage ist deswegen wichtig, weil sich damit die Notwendigkeit der Schaffung von adäquaten Wohnverhältnissen besonders in den Inneren Bezirken stellt.

Zur Vollständigkeit des kartographischen Aussagensystems seien zwei Verteilungskarten, und zwar die der Einpersonenhaushalte und die der Vierpersonenhaushalte, einander gegenübergestellt. Grundsätzlich weisen sie ein komplementäres Muster der Haushaltsgrößen im Stadtgebiet aus, belegen jedoch — wenn auch nur untergeordnet — die West- Ost-Unterschiede in der Außenstadt (vgl. Karten 6, 7).

Das gegenwärtige räumliche Verteilungsmuster der *Vierpersonenhaushalte* ist das Ergebnis einer *Schwerpunktverschiebung* in der Generationenfolge. Wie die Tabelle 11 belegt, lag in den sechziger Jahren der Schwerpunkt der Vierpersonenhaushalte in den Inneren Bezirken und hat sich erst im Gefolge der Bautätigkeit in den letzten beiden Jahrzehnten an den östlichen und südlichen Stadtrand verlagert. Dieser Exodus von Familien aus den relativ großen Wohnungen der Inneren Bezirke zählt zu den ganz entscheidenden Vorgängen, in deren weiterer Konsequenz auch das gegenwärtige beachtliche „Ghostphänomen" der Inneren Bezirke seinen Erklärungshintergrund erhält (vgl. unten).

Das klare Verteilungsmuster der Vierpersonenhaushalte, welches einem Zonenmodell entspricht, deckt sich nun keineswegs, wie man zunächst erwarten sollte, mit dem *Verteilungsmuster der Kinder* unter 6 Jahren (vgl. Karte 8). Dieses heterogene Verteilungsbild entzieht sich vielmehr schlüssigen Interpretationen vom Standpunkt von Verteilungsmodellen. Bei der Suche nach Erklärungen wird über-

Karte 7: Die Verteilung der Vierpersonenhaushalte in Wien 1981

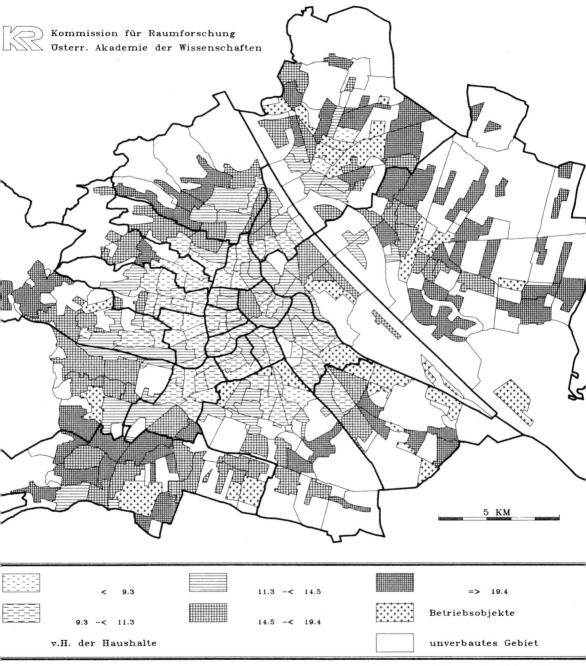

Tabelle 11: **Die Verschiebung der Vierpersonenhaushalte aus den Inneren Bezirken an den östlichen und südlichen Stadtrand von Wien 1961—1981**

Jahr	Gesamt-Wien	Westliche Außenstadt	Östliche Außenstadt	Gründerzeitl. Stadtgebiet Äußere Bez.	Gründerzeitl. Stadtgebiet Innere Bez.
1961	104.583	19.511	21.122	29.551	34.399
1971	97.296	21.442	26.161	24.814	24.879
1981	96.330	21.285	31.455	23.327	20.263
1961 = 100 %					
1971	*93,03*	*109,89*	*123,85*	*83,97*	*72,32*
1981	*92,11*	*109,09*	*148,92*	*78,94*	*58,90*
1981 gewichtetes Soll		*126,84*		*76,67*	*69,99*

dies das Defizit an Primärforschung über das ökologische Milieu von Kleinkindern im Stadtraum von Wien offenkundig.

Eine Auflistung der statistischen Daten nach den Teilräumen der Stadt legt allerdings ein interessantes Phänomen offen, nämlich das Comeback der Kinder unter 6 Jahren in die Äußeren Bezirke des gründerzeitlichen Stadtkörpers (vgl. Tabelle 12).

Tabelle 12: **Das Comeback der Kinder unter 6 Jahren in die Äußeren Bezirke des gründerzeitlichen Stadtkörpers von Wien 1971—1981**

Jahr	Gesamt-Wien	Westliche Außenstadt	Östliche Außenstadt	Gründerzeitl. Stadtgebiet Äußere Bez.	Gründerzeitl. Stadtgebiet Innere Bez.
1961	86.268	15.754	18.624	27.858	24.032
1971	112.283	21.472	32.726	32.928	25.157
1981	75.345	14.782	19.216	23.974	17.373
1961 = 100 %					
1971	*130,15*	*136,30*	*175,72*	*118,20*	*104,68*
1981	*87,34*	*93,83*	*103,18*	*86,06*	*72,29*
1981 gewichtetes Soll		*120,28*		*72,70*	*66,37*

Nach den in erster Linie zentral-peripher organisierten räumlichen Verteilungen von demographischen Elementen sei zum Abschluß noch ein Bevölkerungselement dargestellt, welches als Beleg für die West-Ost-Asymmetrie der Außenstadt von Wien herangezogen werden kann, nämlich die *Geschlechterproportion* der Bevölkerung.

Karte 9 bietet die Verteilung der männlichen Wohnbevölkerung, die sich interessanterweise als Gegenstück zu dem oben beschriebenen Halbmond der Wien-zentrierten Bürger erweist, während andererseits der Frauenüberschuß als ein „Westphänomen" bezeichnet werden kann.

Nach dieser Darlegung von Einzelelementen der sozialen und demographischen Struktur der Stadt zurück zum Thema dieses Kapitels. Läßt sich in Wien die Verschiebung von der sozialen Segregation zur demographischen Segregation nachweisen, und befindet sich die Wiener Bevölkerung auf dem Wege zu einer stärkeren demographischen Segregation? Eine zumindest numerische Antwort auf diese Frage bietet die Berechnung von *Segregationsindizes* für die oben genannten demographischen Merkmale auf der Zählbezirksbasis (n = 201) für die Zeitpunkte 1971 und 1981. Das Resultat überrascht einigermaßen. Es belegt nämlich, daß die Segregationsindizes für Einpersonenhaushalte mit 14 und für alte Leute mit 13,3 nicht nur gleichgeblieben sind, sondern annähernd den gleichen Wert erreichen, der für die Sozialgruppe der Selbständigen errechnet wurde. Der Index der Vier- und Mehrpersonenhaushalte von 18 im Jahr 1981 ist nahezu identisch mit dem für die Sozialgruppe der Arbeiter (!). Sowohl soziale als auch demographische Segregationsindizes erweisen sich daher als relativ sehr niedrig und belegen auf der Zählbezirksebene eine *gute Durchmischung* im Wiener Stadtraum sowohl in der sozialen als auch in der demographischen Dimension (vgl. Figur 16).

Bereits in den Ausführungen über die Sozialgruppen der Arbeiter und Selbständigen konnte auf *räumliche Ausgleichsbewegungen* hingewiesen werden. Derartige Ausgleichsbewegungen erfolgten in den zwei Jahrzehnten von 1961 bis 1981 auch in der demographischen Dimension. Die „Hypothek des Todes", d. h. der „Altersbauch" der Wiener Bevölkerungspyramide, wurde reduziert.

Dadurch ist auch eine beachtliche Verringerung des Frauenüberschusses eingetreten. In räumlicher Hinsicht steht der Reduzierung des Frauenüberschusses und ebenso des Anteils der Senioren in den inneren und westlichen Stadträumen eine relative Zunahme dieser Personengruppen im Süden und Westen der Außenstadt gegenüber. Die „Kleinkinderwelle", welche in den sechziger und siebziger Jahren gleichsam in die Außenstadt hinausgelaufen ist, bewegt sich nunmehr wieder zurück in das gründerzeitliche Baugebiet. Auf dieses interessante Phänomen wird noch zurückzukommen sein.

In den bisherigen Ausführungen wurde wiederholt auf die *Unterschiede zwischen Innenstadt und Außenstadt* hingewiesen. Die Berechnung von *Segregationsindizes für Haushaltsgrößen und Sozialgruppen* gestattet es, *Unterschiede in den Segregationsvorgängen* im Zeitraum von 1961 bis 1981 zu erfassen.

Zunächst die Segregation nach der Haushaltsgröße. Es besteht eine gegensinnige Entwicklung von gründerzeitlichem Stadtgebiet und Stadtrand. Während *am Stadtrand* im Jahrzehnt von 1971 bis 1981 *die Segregationsindizes aller Haushaltsgrößen angestiegen* sind, haben sie umgekehrt im gründerzeitlichen Stadtgebiet abgenommen. Alle Haushaltsgrößen sind am Stadtrand wesentlich stärker segregiert.

Das *gründerzeitliche Stadtgebiet* hat demnach eine außerordentlich wichtige Funktion, nämlich die *„demographische Integration"* von Haushaltsgrößen — und man kann hinzufügen: auch von Altersklassen. Diese ebenso überraschende wie

Karte 9: Die Verteilung der männlichen Wohnbevölkerung in Wien 1981

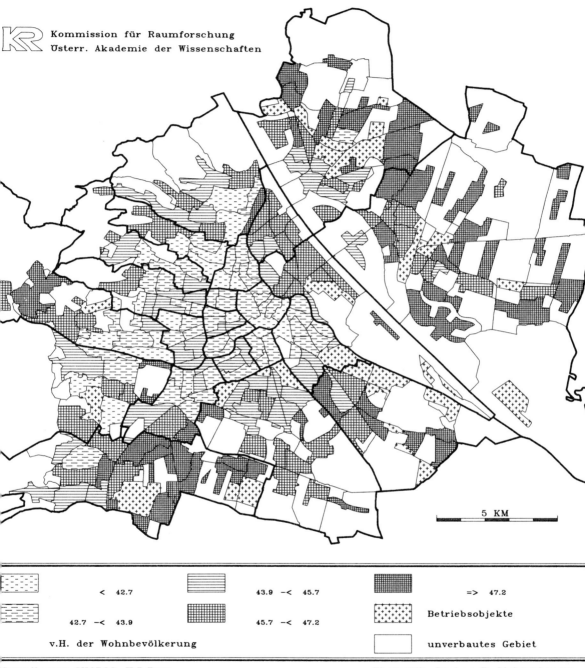

Figur 16: **Die Veränderung der Segregationsindizes in der Innen- und Außenstadt von Wien 1961-1981**

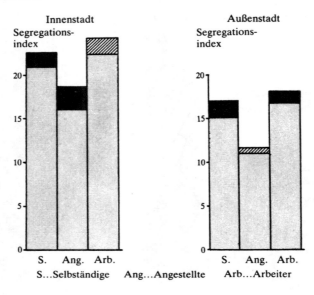
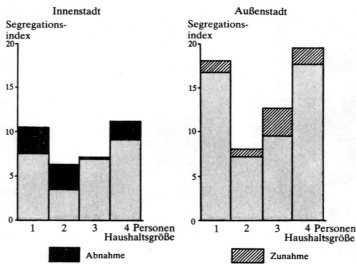

auch praxisrelevante integrative Funktion des gründerzeitlichen Stadtraums auf der Zählbezirksebene *zählt zu den wichtigen, bisher überhaupt nicht zur Kenntnis genommenen Phänomenen des Stadterneuerungsgebietes.*

Zu einer umgekehrten Aussage gelangt man, sobald man die Segregationsindizes für die Sozialgruppen von Arbeitern, Angestellten und Selbständigen be-

Figur 17: **Die Segregationskurven nach Bildung und sozialrechtlicher Position von Innenstadt und Außenstadt in Wien 1981.**

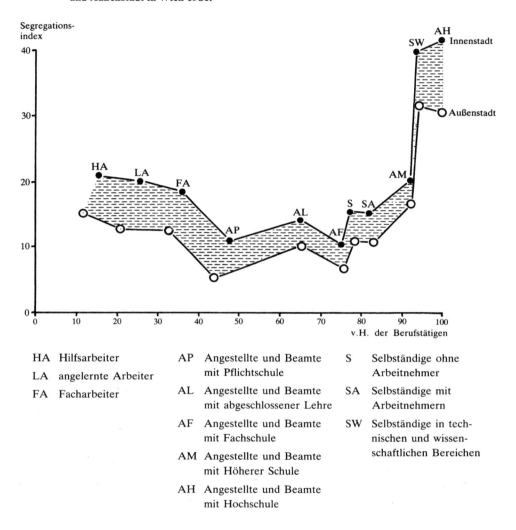

HA	Hilfsarbeiter	AP Angestellte und Beamte mit Pflichtschule	S Selbständige ohne Arbeitnehmer
LA	angelernte Arbeiter		
FA	Facharbeiter	AL Angestellte und Beamte mit abgeschlossener Lehre	SA Selbständige mit Arbeitnehmern
		AF Angestellte und Beamte mit Fachschule	SW Selbständige in technischen und wissenschaftlichen Bereichen
		AM Angestellte und Beamte mit Höherer Schule	
		AH Angestellte und Beamte mit Hochschule	

rechnet. Unter Bezug auf die soziale Segregation kann die Außenstadt den Anspruch einer besseren integrativen Funktion erheben.

Nun ist die Messung der Segregation von Sozialgruppen davon abhängig, welche *Kriterien für „soziale Distanz"* von seiten der amtlichen Statistik zur Verfügung stehen. In der Volkszählung 1981 wurde auch die Schulbildung mit der sozialrechtlichen Position von Arbeitnehmern und Selbständigen verknüpft. Es steht demnach ein erweitertes Datenset zur Verfügung. Zieht man dieses Datenset heran, so ergibt die Berechnung, daß sich die Segregationskurven von gründerzeitlichem Stadtgebiet und Stadtrand deutlich voneinander abheben und die obige Aussage über die *sozial-integrative Funktion der Außenstadt* nicht nur bestehen bleibt, sondern sogar noch verstärkt wird (vgl. Figur 17). Überdies verändert sich in beiden Räumen die U-Form der Kurve in eine J-Form, und zwar dadurch, daß sich die akademischen Bildungsschichten weit stärker segregieren als die Grundschichten.

2.5. Die Gastarbeiter in der Stadt

Es ist das Verdienst von H.-J. HOFFMANN-NOWOTNY, als erster die sozialökologische Theorie bei der Untersuchung der Gastarbeiter in der Schweiz verwendet und ausgebaut zu haben. Seither zentrierten zahlreiche empirische Untersuchungen um die Fragen von Segregation und Integration bzw. potentieller Assimilierung von Gastarbeitern.

Grundsätzlich besteht Konsens darüber, daß Gastarbeiter in den westlichen Industrienationen Europas ein unterschichtendes Sozialsystem darstellen, dem daher auch die üblichen Kriterien der Marginalität zugeschrieben werden, wie
— unterdurchschnittliche Bildung,
— residuale Position auf dem Arbeitsmarkt und
— ebenso auf dem Wohnungsmarkt.

Auf der Mesoebene der Stadt, d. h. für Stadtviertel, werden ethnische Segregationsprozesse üblicherweise in Form eines Sukzessionsschemas abgebildet. Derart hat z. B. J. HOFFMEYER-ZLOTNIK unter Zugrundelegung der Modelle für die Ghettobildung der schwarzen Bevölkerung in den USA folgende Phasen für die Bildung eines Viertels von türkischen Gastarbeitern in Berlin-Kreuzberg beschrieben:
— Einsickern,
— Invasion (5-10% Gastarbeiter),
— erste Sukzessionsphase: bis 25% Gastarbeiter, erste Altbewohner verlassen das Gebiet, eine gemischte Bevölkerung entsteht,
— zweite Sukzessionsphase: weitere Niederlassung von Gastarbeitern,
— schließlich Dominanz derselben mit über 50%, Bildung einer systeminternen Infrastruktur und
— abschließende Sukzessionsphase mit Etablierung eines ethnischen Viertels.

Zum Funktionieren eines derartigen Sukzessionsvorgangs bedarf es freilich verschiedener Voraussetzungen, darunter insbesonders einen von Angebot und Nachfrage gesteuerten kapitalistischen Wohnungsmarkt, auf welchem einerseits die finanzierenden Institutionen und andererseits die Bevölkerung selbst ihr Bestreben auf die Schaffung und Existenz von homogenen Wohnvierteln richtet und insgesamt die Bewertung von Wohnungen ökonomischem Renditedenken unterliegt.

Nun treffen für die Wiener Situation die obigen Voraussetzungen nur teilweise zu. Die Mieterschutz-Garantie auf dem Altbaumarkt und die Deklarierung der Wohnung als „soziales Gut" durch den kommunalen Wohnungsbau kommen indi-

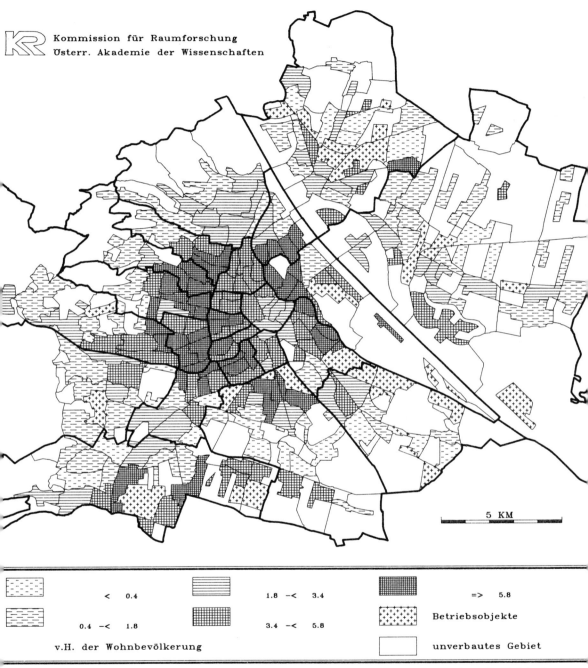

Karte 10: Die Verteilung der Gastarbeiter in Wien 1981

rekt auch den Gastarbeitern zugute, selbst wenn nur ersterer Markt tatsächlich für sie zugänglich ist. Ferner fehlt die Fluchtreaktion der Bevölkerung bei stärkerer Invasion von Gastarbeitern, wie sie im Berliner Modell angenommen wurde.

Der Segregationsindex für die Wiener Gastarbeiter auf der Zählbezirksebene erreicht daher auch mit einem Wert von 32,6 im Jahr 1981 nicht die Höhe wie in anderen großen Städten im deutschen Sprachraum, wie Frankfurt, München oder Berlin. Er entspricht dagegen der Ungleichverteilung von Substandardwohnungen (Bassenawohnungen, Wohnungen mit Innenwasser), der 34,0 beträgt (vgl. unten).

In der Verteilung der Gastarbeiter im Stadtraum haben sich dabei im Zuge des Wanderungsprozesses Verschiebungen ergeben:

1. In der Frühphase der Wanderung, die in erster Linie von Einzelpersonen getragen wurde, bot zunächst die „vorkommunale Bausubstanz" des Stadtrandes den zuwandernden Gastarbeitern Unterkünfte an. In oft recht behelfsmäßiger Form ließen sie sich in den Hintertrakten landwirtschaftlicher Betriebe, in den abgewohnten niedrigen Reihenhäusern längs der Ausfallsstraßen und in den Behelfsbauten der Zwischenkriegszeit nieder.

2. Im Zuge des Familiennachzugs hat sich der Schwerpunkt der Gastarbeiter rasch in die inneren Stadtteile verlagert, darunter in den sogenannten „würgenden Ring" des gründerzeitlichen Baukörpers der Stadt, wobei die Möglichkeit zur Invasion nicht durch Abwanderung der ortsständigen Bevölkerung, sondern durch deren „Wegsterben" gegeben ist.

3. Seit Mitte der siebziger Jahre zeichnet sich eine dritte Wanderungsetappe ab, welche sich vor allem in die Inneren Bezirke richtet. Insgesamt ist es jedoch mit steigender Aufenthaltsdauer der Gastarbeiter in Wien weniger zu einer viertelweisen als zu einer hausweisen Segregation, vor allem in Bassenawohnhäusern (vgl. unten), gekommen. Aus der Karte 10 ist die Verteilung der Gastarbeiter in Wien 1981 zu entnehmen.

Einzelheiten über das Subsystem der jugoslawischen Gastarbeiter in Wien können in dem Buch „Gastarbeiter — Leben in zwei Gesellschaften"* nachgelesen werden.

2.6. Die unzureichende Schnittstelle von Wohnungen und Haushalten

In den angelsächsischen Lehrbüchern der Soziologie und Sozialgeographie der Stadt gehört es zum Standardrepertoire des vermittelten Lehrgutes, daß mit den einzelnen Stadien im Lebenszyklus unterschiedliche Wohnansprüche und Wohnstandorte verknüpft werden. Dieses Modell beruht auf den Voraussetzungen eines kapitalistischen Wohnungsmarktes und enthält als Grundprämisse eine außeror-

---

* E. Lichtenberger, 1984 (Unter Mitarbeit von H. Faßmann (EDV-Technolgie)).

Figur 18: **Haushaltsgrößen und Wohnungsgrößen in Wien 1960**

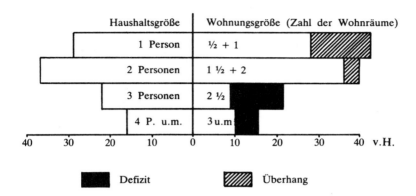

dentlich starke Wohnmobilität, der überdies im Karrierepfad ein hoher Stellenwert zugeschrieben wird.

Diese Voraussetzungen fehlen in Österreich, wo die normativen Prinzipien des sozialen Wohlfahrtsstaates nicht nur die Sicherheit des Arbeitsplatzes zu einem Paradigma der staatlichen Existenz erhoben haben, das von keiner Partei in Frage gestellt wird, sondern wo überdies über Mieterschutzgesetzgebung und Maßnahmenpakete verschiedener Art auch die Sicherheit des Wohnstandorts, zumindest bei den Grundschichten, „garantiert" wird. Aus dieser Ideologie resultiert das immanente Problem, daß ein Umverteilungsprozeß von Wohnungen in Anpassung an die jeweilige Haushaltsgröße im Laufe des Lebenszyklus kaum durch externe Pushfaktoren zu beeinflussen ist. Daher zählt die Regel vom Überbelag bei Starthaushalten und Unterbelag bei Residualhaushalten im Alter zu den gleichsam systemimmanenten Tatsachen des Wohnungswesens.

Mit diesem Prinzip der „Sicherheit der Wohnung für den Bürger" verband sich in der Nachkriegszeit ein zweites normatives Prinzip, nämlich das der Familienförderung über öffentliche Wohnbaumaßnahmen. Nun ein Blick auf die Wiener Situation.

Bei einem Vergleich der Haushaltsgrößen 1961 und der Wohnungsgrößen 1960 (vgl. Figur 18) konnte die Verfasserin 1966 noch schreiben: Die Problematik des Wohnungsbedarfs der Gegenwart (*1961*) ist dadurch gekennzeichnet, daß „nach der Befriedigung der unmittelbaren quantitativen Wohnungsnachfrage nach dem letzten Krieg nunmehr immer noch ein Überhang an Kleinwohnungen* besteht, der rund ein Fünftel des gesamten Wohnungsbestandes, somit rund 124.000 Wohnungen beträgt. Diesem Überhang steht ein ebenso *großer unmittelbarer Bedarf an familiengerechten Mittelwohnungen* gegenüber"**.

---

* Zimmer-Küche-Wohnungen
** H. Bobek u. E. Lichtenberger, 1979, S. 173

Figur 19: **Die „neue" Wohnungsnot der Kleinhaushalte 1981**

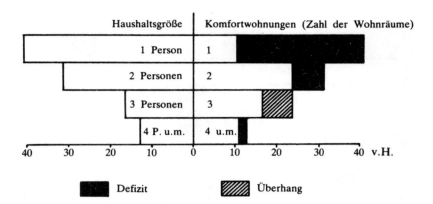

Seit 1961 sind nunmehr in Wien rund eine Viertelmillion Wohnungen gebaut worden. Gleichzeitig hat in diesem Zeitraum die Bevölkerung schwach abgenommen, die Zahl der Haushalte ist nahezu gleichgeblieben, hat sich jedoch in Richtung auf eine starke Zunahme der Einpersonenhaushalte verändert (vgl. oben).

Konnte 1961 das Kriterium, daß jeder Bewohner einen Wohnraum zur Verfügung haben sollte, noch als Richtmaß angegeben werden, so ist nunmehr die Frage nach der Ausstattung der Wohnungen an die erste Stelle gerückt.

Geht man davon aus, daß unter Zugrundelegung von internationalen hygienischen Standards jeder Haushalt WC und Bad im Wohnungsverband haben sollte, und legt man damit die Ausstattungskategorien I und II der Häuser- und Wohnungszählung als Qualitätsanforderung zugrunde, so gelangt man bei einer Gegenüberstellung der Personenzahl der Haushalte und der Zahl der Wohnräume von Komfortwohnungen zu folgenden Defiziten (vgl. Figur 19):

Es besteht ein eklatanter *Mangel an Komfortwohnungen für Ein- und Zweipersonenhaushalte*, während nicht zuletzt aufgrund der Wohnbautätigkeit in der Nachkriegszeit der Bedarf an Wohnungen für Dreipersonenhaushalte numerisch gedeckt erscheint und auch an größeren Wohnungen für Vierpersonenhaushalte nur mehr ein geringer Bedarf besteht.

Mit dieser Figur wird die grundsätzliche Verschiebung der Problematik im Verhältnis von Haushalten und Wohnungen seit den sechziger Jahren offengelegt. Es geht heute nicht mehr um den Bedarf an familiengerechten Wohnungen, sondern um den Bedarf an gutausgestatteten Wohnungen für Kleinhaushalte.

Derart ist Wien gegenwärtig durch die Wohnungsmisere der Personen in Kleinhaushalten gekennzeichnet, und zwar einerseits von solchen, die seit Jahrzehnten in den Wohnungen leben, aus denen längst die zweite Generation ausgezogen ist, und andererseits von Studenten und jungen Berufstätigen. Diese Tatsachen sollten zu einem Überdenken der wohnungspolitischen Perspektiven und der Zielvorstellungen der Stadterneuerung führen.

Wohnungen und Haushalte

Die Größenordnung des Problems von Substandard-Kleinwohnungen ist aus Tabelle 13 zu entnehmen:

Tabelle 13: **Ausstattung und Zahl der Wohnräume der Substandardwohnungen in Wien 1981 (in 1000)**

Ausstattung	Wohnräume			
	1	2	3	4 u. m.
III (Wasser, WC)	29	32	11	2
IV (nur Wasser)	45	35	4	
V (ohne Wasser, WC)	32	13	2	
	106	80	17	2

Noch 1981 bestanden also in Wien 106.000 Einraum-Wohnungen, 80.000 Zweiraum-Wohnungen und 17.000 Dreiraum-Wohnungen mit einer Substandardausstattung.

Unter Bezug auf diese Situation erscheint es sinnvoll, eine massive Garconnierenaktion im Altbau zu initiieren. Spontane Entwicklungen gehen bereits in diese Richtung.

Gerade die Perspektive dieser „*neuen Wohnungsnot*" der Einpersonenhaushalte eröffnet neue Einsichten und führt weg von dem Klischee eines Marginalitätssyndroms, das auf soziale Assoziationen, wie Gastarbeiter, Rentner, Arbeitslose und dergleichen, abzielt. Eine Stadterneuerung am Ende des 20. Jahrhunderts muß zur Kenntnis nehmen, daß die demographischen Prozesse hinter der Bühne des baulichen Geschehens inzwischen anders ablaufen, als man dies noch vor 10 Jahren erwartet hat, und daß es gerade diese in den Medien stark diskutierte Vereinzelung der Menschen in der Großstadt ist, welche zu neuen Formen der Haushaltsführung und des Wohnens drängt. Neue kreative Ideen sind notwendig, um für Einpersonenhaushalte Privatheit und Kommunikation mittels neuer architektonischer Konzeptionen zu gestalten. Es erscheint langfristig nicht zielführend und würde überdies die demographischen Segregationstendenzen akzentuieren, Einpersonenhaushalte, wie Pensionisten und Studenten, in „öffentliche Anstalten" als Wohnform zu verbannen.

2.7. Die Segmente des Wohnungsmarktes

Die Parallelität der Begriffsbildung von „Wohnungsmarkt" und „Arbeitsmarkt" unterstellt, daß beide Bereiche der Gesellschaft und Wirtschaft gleicherweise Marktmechanismen unterliegen. Diese Gleichstellung trifft selbst in den kapitalistisch regulierten Systemen nur teilweise zu, und zwar aus zwei Gründen:

1. Die *Persistenz der physischen Struktur* und das „Funktionieren" von Wohnbauten umfaßt im allgemeinen einen längeren Zeitraum als das von Betriebsobjekten. Technologien des arbeitsteiligen Prozesses veralten sehr viel rascher und verändern sich durchgreifender als die Technologien des Wohnens. Ökonomisch nicht mehr rentable Arbeitsplätze werden rasch aufgegeben. Bei Wohnobjekten ist die Situation anders; sind sie nämlich veraltet, was spätestens in der dritten Generation der Bewohner der Fall ist, so setzt ein Filtering-down-Prozeß ein, auf dessen Vorhandensein im Rahmen der Basiskonzeption der sozialökologischen Theorie bereits hingewiesen wurde.

2. Schaffung und Aufgabe von Arbeitsplätzen unterliegen den Kontrollmechanismen der internationalen Verflechtung der Marktwirtschaft — zumindest in der westlichen Welt. Die Wohnungswirtschaft bleibt dagegen den nationalen Systemen verhaftet und ist sehr viel stärker abhängig von

— den nationalen Besonderheiten der Gesellschaftspolitik,
— den speziellen Formen der Steuergesetzgebung,
— der „Privilegierung" bestimmter sozialer und demographischer Gruppen und
— den tradierten, über das Sozialprestige im Bewußtsein der Bevölkerung verankerten Wohnbauformen.

In den sozialen Wohlfahrtsstaaten Europas kann man weitere Unterschiede zwischen Arbeitsmarkt und Wohnungsmarkt feststellen. Während die Zugangsbedingungen zum Arbeitsmarkt durch die normativen Prinzipien einer Bildungsgesellschaft und, zumindest partiell, durch tradierte Normen zünftischer Strukturen weitgehend strikt geregelt sind, stellt die Bildung kein restriktives Kriterium auf dem Wohnungsmarkt dar, kommt jedoch indirekt über die unterschiedlichen gesellschaftspolitischen „Leitbilder" von institutionalisierten Bauträgern zur Geltung.

Es ist hier nicht der Platz, um auf die historische Differenzierung der *Segmente des Wohnungsmarktes* einzugehen. Grundsätzlich bestehen überall in Europa mehrere Ebenen mit unterschiedlichen Zugangsbedingungen. Es handelt sich im wesentlichen um die folgenden:

1. Nur ein Teil des Wohnungsmarktes — in den einzelnen europäischen Staaten und Städten von unterschiedlicher Bedeutung — folgt strikten marktwirtschaftlichen Prinzipien, d. h. es entscheidet die Kaufkraft und damit das Vermögen und Einkommen des Wohnungswerbers.

2. Daneben besteht ein von Staat zu Staat unterschiedliches komplexes Bündel von Privilegierungen der Angehörigen bestimmter institutioneller Gruppen (Parteien, Berufsstände, Betriebe), welche Wohnungen unter dem Marktpreis gleichsam als eine Art „Treuepfand" für ihre Zugehörigkeit erhalten können.

3. Von entscheidender Bedeutung sind schließlich die verschiedenen *Eingriffe des Gesetzgebers*, darunter insbesonders die Mieterschutzgesetzgebung, auf die daher in aller Kürze eingegangen werden soll.

Die Segmente des Wohnungsmarktes

Das Mieterschutzgesetz wurde in Wien 1917 erlassen, und zwar zunächst um die Frauen und Kinder der im Felde stehenden Soldaten vor Delogierungen zu schützen. Vorerst wohl nur als Provisorium gedacht, wurde es — ebenso wie in anderen europäischen Staaten, darunter in Frankreich — auch in der Zwischenkriegszeit beibehalten, um in einer Zeit heute kaum mehr vorstellbarer Arbeitslosigkeit — rund ein Drittel der Berufstätigen war ohne Arbeit — der Bevölkerung zumindest das Dach über dem Kopf zu erhalten. Auch das neue Mietengesetz des Jahres 1981 hat trotz beachtlicher Erhöhung der Mieten den Mieterschutz selbst nicht angetastet und darüber hinaus Investitionen der Mieter in die Wohnungen in ein marktfähiges Gut umgewandelt. Außerdem sind weitere Möglichkeiten, etwa die Zusammenlegung von Wohnungen, ebenfalls mit in die Hand der Mieter gegeben worden.

Die nunmehr zwei Generationen umfassende *Außerkraftsetzung des Marktmechanismus* hat selbstverständlich tiefgreifende Auswirkungen gezeigt:

1. Bereits unmittelbar nach dem Ersten Weltkrieg sind die Mieten auf reine Anerkennungsgebühren heruntergesunken. Damit wurde den privaten Miethausbesitzern und privaten Kapitalgebern jeglicher Anreiz genommen, in den Miethausbau zu investieren.

2. Durch die vom Gesetzgeber gewährleistete „Vererbung" der Wohnungen in direkter Linie, d. h. an Kinder und Enkelkinder, entstand eine Art „Pseudoeigentumsdenken" der Mieter, welches an feudalistische Verhältnisse erinnert. Eine weitere Konsequenz bildet die Immobilisierung der Bevölkerung. Vor allem diejenige Generation, welche unmittelbar nach dem Ersten Weltkrieg in das Berufsleben eingetreten war, verblieb zum Großteil in den Wohnungen, die sie seinerzeit bei der Haushaltsgründung bezogen hatte.

3. Durch dieses Pseudoeigentumsdenken ist ein sehr charakteristisches sozialpsychologisches Milieu entstanden, in dem eine im europäischen Städtewesen ziemlich einmalige und sehr erfolgreiche Aktion, nämlich die *Wohnungsverbesserungskredit-Aktion* des Magistrats, als Hilfsmaßnahme für die Mieter durchgeführt werden konnte und, einer Gießkannentechnik vergleichbar, punktuell und mit unterschiedlicher Dichte eine Wohnungsverbesserung im gesamten gründerzeitlichen Baugebiet zur Folge hatte.

4. Mit diesen „verkappten Reinvestitionen" in die Wohnungen ist es ferner zu einer *Separierung von Wohnungsimage und Hausimage* gekommen, eine für den Reisenden aus der angelsächsischen Welt fast unvorstellbare Erscheinung, die ihrerseits jedoch Segregationstendenzen entgegenwirkt.

5. Daraus ergibt sich ein weiterer sehr wesentlicher Gesichtspunkt für die gesamte Stadtentwicklung, nämlich die starken Antisegregationstendenzen, welche der Mieterschutzgesetzgebung zugeschrieben werden können, und zwar aus zwei Gründen:

(1) Aufgrund des Pseudoeigentumsdenkens der Mieter fehlen alle „Fluchtreaktionen", welche für eine zügige Sukzession von sozialen Gruppen, ebenso aber auch für eine Segregation von marginalen Bevölkerungsgruppen unabdingbar notwendig sind und als eine Basisannahme zu den Mobilitätstheoremen der sozialökologischen Theorie gehören.

(2) Hierzu trägt weiters bei, daß in der Generationenfolge absteigende soziale Schichten in den Wohnungen verbleiben können, welche dem höheren Status im Berufsleben der vorangegangenen Generation entsprechen.

6. Auf die Regel vom Über- und Unterbelag wurde bereits hingewiesen.

7. Eine weitere im Zusammenhang mit der Aufspaltung der Wohnfunktion in Arbeits- und Freizeitwohnungen zweifellos wesentliche Konsequenz könnte man überpointiert dahingehend formulieren, daß die Niedrigmietenpolitik das *Zweitwohnungswesen* gleichsam „mitsubventioniert" hat.

Wie aus der Tabelle 14 zu entnehmen ist, stammen rund 40% der Wiener Wohnungen als Altbaubestand noch aus der Zeit der Monarchie und unterliegen damit dem Mieterschutz. Die aufgefächerte Palette von Wohnbautypen spiegelt die damaligen Wohnverhältnisse der Gesellschaft.

Tabelle 14: **Bauperioden, Rechtsformen und Ausstattungstypen der Wiener Wohnungen 1981**

Bauperiode u. Rechtsform der Wohnungen	Ausstattungstypen (in Tausend)						Insgesamt
	I Bad, Z.-Heizung	II Einzelofen	III WC, Wasser	IV/1 ohne WC Bad	IV/2 ohne WC Wasser	V ohne WC u. Wasser	
bis 1919 (sogen. Altbauten) unter Mieterschutz	42	92	28	51	84	35	332
1919 bis 1944 (vorw. Gemeinde)	20	38	24	1	1	1	85
Gemeinde, Genossenschaften, Eigentum							
1945—1960	23	60	5	1	1	1	89
1961—1970	72	41	...	1	...	...	114
1971—1980	88	4	...	...	...	...	93
Insgesamt	245	235	56	55	86	36	713
in v. H.	34,4	33,0	7,9	7,7	12,1	5,0	100,0

Quelle: Mikrozensus März 1981.
Aus: E. Lichtenberger (unter Mitarbeit von H. Faßmann, EDV-Technologie), 1984.
Gastarbeiter — Leben in zwei Gesellschaften. Wien - Köln - Graz.

Eine schwerwiegende Hypothek für die Gegenwart bildet noch immer der große Bestand an Miethäusern, deren Kleinwohnungen, seinerzeit für die „Arbeiterklasse" errichtet, den modernen Ansprüchen im Hinblick auf sanitäre Einrichtungen und Größe nicht mehr entsprechen.

Insgesamt ist dieser Altbaubestand in Wien aufgesplittet unter zahlreiche absente Hausbesitzer, welche die immer komplizierter werdenden Verwaltungsprozeduren zum Großteil längst an Realitätenbüros übertragen haben. Informelle Systeme bestimmen das Management, eine Markttransparenz fehlt nach wie vor weitgehend.

Mit der Auswechslung des gesamten Systems der Wohnungswirtschaft durch die Zäsur des Ersten Weltkriegs und die Mieterschutzgesetzgebung hat in Wien der *soziale Wohnungsbau der Gemeinde* die Nachfolge der kapitalistischen Wohnungswirtschaft der Gründerzeit angetreten. In den vergangenen 60 Jahren ist die Gemeinde zum größten Bauherrn in der Stadt geworden, und in einem Jahrzehnt werden sich aller Wahrscheinlichkeit nach Mieterschutzwohnungen und Gemeindewohnungen die Waage halten.

Die massive Wohnbautätigkeit der Gemeinde hat in der Zwischenkriegszeit zunächst eine Baulückenpolitik im Anschluß an den gründerzeitlichen Stadtkörper betrieben und ist dann in der Nachkriegszeit, mit Großwohnanlagen, an den Stadtrand, gleichsam auf den grünen Anger, hinausgegangen. Rund 70% der gesamten Neubautätigkeit der Nachkriegszeit entfielen auf den kommunalen Wohnungsbau. Die zonale Angliederung eines breiten Saums von Neubauten um den gründerzeitlichen Stadtkörper ist aus Karte 12 zu entnehmen.

Es ist einsichtig, daß eine derart umfassende kommunale Bautätigkeit längst den sozialen Bereich von „Fürsorgemaßnahmen" verlassen hat und in erster Linie als ein politisches Instrument bezeichnet werden muß. Aus dieser Funktion im Zusammenhang mit weiteren die Stadtentwicklung betreffenden Konzepten der städtischen Behörden erschien es auch berechtigt, das *Modell einer bipolaren Stadt* für Wien zu verwenden (vgl. oben).

Insgesamt hat die Bautätigkeit der Nachkriegszeit den Wohnungsstandard ganz allgemein angehoben, gleichzeitig ist es jedoch zu einer Auffächerung der Bauträger gekommen. Unterstützt durch beachtliche Mittel des Wohnbauförderungsfonds sind Genossenschafts- und Eigentumswohnungsbau neben der Gemeinde als Bauträger aufgetreten und haben zunächst stärker als diese die Aufgabe wahrgenommen, im gründerzeitlichen Stadtgebiet den notwendig gewordenen Ersatz von abgewohnten Altbauten durchzuführen.

Mit der Ausgrenzung von *Stadterneuerungsgebieten* (vgl. unten) hat die Gemeinde Wien in den letzten Jahren ihre Standortpolitik grundsätzlich geändert und die Bautätigkeit von der Außenstadt in die gründerzeitliche Innenstadt von Wien verlagert.

Eine derart massive Bautätigkeit, wie sie die Gemeinde Wien über Jahrzehnte betrieben hat und die überdies dem strikten gesellschaftspolitischen Leitbild der sozialen Chancengleichheit bei der Wohnraumversorgung folgt, muß selbstverständlich Konsequenzen für die Verteilung von sozialen und demographischen Gruppen haben. Die Frage nach einer durch den Wohnbau „vorprogrammierten" Segregation von neu zu definierenden „Wohnklassen" ist daher zu stellen. Dieser in der angelsächsischen Literatur allgemein gängige Begriff wird deswegen in diesem Zusammenhang verwendet, um damit die in jedem gesellschaftspolitischen System immanent vorhandenen spezifischen Verteilungsprinzipien des Wohnraums herauszustellen.

Es ist die Aufgabe des folgenden Kapitels, die genannten Phänomene der Wohnungsverbesserung, der Neubautätigkeit am Stadtrand und im gründerzeitlichen Stadtgebiet sowie die Ansätze zur Stadterneuerung auch zahlenmäßig zu belegen.

2.8. Von der Wohnungsverbesserung zur Stadterneuerung

Die oben gebotenen Angaben könnten den Eindruck erwecken, daß im gründerzeitlichen Stadtgebiet in der Nachkriegszeit keinerlei Verbesserungen erfolgt sind. Dies ist jedoch nicht der Fall gewesen. Vielmehr haben sich im gründerzeitlichen Baubestand insgesamt sehr wichtige Prozesse vollzogen, deren Gesamtergebnisse im folgenden präsentiert seien. Es handelt sich hierbei um folgende Vorgänge:
1. die Komfortsanierung von bewohnten Wohnungen,
2. die Verbesserung von Bassenawohnungen im engeren Sinn und
3. den Verlust an Altbau- und gründerzeitlicher Wohnungssubstanz durch Abbruch, Zusammenlegung bzw. Ausscheiden aus der Wohnnutzung.

ad 1. Unter *Komfortsanierung* wird im folgenden die Anhebung von Wohnungen schlechterer Ausstattung auf die Kategorien I und II (in ersterem Fall Zentralheizung, Bad, WC, in letzterem Bad, WC im Wohnungsverband) im Laufe der Nachkriegszeit verstanden. Die Berechnung des Umfangs ist nur auf indirektem Wege möglich, da direkte Angaben über die Sanierung des gründerzeitlichen und zwischenkriegszeitlichen Baubestandes fehlen.

Unter Heranziehung von Daten der Volkszählungen 1961, 1971 und 1981 und der jahresweisen Fortschreibungen gelangt man zur Angabe, daß insgesamt 100.000 bewohnte Wohnungen in Wien in der Nachkriegszeit „komfortsaniert" wurden. Berücksichtigt man ferner bei den im Jahre 1981 unbewohnten 52.000 Komfortwohnungen die Relation zwischen Neubauwohnungen und sanierten Wohnungen, so gelangt man zu einer *Gesamtsanierungsleistung von rund 110.000 bis 115.000 Wohnungen.*

ad 2. Der *Bestand* an den für die Wiener Wohnsituation charakteristischen *Bassenawohnungen*, d. h. Kleinwohnungen ohne Wasser und WC, hat im Zeitraum von 1961 bis 1981 *von 211.000 auf 48.000 abgenommen.*

Allerdings ist diese Abnahme zu einem wesentlichen Teil, nämlich in insgesamt 98.000 Fällen, auf Abbruch, Zusammenlegung und Ausscheiden aus der Wohnnutzung zurückzuführen, so daß nur rund 65.000 Bassenawohnungen tatsächlich ausstattungsmäßig verbessert wurden. Da es sich bei derartigen Verbesserungen im allgemeinen um verhältnismäßig kleine Investitionen handelt, dürfen wir mit einer gewissen Berechtigung annehmen, daß dabei weniger Wohnungsverbesserungskredite als Effekte der Schattenwirtschaft wirksam waren.

ad 3. Die *Abnahme von Wohnungen im Altbaubestand und im gründerzeitlichen Wohnungsbestand* zählt zu den Vorgängen, welche, ohne von der Öffentlichkeit zur Kenntnis genommen zu werden, in aller Stille in den abgelaufenen zwei Jahrzehnten vor sich gegangen sind. Leider ist es nicht möglich, hierbei die Veränderungen im Altbaubestand von denen im gründerzeitlichen Baubestand zu separieren.

Wie aus der Tabelle 15 zu entnehmen ist, sind im Zeitraum von 1961 bis 1981 insgesamt 136.000 Wohnungen aus dem Altbau- und dem gründerzeitlichen Baubestand, das sind rund 30% des Ausgangsbestandes vor 20 Jahren (!), ausgeschieden. Beim Abbruch und bei der Zusammenlegung dürfte es sich im wesentlichen um Zimmer-Küche-Wohnungen handeln.

Tabelle 15: **Die Reduzierung von Altbauwohnungen und Gründerzeitwohnungen in Wien 1961—1981 (in 1000)**

	Wohnungsbestand		
	1961	1971	1981
Wohnungen insgesamt	431	397	350
bewohnte Wohnungen	431	358	295
	Reduzierung		
	1961—1971	1971—1981	insgesamt
Abbruch	20	21	41
Zusammenlegung	14	26	40
Ausscheiden aus der Wohnnutzung	39	16	55
insgesamt	73	63	136

Faßt man im folgenden die vorgestellten drei Vorgänge im Altbau- und gründerzeitlichen Wohnungsbestand in den abgelaufenen zwei Jahrzehnten zusammen, so ergeben sich unter Berücksichtigung der hier im einzelnen nicht vorgeführten Veränderungen im Baubestand aus der Zwischenkriegszeit folgende Resultate:
1. Komfortsanierung von bewohnten Wohnungen rund: 85.000
2. Verbesserung von Bassenawohnungen im engeren Sinn: 65.000
3. Realer Verlust an Wohnungen durch Abbruch, Zusammenlegung, Ausscheiden aus der Wohnnutzung: 136.000.

Aus der Gesamtzahl der Veränderungen von rund 286.000 Wohnungen ergibt sich, daß mehr als die Hälfte des Ausgangsbestandes des Jahres 1961 in der einen oder anderen Form in einen Veränderungsprozeß involviert wurde. Es ist anzunehmen, daß diese *Selbstsanierung des gründerzeitlichen Wohnungsbestandes* weitergehen wird und folgende Vorgänge auch in Zukunft zu erwarten sind:
1. Der gründerzeitliche Kleinwohnungsbestand wird weiter aus der Wohnnutzung ausscheiden, und zwar durch Zusammenlegung bzw. Abbruch von Bauten bzw. Verlust der Wohnfunktion.
Wie aus der Publikation über die Wiener Gastarbeiter zu entnehmen ist (vgl. E. Lichtenberger, 1984), hat die 1981 durchgeführte Erhebung der Wohnverhältnisse der jugoslawischen Gastarbeiter in Wien ergeben, daß selbst diese im allgemeinen in ihren Wohnverhältnissen als marginal eingeschätzte Bevölkerungsgruppe ein Viertel des 1974 noch bewohnten Wohnraums aufgrund von verschiedenen Mängeln aufgegeben hat.
2. Die insgesamt recht optimistische Perspektive, die sich aufgrund der Veränderungen in der Nachkriegszeit eröffnet, muß allerdings sofort wieder abgeschwächt werden, wenn man die verbleibenden Ausstattungskategorien III (WC und Wasser im Wohnungsverband) und IV (Wasser im Wohnungsverband) ins Auge faßt. Bei

diesen Wohnungskategorien besteht nämlich das grundsätzliche Problem, daß eine bessere Ausstattung und eine Anhebung des technischen Standards nur dann möglich ist, wenn eine Vergrößerung bzw. Zusammenlegung von Wohnungen erfolgt. Es erweist sich demnach, daß es sehr viel einfacher gewesen ist, die Kategorie V dadurch zu reduzieren, daß Wasser in eine Wohnung eingeleitet wurde, als Wohnungen der Kategorie IV mit WC und diejenigen der Kategorie III mit einem Bad auszustatten.

Die Erwartung, daß die Wohnungsverbesserung im beschriebenen Umfang weitergehen wird, stößt an die Schranken der historischen technischen Konstruktion der Wohnbauten. Von dieser Seite her sind auch die bisher mit Erfolg gelaufenen Aktionen des Wohnungsverbesserungskredits in ihrem künftigen Aktionsraum beschränkt.

Gleichzeitig damit ist aber auch die Aussagekraft einer auf der Häuser- und Wohnungszählung beruhenden statistischen Prognose begrenzt. Ohne Angaben über die technische Infrastruktur von Häusern und die Grundrisse der Wohnungen ist de facto beim derzeit erreichten Sanierungsstand keine sinnvolle Prognose möglich.

Ebenso wird auch die Tatsache offengelegt, daß die Auswechslung von Ausbauteilen von Objekten (die komplette Erneuerung der sanitären Anlagen und dergleichen) nicht mehr wie bisher auf der Ebene der Mieter durchgeführt werden kann, sondern daß den Hausbesitzern damit die Aufgabe zugeschoben wird, eine Komplettsanierung von Häusern durchzuführen.

Zusammenfassend kann man feststellen, daß in den letzten *zwei Jahrzehnten ein enormer Wandel der Wohnungsstruktur und -ausstattung in Wien eingetreten ist*. Der Umfang der allein vom Vorgang des Abbruchs, der Zusammenlegung und dem Ausscheiden aus der Wohnnutzung betroffenen Altbau- und gründerzeitlichen Wohnungen wird einem klar, wenn man die 136.000 Einheiten nur mit einer durchschnittlichen Nutzfläche von 30 m² ausstattet: Dann gelangt man nämlich insgesamt zu einer Fläche von rund 5 Millionen m² ($= 5$ km²!).

Dieser enorme Wandel der Wohnungsstruktur war *nicht von einem adäquaten Wandel der städtebaulichen Struktur* begleitet, sondern es ist vielmehr *eine Versteinerung* der letzteren *eingetreten*. Die Gießkannentechnik der Wohnungsverbesserungskredite hat andererseits verhindert, daß flächenhaft Verfalls- und Blightgebiete entstanden sind. Die Pseudoeigentümerinitiative der Mieter, welche auf dem Mieterschutzgesetz fußt, wurde in sehr geschickter Weise dazu genützt, um Verbesserungen der Ausbauteile von Gebäuden durch Privatkapital vornehmen zu lassen.

Dort, wo sich Veränderungen im gründerzeitlichen Baubestand über die Neubautätigkeit vollzogen haben, blieben sie in den abgelaufenen zwei Jahrzehnten noch den Spielregeln verhaftet, welche schon in den sechziger Jahren als *„Schinden von Kubatur"* angeprangert wurden. Den Bestrebungen und öffentlich geäußerten Intentionen nach „Auflockerung und Durchgrünung" des dichtverbauten Stadtgebietes zum Trotz erfolgte der Umbau bisher nach dem Prinzip, mehr und/oder besser ausgestattete und damit teurere Wohnungen auf derselben Parzelle unterzubringen und derart entweder eine bausoziale Aufwertung oder eine Verdichtung zu erreichen.

Karte 11: Die potentiellen Substandardwohnungen in Wien 1981

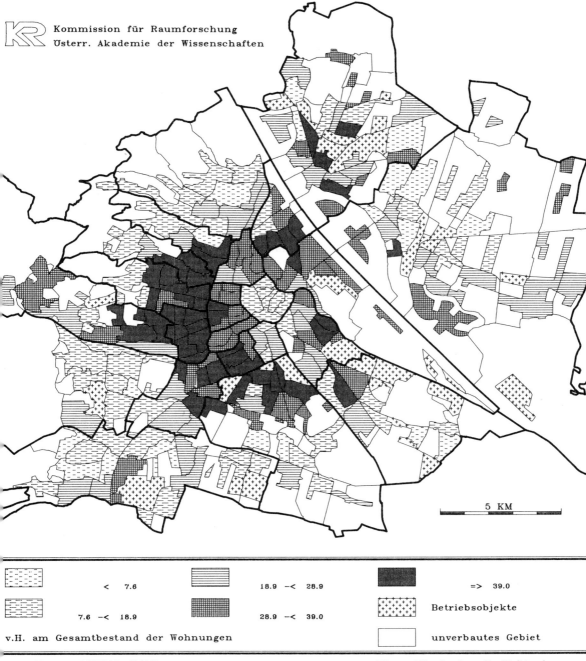

Die statistische Datenlage gestattet es nicht, das Schicksal von gründerzeitlichen Wohnungen auf Zählbezirksebene zu verfolgen und die für die Gesamtstadt gebotenen Ergebnisse der Vorgänge von Komfortsanierung, Verbesserung von Bassenawohnungen und realem Verlust an Wohnungen für die gründerzeitliche Innenstadt und die Außenstadt zu disaggregieren.

Um vor allem die spezifische Situation der gründerzeitlichen Innenstadt zu erfassen, ist es notwendig, eine „Ersatzvariable" für das Informationsdefizit zu finden.

Als derartige Ersatzvariable wurden die *„potentiellen Substandardwohnungen"* gewählt. Unter diesem Dachbegriff hat die Verfasserin alle Wohnungen zusammengefaßt, die nicht Bad und WC im Wohnungsverband besitzen. Nun werden derzeit in der Stadtplanungsliteratur von Wien als Substandardwohnungen nur die Ausstattungskategorien V (Bassenawohnungen) und IV (Wasser in der Wohnung, WC außerhalb) angegeben. Aufgrund des Wohnungsstandards in den westlichen Industrienationen erscheint es jedoch zweckmäßig, davon auszugehen, daß auch in Wien in Kürze die Definition von Substandardwohnungen geändert und eine Erweiterung des Begriffs entsprechend dem obigen Vorschlag vorgenommen werden wird.

Die Karte der Verteilung der potentiellen Substandardwohnungen im Jahr 1981 (vgl. Karte 11) bietet eine Vorstellung vom Ausmaß und von der räumlichen Ausdehnung des Wohnungsausstattungsdefizits, das weite Teile des gründerzeitlichen Stadtraums, aber auch Siedlungsteile des Stadtrandes umfaßt und auch die kommunalen Wohnanlagen der Gemeinde Wien aus der Zwischenkriegszeit inkludiert. Es darf darauf hingewiesen werden, daß Wohnungen unterschiedlichen Baualters und unterschiedlicher Größe unter diesem Dachbegriff zusammengefaßt sind.

Setzt man den Bestand an Substandardwohnungen des Jahres 1971 = 100 und berechnet man die Indexwerte für 1981, so hatte die Beseitigung von Substandardwohnungen in den Inneren Bezirken den größten Erfolg zu verzeichnen. Bei gleichem Tempo könnte man hier eine Beseitigung aller Substandardwohnungen bis zum Jahr 2000 erwarten. Insgesamt langsamer ist die Beseitigung der potentiellen Substandardwohnungen in den Äußeren Bezirken und am Stadtrand erfolgt (vgl. Tabelle 16).

Tabelle 16: **Die Abnahme der potentiellen Substandardwohnungen in der gründerzeitlichen Innenstadt und in der Außenstadt von Wien 1971—1981**

Jahr	Gesamt-Wien	Außenstadt	Gründerzeitliche Innenstadt			
			I. Bezirk	II.—IX. Bezirk	äußere Bezirke	insgesamt
1971	365.811	92.531	2.816	102.080	168.384	273.280
1981	265.856	69.909	1.930	67.805	126.212	195.947
1971 = 100 %						
1981	72,7	75,6	68,5	66,4	74,9	71,7

Mit den letzten Aussagen wurde bereits die *Neubautätigkeit im gründerzeitlichen Stadtkörper* angesprochen, welche in den Publikationen der Stadtbehörden als völlig unzureichend hingestellt wird. Nun fällt freilich bereits bei einem Vergleich der Angaben über den Wohnungsbestand im gründerzeitlichen Stadtkörper von 1961 und 1981 auf, daß dieser mit rund 480.000 Wohnungen in diesem Zeitraum praktisch unverändert geblieben ist.

Es erschien daher zweckmäßig, aus den an der Kommission für Raumforschung verfügbaren hausweisen Daten der Häuserzählung 1981 (Miethäuser mit drei und mehr Wohnungen) die Neubauten der Nachkriegszeit, d. h. von 1945 bis 1980, für drei Abschnitte, und zwar
— 1945 bis 1960,
— 1961 bis 1970 und
— 1971 bis 1980,
auf der Zählbezirksebene zu aggregieren. Die Aufrechnung der Einzeldaten erbrachte das sehr bemerkenswerte Ergebnis (vgl. Tabelle 17), daß im gesamten gründerzeitlichen Stadtgebiet in der unmittelbaren Wiederaufbauzeit bis 1960 und den anschließenden sechziger Jahre eine beachtliche *„spontane Erneuerung"* stattgefunden hat, während dann in den siebziger Jahren die Bautätigkeit stark zurückgegangen ist.

Tabelle 17: **Die Neubautätigkeit in der gründerzeitlichen Innenstadt und in der Außenstadt von Wien 1945—1980**

Gesamtzahl der Wohnungen

Jahr	Gesamt-Wien	Außenstadt	Gründerzeitliche Innenstadt			
			I. Bezirk	II.—IX. Bezirk	äußere Bezirke	insgesamt
1945—1960	97.997	50.719	1.575	19.692	26.011	47.278
1961—1970	120.397	75.730	715	14.775	29.177	44.667
1971—1980	85.733	54.448	4	9.425	21.856	31.230
1945—1980	304.127	180.897	2.294	43.892	77.044	123.230
	Anteil der Neubauwohnungen am Gesamt-Wohnungsbestand					
1981	*37,03*	*53,41*	*19,84*	*21,90*	*28,47*	*25,54*

Es ist recht bezeichnend, daß man nun in den achtziger Jahren bereits darauf vergessen hat, daß auch die Stadtgemeinde selbst in den Inneren Bezirken durch eine Reihe von Sanierungen (Lichtental und Erdberg) in den sechziger Jahren beachtliche Beispiele einer frühen Stadterneuerung gesetzt hat (!).

Die Beschäftigung mit der Neubautätigkeit in Wien führt hinein in die Frage nach der Standortwahl der Neubauten im Stadtgebiet und damit in das Thema der Verteilungsproblematik.

In sehr vereinfachter Sichtweise ist anhand der Karte der Neubautätigkeit (vgl. Karte 12) die Anlagerung eines Neubaugürtels an den gründerzeitlichen Stadtkörper zu erkennen. Geht man jedoch in der räumlichen Analyse gleichsam ein Stockwerk tiefer und berechnet man den *Index der räumlichen Ungleichverteilung der Neubauten* mit der Formel des Segregationsindex auf Zählbezirksbasis für den Zeitraum der Zwischenkriegszeit und die oben genannten drei Abschnitte der Nachkriegszeit, so gelangt man zu folgenden überraschenden Feststellungen (vgl. Tabelle 18).

Tabelle 18: **Die „programmierte" Segregation der Wohnbautätigkeit in der gründerzeitlichen Innenstadt und in der Außenstadt von Wien seit der Zwischenkriegszeit**

Zeitraum	% des Bauvolumens			Räuml. Ungleichverteilung: Index*		
	Innenstadt (= 100)	Außenstadt (= 100)	Wien insges. (= 100)	Innenstadt	Außenstadt	Wien insges.
1918—1938	10,2	6,9	9,1	43,3	53,0	46,3
1945—1960	11,5	12,6	11,8	33,2	48,4	38,5
1960—1970	10,6	23,1	14,7	30,8	34,6	31,7
1970—1980	7,0	17,4	10,4	28,6	46,2	39,6

* Der Index der räumlichen Ungleichverteilung wurde mit der Formel des Segregationsindex auf Zählbezirksbasis berechnet.

Sehr überpointiert kann die Wohnbautätigkeit demnach als *„vorprogrammierte" Segregation* aufgefaßt werden. Der Index der räumlichen Ungleichverteilung überschreitet sowohl in der Innenstadt als auch in der Außenstadt die Segregationsindizes der Bevölkerung beachtlich. Für Wien insgesamt übertrifft der Index der räumlichen Ungleichverteilung der Wohnbautätigkeit die angeführten Segregationsindizes für demographische und soziale Elemente der Bevölkerung um mehr als das Doppelte(!) und erreicht damit den Wert des Segregationsindex für akademische Bildungsschichten.

Legt man die Maßstäbe einer internationalen Stadtforschung zugrunde, so könnte man bei Segregationsindizes über 40% bereits von Ghettoisierung sprechen. Nun werden derartige Werte in der Außenstadt nur im Jahrzehnt von 1960 bis 1970 unterschritten. Damit wird eindeutig belegt, daß es der Neubautätigkeit in der Außenstadt nicht gelungen ist, sich in den älteren Siedlungsbestand zu integrieren. Auch in der gründerzeitlichen Innenstadt liegt der Index der räumlichen Ungleichverteilung über den Indizes für soziale Schichten und demographische Elemente. Nahezu 30% der Neubauten müßten auch hier „neu verteilt" werden, um bestehende Ungleichverteilungen zu eliminieren.

Auf dem Hintergrund der gebotenen Informationen rücken die in jüngster Zeit in der Stadtpolitik in den Vordergrund geschobenen *Stadterneuerungsprogramme* in eine etwas andere Perspektive, als sie in den Medien geboten wird. Hierzu einige Feststellungen:

Karte 12: Die Neubautätigkeit in Wien 1945 – 1981

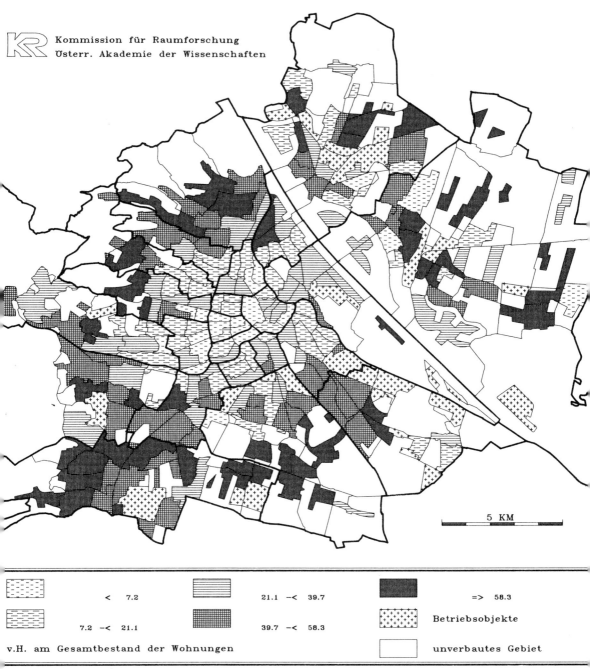

1. In einer Millionenstadt, in der durch die beachtliche Neubautätigkeit von rund 123.000 Wohnungen im gründerzeitlichen Stadtgebiet von verschiedenen Bauträgern (Genossenschaften, Eigentumswohnbau, relativ geringer kommunaler und privater Neubau) eine Bauleistung erbracht wurde, wie sie etwa der einer „Neuen Stadt" der Größenordnung von 400.000 Einwohnern entsprechen würde, muß Stadterneuerung mehr sein als die Realisierung neuer „Ghettoprojekte", welche die derzeitigen Konzeptionen und Verhältnisse von der Außenstadt auf die Innenstadt übertragen.

2. Stadterneuerung kann und soll daher nicht nur eine Hilfsmaßnahme in einem erweiterten sozialen Wohnbau darstellen. Man muß zur Kenntnis nehmen, daß eine Stadtflucht von Mittelschichten besteht, welche durch das im theoretischen Überblick genannte Präferenzmodell zu erklären ist.

3. Stadterneuerung muß die Instabilitätsbilanz der Bevölkerung zur Kenntnis nehmen und damit die Tatsache, daß insbesonders die inneren Stadtteile nicht nur überwiegend Arbeitsstättenfunktion aufweisen, sondern daß hier auch der Standort für die kulturellen Funktionen einer großen Stadt in einem kleinen Staat liegt, d. h. die Einrichtungen der Kultur und Bildung verankert sind. Stadterneuerung, in diesem funktionellen Zusammenhang gesehen, bedarf daher unterschiedlicher Modelle je nach dem Standort im gründerzeitlichen Stadtraum.

4. Als öffentliche Planungsmaßnahme hat Stadterneuerung ferner stets auch mit Planners'-Blight-Auswirkungen zu rechnen, und es bedarf daher einer sorgfältigen Überlegung, welchem Stadtteil derartige Blightprobleme wie lange zugemutet werden können.

5. Schließlich sollte man nicht vergessen, daß, wie auch sonst in der westlichen Welt, alle Stadtentwicklungsmaßnahmen stets die Interessen einer Gemeinnutzenpolitik mit denen des Privatkapitals verbinden müssen.

2.9. Der Dualismus des Arbeitsmarktes und die Entindustrialisierung

Der Wiener Arbeitsmarkt weist zwei spezifische Besonderheiten auf, welche
1. auf Unterschieden in der österreichischen Wirtschafts- und Gesellschaftspolitik gegenüber der in anderen mittel- und westeuropäischen Staaten und
2. auf dem historischen Erbe Wiens im Hinblick auf seine einstige Funktion als Haupt- und Residenzstadt der Österreichisch-ungarischen Monarchie beruhen.

Hierzu im folgenden einige Angaben:

ad 1. Österreich besitzt einen *dualen Arbeitsmarkt*, der in zwei Segmente zerfällt, und zwar in den geschützten öffentlichen (staatlichen, städtischen, gemeinwirtschaftlichen) Sektor und den Sektor der Privatbetriebe. Faßt man alle Einrichtungen der staatlichen Administration und der sozialen und technischen Infrastruktur sowie die staatseigenen Industrie- und Bergbaubetriebe einschließlich der von staatlichen Banken gelenkten oder subventionierten Unternehmen sowie die gemeinwirtschaftlichen Einrichtungen (Österreichische Bundesbahnen, landwirtschaftliche Genossenschaften, Konsumgenossenschaften usf.) zusammen, so gehört nahezu die Hälfte aller österreichischen Arbeitnehmer dem geschützten Segment des Arbeitsmarktes an und wird durch ein engmaschiges soziales Sicherheitsnetz vor den Risken von Konjunktureinbrüchen abgeschirmt.

ad 2. Die Arbeitsstättenstruktur von Wien ist ferner dadurch gekennzeichnet, daß die Hauptstadt des österreichischen Staates die Merkmale einer einstigen Residenzstadt immer noch nicht zur Gänze abgelegt hat.

Wien ist in der Monarchie eine Stadt des Luxusgewerbes und der Konsumgüterindustrie gewesen, mit hochspezialisierten Fertigungen und ebenso breiter Differenzierung von Dienstleistungen. Die Produktionsgüterindustrie konnte auch in der Gründerzeit erst relativ spät Fuß fassen. Der Zusammenbruch der Monarchie und die Krise der Zwischenkriegszeit hat gerade die großen Fabriken des Maschinenbaus wesentlich schwerer getroffen als den Dienstleistungssektor, der sich rasch erholen konnte.

Nun wird die gegenwärtige Entwicklung in allen westlichen Industriestaaten durch eine weitere Zunahme von Büropositionen gekennzeichnet. Diese Tendenz äußert sich nicht nur in der Zunahme der Zahl der Betriebe im tertiären Sektor, sondern vor allem in der inneren Tertiärisierung der Produktionsbetriebe, wodurch sich die Zahl der Arbeitnehmer, die mit der Produktion selbst beschäftigt sind, fortlaufend verringert, während andererseits die Zahl derjenigen, welche für Lagerhaltung, Transport, Verteilung, Organisation usw. zuständig sind, ansteigt. Bei dieser *inneren Tertiärisierung des sekundären Sektors* sind zwei Bereiche zu trennen:

1. die eigentlichen Bürotätigkeiten im engeren Sinn, die im allgemeinen ins Auge gefaßt werden, wenn von innerer Tertiärisierung die Rede ist.

2. Meist vernachlässigt werden dagegen die mit Lagerhaltung, Transport, Verteilung und Verkauf verbundenen, d. h. produktions- und manipulationsgebundenen Tätigkeiten einschließlich der Reinigung.

Aufgrund der Daten der Krankenkassen ist es möglich, für die Wiener Arbeitsstättenstruktur eine Dreiteilung des sekundären Sektors in

1. Sachgüter-Produktion
2. Sachgüter-Manipulation und
3. Bürobereich

vorzunehmen.

Aus Tabelle 19 ist zu entnehmen, daß von der Arbeitsbevölkerung im sekundären Sektor rund 45%, also knapp die Hälfte, bereits von der inneren Tertiärisierung erfaßt und von der gesamten Arbeitsbevölkerung (ohne Beamte) nur mehr 1/5 in der Sachgüterproduktion beschäftigt ist.

Recht charakteristische Verlagerungen in der geschlechtsspezifischen Rollenverteilung des Arbeitsmarktes verdienen ebenfalls Beachtung. Sie erfolgen unter dem Einfluß einer sehr gezielten Bildungspolitik. In steigendem Maße treten besser gebildete Frauen als Anwärter auf Positionen des tertiären Sektors auf, welche höhere Qualifikationen voraussetzen, während andererseits diejenigen Berufe, bei denen die Arbeitsbedingungen nicht mehr attraktiv erscheinen bzw. für die von seiten des

Tabelle 19: **Die innere Tertiärisierung der Betriebe in Wien 1981**

Betriebe	Berufe (v. H.)			
	Sach-produktion	betriebs-spezifische Dienstlei-stungsberufe	innere Tertiärisierung	
			Lager, Verteilung, Transport- u. Reinigungs-arbeiten	Büro- und sämtliche intellekt. Berufe
Primärer Sektor				
Land- und Forstwirtschaft	0,7		0,0	0,1
Energie- und Wasserversorgung	0,1		0,1	0,3
Sekundärer Sektor				
Nahrungsmittel, Textil, Holz, Papier, chem. Erzeugg.	6,5		3,4	4,5
Metall(waren), Maschinen, Elektro-Erzeugung	8,3		1,3	5,8
Bauwesen	5,6		0,6	1,7
	21,2		5,4	12,4
			17,8	
Tertiärer Sektor				
Gastgewerbe	0,1	2,8	0,2	0,3
Handel	1,7	5,7	2,6	8,4
Verkehr	0,1	1,6	0,3	1,9
Banken, Versicherungen, Wirtschafts-Dienste	0,3		1,6	9,3
Körperpflege, Gesundheit	0,2		2,4	2,5
Kunst, Unterhaltung, Unterricht, Gebietskörperschaften	0,4		2,4	13,4
	2,8	10,1	9,5	35,8
Hauswarte			2,7	

Arbeitsbevölkerung: 572.218 (= Angestellte, Arbeiter; ohne Beamte)

Quelle: Landesarbeitsamt Wien (Hrsg., 1982): Ergebnisse der Beschäftigtenerhebung 1981 (Gemeldete Dienstverhältnisse bei der Wiener Gebietskrankenkasse, Dezember 1981).

Aus: Lichtenberger Elisabeth (unter Mitarbeit von H. Faßmann: EDV-Technologie), 1984: Gastarbeiter — Leben in zwei Gesellschaften, S. 261.

Staates nicht rechtzeitig ein entsprechendes Sozialprestige aufgebaut wurde, wie z. B. im Gesundheitswesen, derzeit jedenfalls irreversible Entwicklungen der Art vorhanden sind, daß ausländische Arbeitnehmerinnen in zunehmendem Maße hereingeholt werden müssen.

Die Umschichtungen auf seiten des Männerarbeitsmarktes werden dagegen in erster Linie durch Rationalisierung aufgrund moderner Technologien im Produktionsprozeß ausgelöst.

Der betriebsspezifische Konzentrationsgrad, der aus der Gegenüberstellung von Berufen und Betrieben zu berechnen ist, kann in einer Zeit sehr starker Umstrukturierung der Technologien, welche Krisen traditioneller Branchen auslösen, als wichtigstes Richtmaß verwendet werden. Zu den Branchen mit besonders hohem Konzentrationsgrad zählen die Hoch- und Tiefbauunternehmen, ferner die Lebensmittelberufe, Berufe der Ledererzeugung, der chemischen Produktion sowie die graphischen Berufe. Die Arbeitsstättenstatistik gestattet es nicht, den Dualismus des Arbeitsmarktes und die Entindustrialisierung präzise zu erfassen und die Veränderungen der arbeitsräumlichen Gliederung von Wien im Detail festzustellen.

Die Summe der Effekte von strukturellen Wandlungen und räumlicher Verlagerung von Arbeitsstätten läßt sich nur über eine Primärforschung ermitteln. So ergab die Auswertung der Stellenangebote im Annoncenteil von Tageszeitungen, daß infolge Betriebsverlagerungen, Schließung von Betrieben und Wegrationalisierung von Arbeitsplätzen in den traditionell bedeutenden Industriebezirken des gründerzeitlichen Stadtgebietes, Favoriten (X) und Ottakring (XVI), nur wenige offene Stellen angeboten werden, während andererseits in der Donaustadt (XXII), dem östlichen Sektor der Außenstadt im Osten der Donau, aufgrund bedeutender staatlicher und städtischer Industrialisierungsprojekte überproportional viele offene Stellen annonciert werden. Damit zeichnen sich Verlagerungen der Arbeitsstätten ab, welche leider durch die Arbeitsstättenzählung selbst nicht präzise zu erfassen sind.

2.10. Stadtverfall und Blightphänomene

1. Stadtverfall ist kein spezifisches „Wiener" Phänomen. Der Stadtverfall trat vielmehr in Wien, verglichen mit westeuropäischen und nordamerikanischen Städten, sogar erst verhältnismäßig spät auf.
2. Stadtverfall ist somit, wie in der Einleitung ausführlich dargelegt, ein weit verbreitetes Problem der aktuellen Stadtentwicklung in den Industrieländern.
3. Zum Unterschied von der Vergangenheit ist der aktuelle Stadtverfall nicht mit einem Niedergang von politischen Systemen und Wirtschaftskrisen, sondern mit politischer Stabilität und wirtschaftlicher Prosperität breiter Bevölkerungsschichten verbunden.
4. Für den Stadtverfall ist daher auch nicht eine spezifische Wohnungsmarktstrategie verantwortlich zu machen, wie dies z. B. gerade in Wien in den Argumentationen häufig geschieht, wo der schlechte Zustand vieler Bauten durch die geringe Investitionsbereitschaft der Hausbesitzer aufgrund der Mieterschutzgesetzgebung erklärt wird.

Stadtverfall ist vielmehr weltweit ein Ergebnis der Tatsache, daß es einer im Vergleich zur Vergangenheit wirtschaftskräftigeren und überdies verkehrsmäßig mobileren Gesellschaft sehr viel rascher möglich ist, sich von den historischen Besitzstrukturen zu lösen, historische Leitbilder der Stadt aufzugeben und schließlich die Stadt selbst zu verlassen.

5. Stadtverfall ist grundsätzlich überall durch folgende Merkmale gekennzeichnet:
— unzureichende Abbruchraten im Vergleich zur Neubautätigkeit,
— Flucht einkommensstärkerer Schichten aus dem älteren Baubestand,
— geringe Investitionsbereitschaft der Hausbesitzer in den Altbaubestand,
— Fehlen umfassender neuer Stadtmodelle bei den Entscheidungsträgern für die Stadterneuerung und
— Rückzug auf eine „antiurbane Haltung", aus der heraus man sich bemüht, überschaubare kleine Stadterneuerungsgebiete auszugrenzen.

J. STEINBACH[*] hat ein Stadtverfallsmodell entworfen, das aus folgenden Komponenten besteht:

1. einem *technologischen Modell* zur Quantifizierung von
— abbruchreifen und
— abbruchgefährdeten Gebieten.

Zur Bestimmung der Lebensdauer von Gebieten werden
— 60-70 Jahre für den Ersatz von Ausbauteilen,
— 100-115 Jahre für den Ersatz von Rohbauteilen angenommen sowie
— 30 Jahre vor dem Erreichen des Rohbauendes das Eintreten einer Rentabilitätsgrenze für Investitionen postuliert.

2. Das zweite Modell, zur *Abschätzung der Sanierungsaktivitäten* der Träger von Sanierungsmaßnahmen, wird letzten Endes mit den Kalkülen der sozialökologischen Theorie „sozialer Rang" und „Schulbildung" als „Ersatzvariable" kalibriert. Schließlich gingen eine Reihe von normativen Zielsetzungen in das Modell ein, wie
— Dichtenormen (max. 380 Einwohner/ha Wohnfläche),
— Wohnflächennormen (mindestens 25 m^2 Wohnraum pro Einwohner) (Hierzu darf angemerkt werden, daß 1981 die Durchschnittsfläche in Wien pro Einwohner bereits 34 m^2 betragen hat!),
— Grünflächennormen (1,5 m^2 Park oder sonstige öffentliche Grünflächen pro Einwohner) und
— Zielvorstellungen hinsichtlich der Verbesserung der Wohnungsausstattung.

Das vom theoretischen Ansatz und in der Formulierung recht anspruchsvolle Modell sieht sich vor dem Problem, mit den Daten der amtlichen Zählung auskommen zu müssen. Dies bedeutet, anders ausgedrückt, daß de facto die Ausstattung der Wohnungen und das Baualter der Objekte zur Operationalisierung der genannten Konstrukte herangezogen werden und entsprechend den Daten der Volkszählung 1971 damit diejenigen Zählbezirke zur Darstellung kommen, in denen zum damaligen Zeitpunkt Objekte, die vor 1880 errichtet wurden, zumindest die Hälfte

---

[*] J.Steinbach 1984.

des Baubestandes ausmachten. Es darf darauf hingewiesen werden, daß die Variable „Anteil der Bauten bis zum Jahr 1880" auch in das faktorialökologische Modell der Kommission für Raumforschung eingegangen ist.

Zusammenfassend darf festgehalten werden, daß die Ausgrenzung von potentiellen Stadtverfallsgebieten von J. STEINBACH in den Grundzügen mit den 1971 durch die amtliche Statistik ausgewiesenen Altbaugebieten (bis 1880) und den Verbreitungsgebieten der Wohnungsausstattungskategorien V (Bassenawohnungen) und IV (mit Innenwasser) mehr oder minder identisch ist. Die Hauptproblemgebiete liegen daher nach den Aussagen von STEINBACH im „würgenden Ring" der Äußeren Bezirke sowie Teilen der Inneren Bezirke in Gürtelnähe unter Einschluß nahezu des gesamten Areals des V. Wiener Gemeindebezirks.

Wie bereits weiter oben ausgeführt, wurde der Begriff der Substandardwohnungen im eigenen Analyseansatz auf alle Wohnungen erstreckt, welche nicht über Bad und WC verfügen. Auch diese mit amtlichen Daten vorgenommene Erweiterung des Begriffs und die damit vorgenommene Gebietsausweitung wird jedoch der Größenordnung des Problems des Stadtverfalls nicht gerecht.

Es wurde daher im Jahr 1981 eine hausweise Aufnahme des gesamten gründerzeitlichen Stadtgebietes im Rahmen des Lehrbetriebs am Geographischen Institut der Universität Wien begonnen und inzwischen zu Ende geführt, in der die Verfallserscheinungen, welche im gründerzeitlichen Stadtkörper auf mehreren Ebenen bestehen, erhoben wurden. Es handelt sich hierbei um die Phänomene des Residential Blight und ebenso um den Commercial Blight. An beiden Forschungsprojekten wird derzeit noch gearbeitet. Einige wesentliche Ergebnisse seien hier schon kurz vorgeführt. Im folgenden als erstes das Problem des *Commercial Blight*.

Das gegenwärtige *Standortmuster des Geschäftslebens* in der geschlossenen Verbauung von Wien stammt im wesentlichen aus der Gründerzeit. Bereits damals entstanden, in Abhängigkeit von der Entwicklung des innerstädtischen Verkehrsnetzes (d. h. der Straßenbahnlinien) und aufgrund der Bezirksbildung, die gegenwärtigen Hauptgeschäftsstraßen der Bezirke. Bei der Erstaufnahme der Verfasserin im Jahr 1963 war es aufgrund des noch überwiegend fußläufigen Verkehrs verhältnismäßig einfach, die Einzugsbereiche dieser Geschäftsstraßen gegeneinander abzugrenzen und, analog zur Rangordnung der Zentralen Orte, insgesamt vier Stufen des Geschäftslebens zu unterscheiden:
— das traditionelle Subzentrum der Mariahilferstraße als Ausläufer der City,
— Sektorzentren für Versorgungsbereiche von 80.000 bis 100.000 Einwohnern (III. Landstraßer Hauptstraße, X. Favoritenstraße, XVI. Thaliastraße, XXI. Floridsdorf),
— Bezirkszentren für 40.000 bis 80.000 Einwohner, in denen die Konsumgruppe der Bekleidung führend war,
— Viertelszentren für etwa 15.000 bis 25.000 Einwohner, in deren Angebot das kurzfristige Warensortiment überwog.

Infolge der starken Bautätigkeit durch den Magistrat in der südlichen und östlichen „Außenstadt" und damit gebündelten Maßnahmen des Ausbaus des öffentlichen Verkehrs sind seit den sechziger Jahren beachtliche Veränderungen eingetreten. Insgesamt kann man feststellen, daß die traditionelle zentral-periphere Ab-

2. Stadtentwicklung in Wien in der Nachkriegszeit

Figur 20: **Commercial Blight und neue Geschäftszentren in Wien 1983**

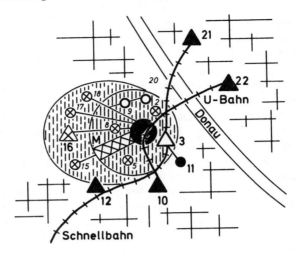

aus: E. LICHTENBERGER, 1983. Perspektiven der Stadtentwicklung. Geogr. Jahresbericht aus Österreich 40 (1981), S. 31.

stufung des Geschäftlebens nunmehr von einer West-Ost-Differenzierung überlagert wird, welche zunehmend an Bedeutung gewinnt.

Im gesamten westlichen Stadtraum ist es gleichsam zu einem In-sich-Zusammensinken des im Zeitalter des fußläufigen Verkehrs entstandenen Netzes der Geschäftsstraßen gekommen. Als Folge des Bevölkerungsverlustes erfolgte zunächst eine drastische Reduzierung der Zahl der Geschäfte in den Seitengassen, dann längs der vom Autoverkehr durchtosten Ausfallsstraßen sowie in den Viertelszen-

Stadtverfall und Blightphänomene

tren. In jüngster Zeit wurden auch bereits einzelne Bezirksstraßen vom Commercial Blight erfaßt.

Dieser negativen Entwicklung, welche in Figur 20 in schematischer Form festgehalten wurde, steht auf der anderen Seite der planmäßige Ausbau der Zentren in den südlichen und östlichen Bezirken gegenüber, welche durch neue Knoten des innerstädtischen Verkehrs, zuerst der Schnellbahn-Tangente, dann der U-Bahn, im abgelaufenen Jahrzehnt ihre Erreichbarkeit im gesamtstädtischen System ganz wesentlich verbessern konnten.

Commercial Blight auf der einen Seite und Aufschwung des Geschäftslebens auf der anderen polarisierten sich derart entsprechend der bereits mehrfach herausgestellten Zweiteilung der Stadt.

Die *Residential Blight*-Phänomene sind vielschichtiger und von der Erhebungsseite her sehr viel schwieriger zu fassen als der Commercial Blight.

Da eine Aggregierung der hausweisen Daten bisher nur für die Inneren Bezirke und auch für diese nur in einer ersten Grobanalyse vorliegt, sei im folgenden einerseits auf die Daten der amtlichen Häuser- und Wohnungszählung und die für diese Problematik zu gewinnenden Informationen eingegangen und andererseits ein idealtypischer Problemaufgriff vorgestellt.

Auf den Bestand an rund 150.000 potentiellen Substandardwohnungen im gründerzeitlichen Stadtgebiet wurde bereits hingewiesen. Mittel- und langfristig jedoch sehr viel gravierender als diese Zahl erscheint die von weiteren *100.000 leerstehenden Wohnungen*. Diese erschreckend hohe Leerstehungsrate von Wohnungen ging zwar kurz nach der Veröffentlichung der Ergebnisse durch den Magistrat durch die Medien, wurde jedoch seither niemals ernsthaft in die Diskussion eingebracht. In der vorliegenden Faktorialökologie wurde diesen leerstehenden Wohnungen eine Schlüsselfunktion zugewiesen, und es erfolgte – unter Berücksichtigung der durchschnittlichen Haushaltsgröße – eine Ausstattung mit einer *Ghostbevölkerung*.

Von den Planungsbehörden wurden bisher überhaupt nur die Verfallserscheinungen in den ehemaligen Arbeiterwohngebieten, in erster Linie außerhalb des Gürtels, zur Kenntnis genommen, in die, wie erwähnt, in Sukzession auf die Rentnerbevölkerung in zunehmendem Maße Gastarbeiter infiltrieren. Bisher nicht zur Kenntnis genommen wurden die *Blightphänomene in Mittelstandsbezirken*. Gerade in diesen Bezirken geht es keineswegs mehr darum, Substandardwohnungen zu beseitigen. Bereits von ihrer Anlage her wurden die meisten Miethäuser nämlich mit all dem Komfort ausgestattet, den sich das bürgerliche Wien in der Gründerzeit leisten konnte: geräumige Zimmer, Vorzimmer und Nebenräume, Dienstbotenzimmer und vielfach zwei WCs, eines davon für die „Herrschaft" und eines für das Hauspersonal. Von großzügigem Raumzuschnitt, materialmäßig erstklassig gebaut, wird die Erhaltung dieser „bürgerlichen Wohnungen" zunehmend zu einer Kostenfrage. Das heutige Gesellschaftssystem reproduziert keine zahlungskräftigen Mittelschichten, welche bereit und imstande wären, die Instandhaltung der Wohnungen, die längst – als eine Konsequenz des Mieterschutzes – von den Hausbesitzern an die Mieter abgeschoben wurde, tatsächlich durchzuführen.

Nun wäre auch hierzu Primärforschung notwendig, um die Vielfalt der ablaufenden Vorgänge tatsächlich quantifizieren zu können. Idealtypisch formuliert handelt es sich um folgende:

1. Von seiten der Hauseigentümer und -verwaltungen bestehen starke Intentionen, öffentliche Kredite (Altstadterhaltung, Stadterneuerung) für verschiedene, in erster Linie aber Nicht-Wohnzwecke zu verwenden, darunter die Schaffung von Garagen, Abstellplätzen, den Einbau von Liftanlagen und den Ausbau der Dachgeschosse zu Ateliers und dgl. Überhaupt besteht eine Tendenz, Wohnungen in Büros umzuwandeln. Eine geringe Rolle spielt der Verkauf von früheren Mietwohnungen als Eigentum.

2. Auf die enorme Leerstehungsrate wurde bereits oben hingewiesen und darauf aufmerksam gemacht, daß eine Ghostbevölkerung derartige in der Statistik als „leerstehend" bezeichnete Wohnungen gelegentlich als Absteigquartiere (Zweitwohnungen) benützt, zumeist ohne viel an Investitionen zu tätigen. In zunehmendem Maße besitzen derartige Wohnungen nur mehr die Funktion einer Übergangsnutzung und damit einer Zwischenetappe auf dem Lebenspfad, und zwar für junge Paare mit Kindern und für Wohngemeinschaften.

3. Stadtraum, Gesellschaft und Wirtschaft in Wien 1981: Ergebnisse einer Faktorenanalyse

3.1. Einleitung: Die theoretisch-methodische Vorgangsweise

3.1.1. Theorien und Schritte der Faktorenanalyse

Analysen der sozialräumlichen Gliederung von Städten mit Hilfe der Faktorialökologie sind seit den sechziger Jahren so zahlreich geworden, daß es nicht mehr möglich ist, mit weiteren Merkmalen latente Dimensionen des Sozialraums neu zu entdecken. Die echte Erweiterung des theoretischen Ansatzes ist nur dann möglich, wenn man über den Bereich der sozialökologischen Theorie hinausgreift und Schnittstellen mit anderen theoretischen Konstrukten herstellt. Im folgenden seien die Interpretationshorizonte der schrittweisen Faktorenanalyse kurz vorgestellt:

1. Es wurde von einem konventionellen, sozialökologischen Ansatz ausgegangen und die theoretischen Konstrukte der demographischen, sozialen und ethnischen Dimension verwendet.

2. Zur Kennzeichnung des Wohnraums der Stadt wurden drei Ansätze verknüpft:
   (1) die Theorie der institutionellen Entscheidungsträger des Wohnbaus,
   (2) ein standorttheoretischer Ansatz,
   (3) ein Produktionszyklus-Konzept des Wohnbaus.

3. Der dritte Schritt bemühte sich, die räumliche Struktur der Arbeitsstätten zu erfassen, und bediente sich der theoretischen Konzeption eines dualen Arbeitsmarktes.

4. Im vierten Schritt wurde das Verfallssyndrom aufgrund der Ergebnisse der Primärforschung der Kommission für Raumforschung spezifiziert.

3.1.2. Zur Datenauswahl

Nachstehend sei die Prozedur des stufenweisen Theorie- und Variablenaufbaus der Faktorialökologie erläutert, deren arbeitsintensiver Vorgang durch Ausschluß bzw. Aufnahme von Variablen hier nicht im einzelnen vorgeführt werden kann. Es erwies sich als notwendig, zwei Variablensets zu verwenden, das Variablenset I, das im wesentlichen für die Analyse der Gesamtstadt und der Außenstadt Verwendung

fand, und das Variablenset II, welches für den gründerzeitlichen Innenstadtbereich und die Inneren Bezirke herangezogen wurde. Es zeigte sich nämlich, daß bei Disaggregierung des Stadtgebiets in kleinere Teile, wie
- den gründerzeitlichen Stadtraum und
- die Inneren Bezirke (II-IX),

sehr rasch singuläre Korrelationsmatrizen entstehen, so daß man gezwungen ist, eine Reduzierung des Datensets vorzunehmen. Gerade mit Rücksicht auf das letztgenannte Problem waren stets mehrere Analyserunden mit sehr sorgfältiger Überlegung bezüglich der auszuschließenden Merkmale notwendig.

Im folgenden sei zunächst auf das *Variablenset I* eingegangen. Die für die einzelnen Teilschritte der Analyse verwendeten Variablen sind aus Tabelle 20 zu entnehmen.

Tabelle 20: **Schrittweise Faktorenanalyse — Variablenset I:**

Teil I: Gesellschaft	Teil II: Wohnraum	Teil III: Arbeitsstätten
Kleinkinder unter 6 Jahren	Niedrigbau (1 u. 2 Geschosse)	Erwerbsquote
Personen über 60 Jahre	Hochbau (5 u. mehr Geschosse)	Tag-/Nachtbevölkerung
Weibliche Wohnbevölkerung		Geld-/Versicherungswesen
Einpersonenhaushalte	Frühgründerzeit	Großhandel
Vierpersonenhaushalte	Neubauten 1961—1981	Sozialeinrichtungen
Selbständige	Gemeindebau	Gebietskörperschaften
Arbeiter	Eigentumswohnbau	Ghostbevölkerung
Gastarbeiter	Mietdurchschnitt	Einzelhandelsquote
	potentieller Substandard (III—V)	

	Gesamtstadt (n = 201)	Außenstadt (n = 125)
Schritt I:		
Gesellschaft	T 23	T 27
Wohnraum	T 24	
	ⒾⓋ	ⒾⓋ
Schritt II:		
Gesellschaft + Wohnraum	T 25	T 28
	Ⓥⓘ	Ⓥⓘⓘ
Schritt III:		
Gesellschaft + Wohnraum + Arbeitsstätten	T 26	T 29
	Ⓧⓘ	Ⓧⓘⓘ

(römische Ziffern: Zahl der extrahierten Faktoren)

Tabelle 21: **Schrittweise Faktorenanalyse — Variablenset II**
Verzeichnis der in die Faktoren eingegangenen Variablen und Übersicht über die darauf beruhenden Tabellen

Teil I: Gesellschaft	Teil II: Wohnraum
Kleinkinder unter 6 Jahren	Ausstattungskategorie I
Personen über 60 Jahren	Ausstattungskategorie IV + V
Männliche Wohnbevölkerung	Mietdurchschnitt
Einpersonenhaushalte	Frühgründerzeitbauten
Vierpersonenhaushalte	Neubauten 1961—1981
Selbständige	
Arbeiter	
Gastarbeiter	

Teil III: Arbeitsstätten	Teil IV: Blightphänomene
Tertiärer Sektor	Commercial Blight-Quote
Tag-/Nachtbevölkerung	Residential Blight-Quote
	Einzelhandelsquote
	Ghostbevölkerung

	Innen-stadt (n = 76)	Innere Bezirke (n = 37)
Schritt I: Gesellschaft	T 30 (III)	T 33 (III)
Schritt II: Gesellschaft + Wohnraum	T 31 (III)	T 34 (IV)
Schritt III: Arbeitsstätten	T 32 (IV)	T 35 (IV)
Schritt IV: Blight		T 36 (VI)

(römische Ziffern: Zahl der extrahierten Faktoren)

Der *Schritt 1* der Analyse folgte den Prinzipien eines *konventionellen sozialökologischen Ansatzes* mit folgenden theoretischen Konstrukten:

1. *Demographische Dimension*

— Es wurden die *Kinder im Vorschulalter* eingegeben, da nachgewiesen werden konnte, daß bei den Schulkindern eine sehr hohe Korrelation mit den Vierpersonenhaushalten besteht, was bei den Kindern im Vorschulalter nicht der Fall ist.
— Der Anteil der *Senioren* wurde in die Analyse eingegeben, um damit das in Wien besonders wichtige Problem der Überalterung zu testen.
— Das Gegensatzpaar von *Einpersonenhaushalten* und *Vierpersonenhaushalten* wurde gewählt, um damit die theoretischen Konstrukte der unterschiedlichen Standortansprüche, welche in der Literatur im allgemeinen in zentral-periphere Modelle transferiert werden, zu überprüfen.
— Die *weibliche Wohnbevölkerung* ging deshalb in die Analyse ein, weil in der Wiener Situation ein ausgeprägtes Männerdefizit aufgrund der starken Kriegsverluste und der höheren Lebenserwartung von Frauen besteht.

2. *Soziale Dimension*

Als Vertreter der sozialen Dimension wurde das Gegensatzpaar von *Selbständigen* und *Arbeitern* gewählt, welche beide zu den im Rückgang begriffenen Sozialgruppen zählen. Bei der Darstellung der sozialen Phänomene in der Stadtentwicklung von Wien wurde auf das sehr unterschiedliche räumliche Muster der beiden Sozialgruppen, ebenso auf die unterschiedlichen Entwicklungstendenzen in den verschiedenen Stadträumen hingewiesen.

3. *Ethnische Dimension*

Sie wird nur durch eine Variable, nämlich die des *Gastarbeiteranteils*, vertreten. Gastarbeiter sind stärker im Stadtraum segregiert als Arbeiter. Es war daher zu erwarten, daß im faktorenanalytischen Modell derart durch die ethnische Dimension ein beachtlicher Einfluß auf die räumliche Differenzierung der Stadt ausgeübt wird.

Der *zweite Schritt der Faktorenanalyse*, mit dem *Einbau von Variablen zum Wohnraum der Stadt*, erfolgte unter Zugrundelegung von drei theoretischen Ansätzen:

1. Im Zusammenhang mit der These des Einflusses von *institutionellen Entscheidungsträgern* auf die Unterbringung und damit auf die Verteilung der Bevölkerung wurden die Variablen
— *Gemeindewohnbau* und
— *Eigentumswohnbau*
in die Faktorenanalyse aufgenommen.

2. Als wichtiger Indikator für den *standorttheoretischen Ansatz* und damit die grundsätzliche Konzeption von der Stadt als einem zentrierten System diente die allerdings nur in aggregierter Form auf Zählbezirksbasis verfügbare Variable der Wohnungsmiete.

Die theoretisch-methodische Vorgangsweise 139

3. Eine Übertragung der *Zykluskonzeption der Sachgüterproduktion* auf die Produktion der baulichen Struktur von Städten erforderte die Aufnahme von Baualterklassen und Ausstattungskategorien. Hierzu zählen die Merkmale
— *Altbauwohnungen,*
— *Neubauwohnungen* bzw.
— *potentielle Substandardwohnungen* (III, IV, V).

Der *dritte Schritt der Faktorenanalyse* bemühte sich, die räumliche Struktur der arbeitsteiligen Gesellschaft zu erfassen, wobei die theoretische *Konzeption eines dualen Arbeitsmarktes* für die Aufnahme von folgenden Variablen Pate stand:
— *Betriebe des Geld- und Kreditwesens* und
— *Betriebe des Großhandels* als Vertreter des marktwirtschaftlichen Sektors,
— *Betriebe des Gesundheitswesens* und
— *Gebietskörperschaften* als Repräsentanten für den geschützten Arbeitsmarkt.

Um eine Verknüpfung zwischen der Wohnbevölkerung und den Arbeitsstätten herzustellen, wurden zwei Quoten berücksichtigt:
— die *Erwerbsquote* und
— das Verhältnis von *Tag- und Nachtbevölkerung.*

In einem *vierten Schritt der Faktorenanalyse* wurde das *Verfallssyndrom* spezifiziert. Hierbei bildeten Primärdaten aus der Blight-Erhebung der Kommission für Raumforschung, nämlich die betriebs- und hausweisen Daten von *Commercial* und *Residential Blight*, die Grundlage der Analyse. Ferner wurden mittels Daten der amtlichen Statistik zwei Merkmale gebildet:
— die *Ghostbevölkerung*, welche aus der Zahl der leerstehenden Wohnungen mittels der durchschnittlichen Haushaltsgröße berechnet wurde, und
— der *Versorgungsgrad* der Bevölkerung mit Einzelhandelsgütern, d. h. es wurde die Zahl der Bewohner pro Einzelhandelsbeschäftigtem berechnet.

Die Analyse eines Verfallssyndroms konnte jedoch nur für die Inneren Bezirke durchgeführt werden, da nur in diesem Stadtteil die Primärerhebung abgeschlossen ist. Aus Gründen des bereits oben erwähnten Auftretens von singulären Korrelationsmatrizen ergab sich die Notwendigkeit, für die Analyse des gründerzeitlichen Stadtgebiets der Inneren Bezirke ein *zweites Variablenset* zu verwenden, bei dem von vornherein eine Reduzierung der Variablen für die Wohnraumstruktur und für die Arbeitsstätten vorgenommen wurde. Aus der folgenden Tabelle 21 ist die Liste der in die Faktorenanalyse eingegangenen Variablen und die der darauf beruhenden Figuren zu entnehmen.

3.1.3. Die Etikettierung der Faktoren

In Kapitel 4.3.5. sind Regeln zur Etikettierung der Faktoren angegeben. Sie wurden bei dieser Publikation erprobt. Die folgende Aufstellung bietet das Ergebnis (vgl. Figur 21).

Figur 21: **Die Etikettierung der Faktoren**

Etikettierungsprinzipien	Zuordnung der Variablen		
	Gesellschaft	**Wohnraum**	**Arbeitsstätten**
1. **Leitvariable**	Kleinkinder		Großhandel Gebietskörperschaften Geldwesen
2. **Polarisierte Klassen (Typen)**	Soziale Dimension Ethnische Dimension	Bauträger Bauhöhe	Duale Arbeitsstätten
3. **Phänomenologisches Merkmalesyndrom**	Überalterung Familien		
4. **Reihe fortschreitender Komplexität**	Ghostbevölkerung	Ghost	
5. **Theoretische Leitinteressen (Milieubegriff)**	Marginales Ghost-Milieu Marginales Sozialmilieu Traditionelles Sozialmilieu Marginales Ghost-Milieu Überalterungsmilieu Neubau-Milieu Arbeiter-Neubau-Milieu Familien-Neubau-Milieu	Niedrigbau-Milieu Niedrigmieten-Milieu Altbauten-Milieu Traditionelles City-Mantel-Milieu Citybildungs-Milieu	Citybildung

3.1.4. Das Dilemma der statistischen Grundlagen (D. Mühlgassner)

Die Aufgabe der staatlichen Großzählungen, zu einem bestimmten Zeitpunkt Personen, Haushalte, Wohnungen, Häuser und Betriebe mit bestimmten Merkmalen zu erfassen, prädestiniert ihre Ergebnisse dazu, mittels statistischer Strukturkarten über EDV kartographisch festgehalten und mittels multivariater Verfahren zur Regionalisierung verarbeitet zu werden.

Das Dilemma der statistischen Grundlagen wird daher weniger bei Querschnittanalysen als bei dynamischen komparativen Analysen transparent, bei denen durch einen Vergleich von mehreren Querschnitten Rückschlüsse auf Entwicklungsabläufe von Gesellschaft und Stadtraum gezogen werden sollen. Es ergeben sich folgende *allgemeine Schwierigkeiten*:

1. Zwischen den einzelnen Großzählungen *fehlen ausreichende Schnittstellen*, so besonders zwischen der Volkszählung und der Arbeitsstättenzählung.

Die theoretisch-methodische Vorgangsweise 141

2. *Neu auftretende Phänomene* werden zumeist nicht am Beginn und auch *nicht in ihrem Take-off erfaßt*, sondern verspätet (z. B. Zweitwohnungen).

3. Teiländerungen eines Systems führen *häufig* zu einer *Änderung der Klassifikation* (z. B. Betriebssystematik), so daß ein Anschluß an ältere Zählungen nicht möglich ist (Wohnungsgröße).

4. Schließlich werden die *Definitionen von Grundeinheiten* von Zählungen *geändert* (z. B. Gebäude).

5. Die *Teilung von räumlichen Aggregierungseinheiten* (Zählbezirken) führt dazu, daß für die entsprechenden Areale keine Vergleichsdaten zur Verfügung stehen.

Im folgenden seien — ohne Anspruch auf Vollständigkeit — einige besonders wichtige Probleme vorgestellt, die sich bei der Analyse der Daten der Großzählungen 1961, 1971 und 1981 ergeben haben.

1. Die *Erhebung der Wohnbevölkerung* ist auch in historischer Perspektive ein sowohl wichtiges als auch stets schwieriges Unterfangen gewesen, und es hat daher verschiedene Prinzipien der Registrierung gegeben, wie die nach heimatberechtigter und fremdbürtiger Bevölkerung, nach am Ort anwesender und wohnhafter Bevölkerung.

Erst mit der Aufspaltung der Wohnfunktion in zwei Standorte, wie sie bei der einheimischen Bevölkerung über das Zweitwohnungswesen und bei den Gastarbeitern durch die Beibehaltung eines Heimatstandortes gegeben ist, ist das politisch brisante Problem der letzten Großzählung entstanden. Hierbei spielt nicht nur eine Rolle, daß die Loyalität des Bürgers vielfach überfordert ist, der ein Leben zwischen Haupt- und Zweitwohnsitz führt und dem es schwerfällt, den „Mittelpunkt der Lebensbeziehungen" zu definieren, sondern daß vor allem bei der ausländischen Bevölkerung Dunkelziffern auftreten; ihre Größe ist abhängig von der Möglichkeit der Behörden, effektive Kontrollen durchzuführen, und der Bereitschaft der jeweiligen Bevölkerungsgruppe, amtliche bürokratische Prozeduren und Erhebungen als einen notwendigen verpflichtenden Teil der Existenz zu betrachten.

Das *Problem der Registrierung der ausländischen Bevölkerung* sei anhand der Divergenz der amtlichen Angaben über die Zahl der jugoslawischen Gastarbeiter in Wien kurz vorgestellt. Die niedrigsten Werte für die jugoslawische Gastarbeiterbevölkerung erbrachten die Volkszählungen. 1971 wurden nur 28.667 Jugoslawen unter der Wohnbevölkerung Wiens registriert, zu einem Zeitpunkt, als bei der Fremdenpolizei bereits 50.600 gemeldet waren. Folgen wir den Angaben der letztgenannten Behörde, so können wir zur Zeit des Höhepunkts der Gastarbeiterwanderung im Jahr 1973 die Zahl von 74.180 Jugoslawen und für 1981 von 61.318 angeben. Zur selben Zeit wurden im Rahmen der Volkszählung nur 58.587 Jugoslawen unter der Wohnbevölkerung Wiens registriert. Da gerade in Stadtverfallsgebieten die Infiltration von Gastarbeitern und Flüchtlingen usf. beachtliche Dunkelziffern bewirkt, wurde auf dieses Problem auch besonders hingewiesen.

2. Bei der *Häuser- und Wohnungszählung* sind seit 1961 eine ganze Reihe von Definitionsänderungen eingetreten, welche Aussagen über die Reproduktion der physischen Struktur der Stadt und die in den letzten zwei Jahrzehnten erfolgte Stadterneuerung sehr erschweren.

(1) 1981 erfolgte eine *Änderung der Wohngebäudedefinition*. Durch die Auf-

nahme von Ferienhäusern und dgl. in den Gebäudebegriff erfolgte eine beachtliche „Vermehrung" der Zahl der Gebäude. Ferner bewirkte die Definitionsänderung auch im gründerzeitlichen Stadtkörper durch die separate Zählung von Hintertrakten und Stiegenhäusern eine Vermehrung der Objekte. Während eine Eliminierung von Ferienhäusern, Kleingartenhäusern usw. am Stadtrand durchgeführt werden kann, besteht keine Möglichkeit, die Aussagen für den gründerzeitlichen Stadtkörper zu revidieren.

(2) Das *Merkmal des Baualters* von Objekten bildet eine Schlüsselvariable für die Abschätzung des potentiellen Verfalls. Allerdings ist die Aussagekraft des Merkmals von einem doppelten Dilemma belastet:

— Zunächst sei festgehalten, daß die Abgrenzung der ersten Baualtersklasse gegenüber der zweiten mit dem Jahr 1880 schlecht gewählt wurde. Als wichtige städtebauliche und kunsthistorische Marken für Wien hätte man entweder das Jahr 1850 (Angliederung der Vorstädte) oder 1890 (Angliederung der Vororte) wählen sollen. E. LICHTENBERGER hat im Wien-Buch* eine Dreiteilung der Gründerzeit in eine Vor-, Hoch- und Spätphase vorgenommen, die sich in allen Merkmalen von Bevölkerung und Stadtraum trennscharf nachweisen läßt.

— Nicht zu übersehen ist auch die große Unsicherheit bezüglich des Baualters von seiten der Hausbesitzer bzw. derjeniger Personen, welche den Hausbogen ausfüllen. Vergleicht man die Zahlen der altersmäßig nicht eingeordneten Wohnungen bei den Zählungen 1961, 1971 und 1981, so weisen sie erstaunliche Schwankungen auf.

(3) Besondere Schwierigkeiten macht ein *Vergleich der Wohnungsstruktur.* In der Gründerzeit bestand aufgrund der Grundrißgestaltung der Wohnungen eine Definition von Wohnungstypen nach

— Einraumwohnungen,
— Zimmer-Küche-Wohnungen,
— Zimmer-Küche-Kabinett-Wohnungen usw.

1934 trat eine Zählung nach Räumen an die Stelle der Wohnungstypisierung. Damit wurden Zimmer und Kabinett — in der Gründerzeit scharf getrennte Raumeinheiten — zusammengefaßt. Inzwischen ist die Raumdefinition noch allgemeiner und damit noch unbrauchbarer geworden. Schließlich wurde 1961 die Wohnfläche (m^2) als Merkmal eingeführt.

Die generelle Informationsreduktion über den Wohnungssektor hat dazu geführt, daß seit 1971 nur mehr eine Auflistung der durchschnittlichen Nutzfläche pro Einwohner im Zählbezirk vorliegt. Eine Aussage über gebiets- bzw. baublockweise vorhandene Kleinst- und Kleinwohnungen ist daher nur mehr indirekt über das Merkmal der Ausstattungskategorie möglich.

(4) Mit der Definition der *Austattungskategorien* hat die Wohnungszählung seit 1971 eine Verbreiterung erfahren. Da jedoch die vom Baualter abhängigen spezifischen Wohnungstypen nicht erfaßt werden, bestehen hinsichtlich der Zuordnung bestimmter Ausstattungskategorien (z. B. ohne Wasser, WC, Bad) deutliche Unklar-

---

* E. Lichtenberger, 1979 (2. A.).

Die theoretisch-methodische Vorgangsweise

heiten. Anhand der „Mitteilungen aus Statistik und Verwaltung der Stadt Wien" seien zwei Auswertungen der jüngsten Großzählung (1981) einander gegenübergestellt, welche sehr unterschiedliche Angaben präsentieren (vgl. Tabelle 22):

Tabelle 22: **Ausstattungskategorien der Wiener Wohnungen 1981**

Ausstattungs-* kategorien	Wohungsbestand Mitteilungen aus Statistik und Verwaltung			
	1982/1		1983/3	
		v. H.		v. H.
III	55.000	7,8	77.000	10,8
IV/1	54.500	7,6		
IV/2	85.900	12,0	IV 84.500	11,9
V	35.000	4,9	48.500	8,8
insgesamt	230.400	32,3	210.000	31,5

* III   mit Wasser und WC
  IV/1 mit Dusche, ohne WC
  IV/2 mit Wasser, ohne WC   IV nur Wasser in der Wohnung
  V   ohne Wasser und WC

Die Tabelle 22 belegt die geringe Aussagekraft der Ausstattungskategorien III und IV, ebenso die Tatsache, daß auch zu der höheren Ausstattungskategorie II (Wasser, WC, Bad) keine scharfe Trennlinie besteht. Es liegt daher nahe, auch eine strikte Vergleichbarkeit der Angaben des Jahres 1981 zu denen des Jahres 1971 in Frage zu stellen.

(5) Durch die Erweiterung der Kategorie der *Gebäude* ist auch die Zahl der Wohnungen beeinflußt worden. So kann man z. B. erstaunt die Zunahme von Substandardwohnungen in Neuwaldegg und Pötzleinsdorf im Zeitraum von 1971-1981 registrieren, welche durch die Aufnahme von Schrebergartenhütten als Gebäude entstanden ist (!).

3. Die *Arbeitsstättenzählung* hat stets besondere Schwierigkeiten bereitet. Die Schnittstelle zur Volkszählung ist mangelhaft, d. h. die Angaben, welche von den Betrieben gemacht werden, können mit den Angaben der Bevölkerung über ihre Arbeitsplätze nicht präzise zusammengeführt werden. Ist es auch grundsätzlich erfreulich, daß die Pendlerbevölkerung und ebenso die Arbeitsbevölkerung in Wien zugenommen hat, so spricht es doch andererseits für die geringe Qualität der Arbeitsstättenzählung, daß es nunmehr nicht möglich ist, eine auf ihr basierende Arbeitsplätzeprognose zu erstellen.

Abgesehen vom enormen Fehlbestand an Arbeitsplätzen weist die Arbeitsstättenzählung noch weitere *Strukturmängel* auf:

(1) Die *tatsächliche Tätigkeit* der Arbeitnehmer wird nicht erfaßt. Es ist daher auch nicht möglich, Tätigkeiten im sekundären und tertiären Sektor voneinander abzuheben. Dies bedeutet, daß es z. B. nicht möglich ist, das Fortschreiten der City-

bildung im vollen Umfang aus der Arbeitsstättenzählung zu entnehmen, da die Büros von Industriebetrieben nicht von den Produktionsstätten abgetrennt werden können.

(2) Schließlich ergeben sich weitere große Schwierigkeiten bei der *Standortzuordnung der Beschäftigten.* Ausgelagerte Abteilungen, Zweigbetriebe usf. sind schlecht erfaßt, insbesonders beim öffentlichen Sektor. Für eine Detailanalyse ist die Arbeitsstättenzählung daher ein unzureichendes Instrument, da eine „Lagetreue" ihrer Angaben nicht gewährleistet ist.

3.1.5. Die räumliche Bezugsbasis

Wien ist heute eine *zweigeteilte Stadt*. Die Unterschiede zwischen gründerzeitlicher *„Innenstadt"* und zwischen- und nachkriegszeitlicher *„Außenstadt"* gehen durch alle Bereiche des Lebens, der Wirtschaft und der Wohnumwelt. Die Ausgrenzung des gründerzeitlichen Stadtraums, die aus der beiliegenden Karte (vgl. Karte 13) zu entnehmen ist, beruht auf der im Rahmen des Lehrbetriebs im Institut für Geographie der Universität Wien von der Verfasserin in den Jahren 1955 bis 1960 durchgeführten haus- und parzellenweisen Kartierung von Wien.

Mit Rücksicht auf die historisch-topographische Entwicklung von Wien und die in allen Erscheinungen der physischen Struktur der Stadt, der Flächennutzung, dem Baubestand und der Bauhöhe, nachwirkende historische Grenze zwischen ehemaligem Vorstadtraum bzw. Vorortraum von Wien in der Gründerzeit wurde innerhalb des gründerzeitlichen Stadtgebietes eine weitere Zweiteilung vorgenommen. Die *„Inneren Bezirke"* II-IX wurden von den *„Äußeren"* getrennt. Auch diese Abgrenzung ist aus der Karte zu entnehmen.

In der zwischen- und nachkriegszeitlichen Außenstadt wurde mit Rücksicht auf die West-Ost-Asymmetrie ebenfalls eine Zweiteilung vorgenommen. Die Bezirke XII, X, XI, XX, XXI und XXII wurden als *„östliche und südliche Außenstadt"*, die Bezirke XIII bis XIX als *„westliche Außenstadt"* zusammengefaßt, soweit sie außerhalb der Grenze der gründerzeitlichen „Innenstadt" liegen.

Als räumliche Bezugsbasis für die arealstatistische Analyse dienten die *Zählbezirke*. Aus Gründen der Bearbeitung mit Arealdaten wurden Zählbezirksgrenzen als Begrenzungslinien verwendet (vgl. Liste der Zählbezirke für die Innenstadt und die Außenstadt im Anhang).

Zwei Gründe sprachen für die Wahl von Zählbezirken:
1. Die Abgrenzung der Zählbezirke wurde seinerzeit am heutigen Österreichischen Institut für Raumplanung durch Bruno BACKÉ, derzeit Professor am Institut für Geographie, Klagenfurt, durchgeführt, der sich dabei auf das unveröffentlichte Kartenmaterial des von der Verfasserin im Lehrbetrieb erstellten Stadtatlasses von Wien (1955-1960) stützen konnte. Die Zählbezirke sind daher zum größeren Teil mit historisch-topographischen Stadtvierteln bzw. Verbauungsgebieten identisch und nicht schlicht „statistische Räume", wie dies vielfach in anderen Städten der Fall ist.

2. Die Wahl von Zählbezirken erwies sich auch deshalb als zweckmäßig, weil für weiter zurückliegende Großzählungen nur mehr Zählbezirksdaten verfügbar

Karte 13: Die Abgrenzung von gründerzeitlicher Innenstadt und zwischen- und nachkriegszeitlicher Außenstadt

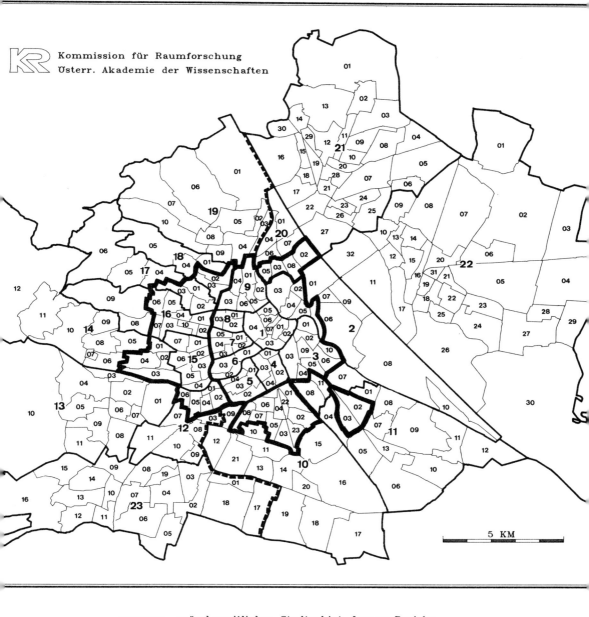

— gründerzeitliches Stadtgebiet, Innere Bezirke
═ gründerzeitliches Stadtgebiet, Äußere Bezirke
------- Grenze zwischen Außenstadt Ost und Süd und Außenstadt West

Grundlagen: CHOROS, W.D.Rase
RBW-Code: Mag.d.St.Wien

Thematik, Design: E. Lichtenberger
EDV-Systeminstallation: H.Faßmann
Generalisierung, Plot: E.Knabl

sind und ferner das ISIS-Programm des Statistischen Zentralamtes auf dieser Ebene ein wesentlich größeres Set von Merkmalen über Personen, Haushalte, Wohnungen, Häuser, Betriebsstätten und dgl. zur Verfügung stellt als für Zählgebiete. (Aus der Liste im Anhang sind die Veränderungen der Zählbezirke zwischen 1961 und 1981 zu entnehmen, ebenso diejenigen Zählbezirke, welche als „Ausreißer" aus der statistischen Analyse ausgeschlossen wurden.)

3.2. Die Faktorenanalyse der Gesamtstadt 1981 (D. Mühlgassner)

3.2.1. Einleitung

Die schrittweise Faktorenanalyse der Gesamtstadt von Wien steht ebenso wie die der Teilgebiete unter der Zielvorgabe festzustellen, ob für die Struktur der Stadt
1. das zum Teil persistente physische Gehäuse von Bauten und Wohnungen,
2. das Gesellschaftssystem oder
3. die Arbeitsstättenstruktur
zur Erklärung der gegenwärtigen räumlichen Differenzierung wichtiger ist.

Um die Transparenz der Vorgangsweise zu wahren und um dem Leser bei der Präsentation der Ergebnisse gleichzeitig eine Hilfestellung zu bieten, wird auf die in der Literatur übliche Wiedergabe der Ladungsmatrizen der Faktoren verzichtet. Es wurden vielmehr die ladenden Variablen in klassifizierter Form in ein verbales Aussagensystem transferiert, so daß der Text selbst von der Deskription der Faktorenstrukturen wesentlich entlastet werden kann und seine Funktion vielmehr darin liegt, die Hauptresultate hervorzuheben und einerseits den Bezug zu den Ergebnissen der internationalen Stadtforschung herzustellen und andererseits die spezifische Wiener Situation zu akzentuieren.

3.2.2. Das Sozialsystem

Räumliche Polarisierungseffekte sind, wie bereits in der Einleitung ausgeführt, ein ausgeprägtes Kennzeichen der gegenwärtigen Entwicklung in den großen Städten der westlichen Welt, wobei insbesonders in der demographischen Struktur die Polarisierung von
– Einpersonenhaushalten, verknüpft mit einem hohen Anteil von weiblicher Wohnbevölkerung, und
– Familien,
in der sozialen Struktur die Polarisierung zwischen
– Selbständigen und
– Arbeitern

Die Faktorenanalyse der Gesamtstadt

zu den trotz aller Antisegregationsstrategien nicht überwindbaren Phänomenen zählt.

Außerordentlich unterschiedlich ist dagegen der Stellenwert und die Bedeutung der ethnischen Dimension. Mit diesen Aussagen wird ein Konsens umschrieben und gleichzeitig eine Übersimplifizierung der realen Situation vorgenommen. Wie die folgenden Ergebnisse des ersten Schrittes der Faktorenanalyse belegen, weist die *sozialräumliche Differenzierung von Wien* eine Reihe von spezifischen Zügen auf. Sie seien an Hand von Tabelle 23 vorgestellt. Hierbei wird in Anlehnung an die im Kapitel 3 begründete Abfolge und Verknüpfung der Ergebnisse von Hauptkomponentenanalyse und rotierter Faktorenanalyse jeweils

(1) von den Varianzanteilen der Faktoren in der Hauptkomponentenanalyse ausgegangen und hierauf

(2) die Veränderung der Variablenstruktur beim rotierten faktorenanalytischen Modell besprochen,

(3) die Etikettierung der Faktoren geboten, und

(4) an Hand der Korrelationsmatrix die statistische Verknüpfung angegeben.

Legt man die Varianzanteile der Hauptkomponentenanalyse zugrunde, so steht die *demographische Segregation* im Erklärungswert mit Abstand an erster Stelle. Sie definiert zwei Faktoren, und zwar den ersten Faktor mit einer erklärten Varianz von 48,2% und den dritten Faktor mit 12,5% Erklärungswert. Im ersten Faktor steht die oben angesprochene demographische Polarisierung von Ein- und Vierpersonenhaushalten zu Buche, während im dritten Faktor nur die Variable der Kleinkinder eine Ladung von 0,5 erreicht.

Diese lapidaren Beschreibungen der Ergebnisse der Faktorenanalyse enthalten immensen gesellschaftspolitischen Zündstoff. An die Stelle der sozialen Klassen, welche noch immer weitgehend die gesellschaftspolitischen Ideologien bestimmen, sind inzwischen Altersklassen getreten und programmieren den im Lebenszyklus ablaufenden Segregationsvorgang nach Aktions- und Wahrnehmungsräumen der Bevölkerung. Diese Aussage ist von enormer Praxisrelevanz für die Entscheidungsträger der Stadtplanung und des Städtebaus. Wenn nämlich die demographischen Entmischungsvorgänge weiter anhalten und daher auch die zukünftige Entwicklung von Wien beeinflussen, so ist in mittelfristiger Perspektive die Antwort auf die Frage nicht zu umgehen, welche Alters- und welche Haushaltsgruppen in welchen Stadträumen leben wollen und werden. Die Antwort auf diese Frage wird im Wechselspiel der Entscheidungen auf institutioneller und individueller Ebene die Stadterneuerung in Wien beeinflussen.

Bereits im ersten Schritt der Faktorenanalyse wird jedoch ein über die geläufigen Polarisierungsprozesse hinausgehendes Problem offengelegt, nämlich die Tatsache, daß Kleinkinder in der sozialräumlichen Differenzierung von Wien keineswegs nur mit Vierpersonenhaushalten gekoppelt sind, sondern in sehr verschiedenen ökologischen Milieus der Stadt überdurchschnittliche Werte erreichen.

Im Vergleich zur demographischen Dimension ist die polarisierte *soziale Dimension* nur in einem Faktor vertreten (II), der in der Hauptkomponentenanalyse 24,6% der erklärten Varianz auf sich vereinen kann. Während die demographische Segregation von der Stadtplanung durchaus zur Kenntnis genommen wird, zählt die so-

Tabelle 23: **Die Differenzierung der Gesellschaft in der Gesamtstadt von Wien 1981**

	Faktoren			
	I	II	III	IV
Erklärte Varianz	48,2	24,6	12,5	7,0
Variablen-Struktur (1)	Gastarbeiter	Gastarbeiter		
Benennung	Überalterung	Soziale Dimension	Kleinkinder	Ethnisch-soziale Dimension
Variablen-Struktur (2)	+ alte Leute + weibl. Wohnbev. + 1-Personen-haushalte − 4-Personen-haushalte	+ Gastarbeiter + Arbeiter	+ Kleinkinder	− Selbständige + Arbeiter

Verknüpfung der Faktoren (ab ±0,1):

- I — II: −0,198
- II — III: +0,106
- I — III: −0,286
- II — IV: +0,221
- I — IV: +0,292

Ladungen der Variablen
Arbeiter ab ±0,75
Arbeiter ±0,5 bis 0,75

ziale Segregation zu den von der Stadtplanung tabuisierten Themen. Dies geht interessanterweise in der Wiener Stadtplanungsliteratur so weit, daß selbst über die Erfolge der seit Jahrzehnten auf mehreren Ebenen durchgeführten Antisegregationsstrategien keine Dokumentation vorliegt.

Nun zählen beide in die Faktorenanalyse eingegangenen Sozialgruppen, nämlich die Selbständigen und die Arbeiter, zu den Bestandteilen des sozialen Systems, welche sich aufgrund der Konzentrationsprozesse der Betriebe und der Veränderung der sozialrechtlichen Position der Arbeitnehmer sowie des Entindustrialisierungsvorganges zahlenmäßig im Rückgang befinden. Gerade aufgrund dieser Tatsache ist jedoch ihre Anbindung an bestimmte Wohnraumstrukturen und damit die Herausbildung von spezifischen ökologischen Milieus zu erwarten (vgl. unten).

Auf die unterschiedliche Bedeutung der *ethnischen Dimension* wurde oben hingewiesen. Sie weist in Wien, wie die Hauptkomponentenanalyse belegt, im Vergleich mit bundesdeutschen Großstädten insofern spezifische Züge auf, als sich Ladungen der Gastarbeitervariablen sowohl im Faktor I der polarisierten demographischen Dimension als auch im Faktor II der polarisierten sozialen Dimension vorfinden. Im ersteren Fall sind Gastarbeiter demnach als Sukzessionsphänomen nach Einpersonenhaushalten (vorwiegend von Pensionisten und Rentnern) zu interpretieren, im zweiten Fall als Anlagerungs- und Infiltrationsphänome an bzw. in ortsständige Grundschichten. Erst im rotierten faktorenanalytischen Modell separiert sich die Gastarbeitervariable von der demographischen Dimension im IV. Faktor, ohne daß allerdings eine Lösung der Assoziation mit der Arbeitervariablen möglich wäre.

Die Aussage für die aktuelle Wiener sozialräumliche Differenzierung lautet demnach: Zum Unterschied von anderen Städten ist eine Verselbständigung der ethnischen Dimension und damit der ethnischen Segregation im faktorenanalytischen Modell nicht nachweisbar. Diese Aussage wird auch durch die Verknüpfungsmatrix der Faktoren untermauert, in der zwischen dem Faktor der ethnisch-sozialen Dimension einerseits und dem Faktor der sozialen Dimension sowie dem der polarisierten demographischen Dimension andererseits positive Zusammenhänge bestehen. Jedoch soll auf die Gastarbeiterproblematik in diesem Zusammenhang nicht eingegangen werden, da darüber erst kürzlich eine umfangreiche Buchpublikation erschienen ist*.

3.2.3. Der Wohnraum und die ökologischen Milieus

Entsprechend der ökologischen Grundprämisse der Sozialraumanalyse und Faktorialökologie von der Einheit eines spezifischen gesellschaftlichen Subsystems im Stadtraum fehlen bisher Faktorenanalysen, in denen durch zwei getrennte Analyseschritte zuerst einerseits das gesellschaftliche System und andererseits das räumliche System der Stadt in Form des Wohnraums untersucht werden und erst nachher eine Verknüpfung der Ergebnisse erfolgt. Dieser Weg wurde in der vorliegenden Analyse beschritten. Nachfolgend sei zunächst das faktorenanalytische Modell des Wohnraums der Gesamtstadt vorgestellt (vgl. Tabelle 24).

Wien zählt hinsichtlich Verbauungsstruktur, Baualter und Ausstattung der Wohnungen sowie der Bauträger zu den außerordentlich gut untersuchten Städten. Nichtsdestoweniger wäre es nicht möglich, ohne den Einsatz eines faktorenanalytischen Modells eine Antwort auf die Frage zu finden, welchen Stellenwert die genannten Kategorien für die Differenzierung des Wohnraums der Stadt besitzen. Aufgrund der in Wien besonders ausgeprägten Grenze zwischen hoher Reihenhausverbauung und niedrig verbautem Stadrandgebiet könnte man vermuten, daß die Bauhöhe das am stärksten differenzierende Merkmal darstellt.

---

* E. Lichtenberger, 1984.

Tabelle 24: **Die Differenzierung des Wohnraums in der Gesamtstadt von Wien 1981**

	Faktoren			
	I	II	III	IV
Erklärte Varianz	36,4	22,0	14,6	10,4
Variablen-Struktur (1)	+ Eigentums- wohnbau − Gemeinde- wohnbau	[−] [+]		
Benennung	**Altbaumiete**	**Bauhöhe**	**Baualter und Ausstattung**	**Bauträger**
Variablen-Struktur (2)	**+ Altbau** **+ Miete** **− Gemeinde- wohnungen** **(− Neubau)**	**− hohe Verbauung** **+ niedrige Verbauung**	**+ Neubau** **− pot. Sub- standard- wohnungen**	**+ Eigentums- wohnbau** **− Gemeinde- wohnbau**
Verknüpfung der Faktoren (ab +0,1)	I −0,188 II +0,102 III −0,322 +0,102 · · · · · +0,220 +0,102 · · · · · · · · · · · · · · IV			

Dies ist jedoch keineswegs der Fall. In der Hauptkomponentenanalyse kann vielmehr der erste Faktor 36,4% der erklärten Varianz an sich ziehen. In ihm sind sämtliche *Rechtsformen des Bauens* vereint, nämlich der Altbaubestand, der Gemeindewohnbau und der Eigentumswohnbau. Diese Rechtsformen entsprechen Segmenten des Wohnungsmarktes; es erstaunt daher nicht, daß sich auch die Variable der Miete in diesem Faktor mit einer hohen Ladung findet.

Mit ziemlichem Abstand reiht sich erst die oben angesprochene *Bauhöhe* als zweiter Faktor an. In einem dritten Faktor polarisieren sich Neubauwohnungen und potentielle Substandardwohnungen, beide — wie bereits gezeigt werden konnte — in erster Linie in ein zentral-peripheres Modell einordenbare Wohnbautypen.

In der schiefwinkeligen Rotation der Faktorenanalyse wird die Inkonsistenz der Rechtsformen und damit des Wohnungsbestandes offengelegt. Es separieren sich in einem vierten Faktor die aktuellen Bauträger vom Altbaubestand; nichtsdestoweniger bleibt ein positiver Korrelationskoeffizient zwischen dem ersten und vierten Faktor bestehen. Der hohe Stellenwert der Rechtsformen des Wohnens und damit der historischen und aktuellen Bauträger für die Differenzierung des Stadtraums begründet die Notwendigkeit der multiplen Regressionsanalyse, deren Ergebnisse in Kapitel 5 dargestellt sind.

Die Faktorenanalyse der Gesamtstadt

Im zweiten Schritt der Faktorenanalyse, der die Variablen des Wohnraumes und der Gesellschaft zusammenfaßt, soll als nächstes die Frage beantwortet werden, welche *ökologischen Milieus* de facto nachweisbar sind und welche bereits definierten Faktoren der Gesellschaft und des physischen Wohnraums der Stadt sich als selbständige Dimensionen erweisen. Die Antwort lautet unter Bezug auf den physischen Wohnraum der Stadt: Weder die *Verbauungshöhe* noch die *aktuellen Bauträger* sind imstande, auf der Ebene von Zählbezirken ökologische Milieus zu generieren.

Beide Kategorien bleiben vielmehr *als selbständige Faktoren bestehen* (vgl. Tabelle 25).

Stellen wir die Gegenfrage nach den „selbständigen" Elementen des Gesellschaftssystems, so müssen wir auf den Faktor der Kleinkinder verweisen, der sowohl in der Hauptkomponentenanalyse als auch im rotierten faktorenanalytischen Modell durch die singuläre Position der Variablen des Kleinkinderanteils bestimmt wird.

Durch die Kombination von Variablen der Gesellschaft mit solchen des physischen Stadtraums lassen sich insgesamt *drei ökologische Milieus* spezifizieren:

1. *Das Überalterungsmilieu*, in dem alte Leute, ein hoher Prozentsatz weiblicher Wohnbevölkerung und ebenso ein hoher Prozentsatz von Einpersonenhaushalten assoziativ zusammentreten. Interessant und gleichzeitig überraschend ist es, daß mit dem Ansteigen der genannten demographischen Gruppen auch die Mietenhöhe in den betreffenden Zählbezirken ansteigt. Wir kommen damit zur Vermutung, welche in der Regressionsanalyse noch nachzuweisen sein wird, daß in der Wiener Wohnungssituation keineswegs den sozialen Grundschichten, sondern den „marginalen" demographischen Schichten die höchsten Mieten zugeschrieben werden. Das beschriebene Phänomen der „neuen Wohnungsnot" dieser „marginalen" Schichten wird in der Variablenstruktur des Faktors durch die negative Ladung des Anteils der Neubauwohnungen transparent.

2. Ein *Marginaler-sozialökologischer-Milieu-Faktor* definiert das Wohnmilieu der Assoziation von Arbeitern und Gastarbeitern in potentiellen Substandardwohnungen.

3. Ein *Traditioneller-sozialökologischer-Milieufaktor* wird durch hohe Ladungen des Altbaubestands (vor 1880) und des Anteils der Selbständigen bestimmt. Die Erklärung für dieses Milieu ist folgende: Die Altbauten (vor 1880) erfüllen mit geräumigen Höfen und Werkstätten die Ansprüche der Gewerbetreibenden an Lager- und Produktionsflächen sehr viel besser als jüngere Wohnbauten. Hierzu kommt ein Weiteres, nämlich die Einheit von Hausbesitz und Betrieb, die sich im Altbaubestand weit besser erhalten hat als in den später errichteten gründerzeitlichen Miethäusern.

Wie die *Korrelationsmatrix der Faktoren* belegt, sind sowohl der Traditionelle- als auch der Marginale-sozialökologische-Milieu-Faktor mit dem Überalterungsmilieu-Faktor durch einen positiven Koeffizienten verknüpft, während zwischen den beiden keine Korrelation besteht. Hingewiesen sei auch auf den positiven Zusammenhang von Überalterungsmilieu und Bauhöhe, d. h. der Variablen der hohen Verbauung, und den negativen Zusammenhang zwischen dem Traditionellen-sozial-

Tabelle 25: **Ökologische Milieus in der Gesamtstadt von Wien 1981**

Benennung	Faktoren		
	I **Überalterungs-Milieu**	II **Traditionelles Sozialmilieu**	III **Kleinkinder**
Variablen-Struktur	− Neubau + Miete	− Altbau + Gemeindebau-wohnungen (− Miete)	
	+ alte Leute + weibl. Wohnbev. + 1-Personen-HH. − 4-Personen-HH.	− Selbständige	+ Kinder

Benennung	Faktoren		
	IV − **Marginales Sozialmilieu**	V **Bauhöhe**	VI **Bauträger**
Variablen-Struktur	− pot. Substan-dardwohnungen	− niedrige Verbauung + hohe Verbauung	+ Gemeindebau-wohnungen − Eigentums-wohnungen
	− Arbeiter − Gastarbeiter		

Verknüpfung der Faktoren

I Überalterungsmilieu +0,221
II Traditionelles Sozial-Milieu +0,193
−0,377
III Kleinkinder +0,184
−0,106
−0,232
IV Marginales Sozial-Milieu
−
V Bauhöhe +0,206
−0,113
VI Bauträger

ökologischen-Milieu-Faktor und dem Bauträger-Faktor, wobei im vorliegenden Fall die Variable der Gemeindewohnungen in einer positiven Ladung erscheint. Die Aussage lautet daher, daß der Anteil der Selbständigen mit steigendem Anteil der Gemeindebauten in den betreffenden Zählbezirken abnimmt. Der interessante Kleinkinder-Faktor, auf den bereits hingewiesen wurde, kann im räumlichen Konnex nicht als Peripherie-Phänomen interpretiert werden, sondern sein „Milieu" ist — zumindest im gesamtstädtischen Zusammenhang — durch hohe Verbauung definiert.

3.2.4. Die arbeitsteilige Differenzierung und die Ghostbevölkerung

Arbeitsstättenzählungen haben in der österreichischen amtlichen Statistik ein schlechtes Image, und dies mit Recht. Nicht nur die Aggregierungskriterien, sondern auch die Zuordnungskriterien für die Betriebe ändern sich von Zählung zu Zählung. Auf die Mängel der jüngsten Arbeitsstättenzählung wurde weiter oben bereits eingegangen. Nichtsdestoweniger muß nochmals darauf aufmerksam gemacht werden, daß die sehr wichtige Thematik der arbeitsteiligen Differenzierung der Stadt ein breiteres Analyseset benötigen würde, als es derzeit von seiten der amtlichen Statistik auf der Zählbezirksebene zur Verfügung steht.

Der *sekundäre Sektor* mußte von vornherein aus dem Dataset ausgeschlossen werden, da es nicht möglich ist, Industriebüros von Produktionsstätten zu trennen, und ebenso nicht, den Grad der „inneren Tertiärisierung" der Betriebe festzustellen. Es wurden daher mit Absicht nur klar definierbare Segmente der Arbeitsbevölkerung im tertiären Sektor in die Faktorenanalyse aufgenommen.

Aufgrund der Datensituation sieht sich somit die Herausarbeitung der arbeitsteiligen Differenzierung der Stadt weit größeren Schwierigkeiten gegenüber als die Erfassung von Dimensionen des Sozialraums bzw. des physischen Wohnraums. Das vorgestellte faktorenanalytische Modell erhebt daher auch nicht den Anspruch, eine gleichwertige Abbildung der Differenzierung des Arbeitsraums zu bieten.

In diese dritte Analyserunde wurde schließlich noch eine weitere Variable eingebaut, nämlich die *„Ghostbevölkerung"*, d. h. die mit einer Wohnbevölkerung „ausgestatteten" derzeit unbewohnten Wohnungen.

In Tabelle 26 sind die Ergebnisse des dritten Schritts der Faktorenanalyse festgehalten.

Sie lauten: Die in die Faktorenanalyse aufgenommenen *Variablen der Arbeitsstättenstruktur bilden vom sozialökologischen Milieu unabhängige Faktoren*, mit einer Ausnahme: Der *Traditionelle-sozialökologische-Milieu-Faktor* verschmilzt mit den Variablen von Gebietskörperschaften, Tag-/Nachtbevölkerung und Einzelhandelsquote zu einem *Faktor des traditionellen City-Milieus*.

Bauhöhe und *Bauträger* bleiben als *unabhängige Faktoren* repräsentativ für den physischen Stadtraum bestehen. Als eigener Faktor etabliert sich der Anteil der *Ghostbevölkerung*. Ferner wird eine interessante und gleichzeitig für die Wiener Si-

Tabelle 26: **Die Differenzierung von Gesellschaft, Wohnraum und Arbeitsstätten in der Gesamtstadt von Wien 1981**

Faktoren Benennung	Variablen Gesellschaft	Wohnraum	Arbeitsstätten
I Überalterungsmilieu	+ Alte Leute (+ weibl. Wohnbev.)	(− Neubau)	− Erwerbsquote
II traditionelles Citymantelmilieu	+ Selbständige	+ Altbau (− Gemeindebau)	(+ Gebietskörperschaften) + **Tag-/Nachtbev.** (− Einzelhandelsquote)
III Familien	+ **Kleinkinder** + 4-Personen-HH.		
IV marginales Sozial-Milieu	+ 1-Personen-HH. − 4-Personen-HH. + Arbeiter + **Gastarbeiter**	− Neubauwohnungen + **Substandardwohnungen**	
V Bauhöhe		+ **hohe Verbauung** − niedrige Verbauung	
VI Bauträger		+ **Eigentumswohnungen** (− Gemeindewohnungen)	
VII Niedrigmietenmilieu	(+ Arbeiter)	− Miete	
VIII Ghost	+ **Ghost**		
IX öffentlicher Sektor			− **Gesundheitswesen** + Gebietskörperschaften
X duale Arbeitsstätten			+ **Geld- und Kreditwesen** (− Gebietskörperschaften)
XI Großhandel			+ **Großhandel**

Ladung der Variablen

Ghost ± 0,75

Leute   ± 0,50−0,75

(Alte) ± 0,35−0,50

tuation der Wohnungswirtschaft in ihrem räumlichen Niederschlag charakteristische Besonderheit durch die Verselbständigung der *Miete* als eigener Faktor offengelegt.

Im Hinblick auf die durch gesellschaftliche Bezüge definierten Faktoren verdient besondere Beachtung, daß der erste Faktor nunmehr ausschließlich durch die *Überalterung* bestimmt wird. Es kann nicht überraschen, daß eine hohe negative Ladung der Variablen der Erwerbsquote sich assoziativ mit dem Anteil von alten Leuten vereint. In weiterer Konsequenz ergibt sich daher die Aussage, daß in der Wiener Situation alte Leute nicht, wie in anderen Städten, an spezifische marginale ökologische Milieus gebunden sind.

Hinsichtlich des Wohnraums ist eine einzige Einschränkung der Aussage notwendig, die nicht weiter überraschen kann, nämlich daß der Anteil der alten Leute in Neubaugebieten sinkt, d. h. daß diese nicht im gleichen Ausmaß wie andere Altersgruppen an der Neubautätigkeit partizipieren.

Im dritten Analyseschritt wird die Sonderstellung des *Kleinkinder-Faktors* noch deutlicher als bisher insofern, als dieser Faktor weder Variable des physischen Milieus noch solche der Arbeitsstätten akquiriert. Zum Unterschied vom Traditionellen-sozialökologischen-Milieu-Faktor des zweiten Analyseschrittes, welcher durch die Eingliederung der Arbeitsstättenvariablen in einen Traditionellen-City-Milieu-Faktor verändert wird, bleibt der Marginale-sozialökologische-Milieu-Faktor unberührt von den in die Faktorenanalyse eingegangenen Variablen des tertiären Sektors.

Die Eingabe von Arbeitsstättenvariablen im dritten Schritt der Faktorenanalyse erfolgte unter Bezug auf die Theoreme der dualen Arbeitsmarkttheorie. Es kann daher als ein wichtiges Ergebnis der Faktorenanalyse angesehen werden, daß es gelungen ist, die Existenz von komplementären, d. h. einander in den räumlichen Standorten ergänzenden bzw. ausschließenden, Branchen nachzuweisen. Wie aus Tabelle 26 zu entnehmen ist, erweisen sich einerseits Gebietskörperschaften und Einrichtungen des Gesundheitswesens und andererseits Gebietskörperschaften und Institutionen des Geld- und Kreditwesens als duale Komponenten des quartären Sektors. Nur der Großhandel konnte sich als eigener Faktor etablieren.

Die Korrelationsmatrix der Faktoren (vgl. Figur 22) gestattet es, die Verknüpfung der Faktoren aufzuzeigen, und bietet damit weitere wichtige Aussagen.

Die beiden demographischen Faktoren, der *Überalterungsfaktor* und der *Kleinkinderfaktor*, sind durch eine negative Korrelation miteinander verknüpft. Während sich der letztere Faktor jedoch durch negative Korrelation sowohl vom Marginalensozialökologischen- Milieu als auch vom Traditionellen-City-Milieu distanziert und belegt, daß Kleinkinder in beiden Milieus keine Rolle spielen, erweist sich die Überalterung als ein Anlagerungsphänomen an das Traditionelle-City-Milieu. Daraus sind auch die positiven Verknüpfungen mit dem dualen Arbeitsstätten-Faktor des Gesundheitswesens und der Gebietskörperschaften zu erklären.

Die beiden Milieufaktoren sind in der *Faktorenmatrix* interessanterweise durch eine positive Korrelation miteinander verbunden — ein Beleg dafür, daß das Marginale-sozialökologische-Milieu auch die graue Zone eines schrumpfenden Cityrandes einnimmt.

Figur 22: **Die Verknüpfung von „Milieu"- und Arbeitsstätten-Faktoren in der Gesamtstadt von Wien 1981**

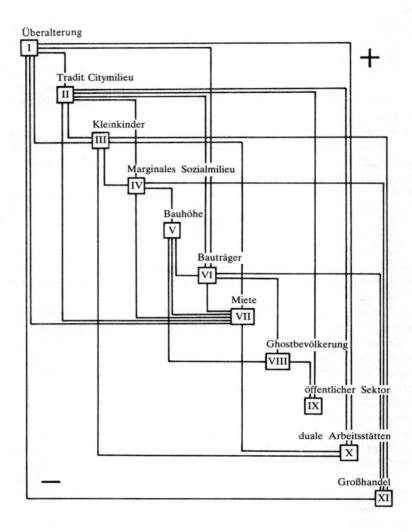

Der oben definierte Marginale-sozialökologische-Milieu-Faktor steht in positivem Zusammenhang mit dem Bauhöhen-Faktor und ebenso mit dem Niedrigmieten-Faktor. Beide Aussagen entsprechen den Grundtheoremen der sozialökologischen Theorie, wonach marginale soziale Gruppen in Stadträumen mit höherer Dichte und höheren Mieten leben. Die spezifische Arbeitsstättensituation wird durch die positive Verknüpfung mit dem Großhandels-Faktor belegt. Der Traditionelle-City-Milieu-Faktor weist – was nicht überraschen kann – mit dem dualen

Arbeitsstätten-Faktor eine positive Verknüpfung auf; er ist ferner mit dem Bauträger-Faktor positiv verknüpft – ein Hinweis darauf, daß im Citymantel-Bereich die Bautätigkeit vom Eigentumswohnbau getragen wird.

Die Indikatorfunktion der Miete wird durch das Korrelationsdiagramm recht eindrucksvoll belegt. Die Mietenhöhe korreliert positiv mit folgenden Faktoren:
– der Überalterung,
– dem Traditionellen-City-Milieu,
– dem Marginalen-sozialökologischen-Milieu,
– der Bauhöhe,
– den Bauträgern und
– den Arbeitsstätten der Gebietskörperschaften und
– des Gesundheitswesens.

Auf die Funktion der Miete als Indikator und Regulator für die räumliche Differenzierung der Stadt wird noch in Kapitel 5 eingegangen.

3.3. Zwischen- und nachkriegszeitliche „Außenstadt" (D. Mühlgassner)

3.3.1. Einleitung

Die Problemstellung der räumlichen Disaggregierung von Wien geht davon aus, daß die persistenten räumlichen Strukturen der Stadt, wie sie im Straßen- und Baublocksystem, den Wohnungstypen und den Einrichtungen und Betrieben der Arbeitswelt und des Dienstleistungssektors zur Verfügung stehen, in entscheidender Weise die Strukturierung der Gesellschaft, ebenso aber auch den arbeitsteiligen Prozeß selbst und seine räumliche Verortung determinieren.

Eine Faktorenanalyse der Außenstadt sieht sich vor der Aufgabe, die Frage zu beantworten, in welcher Weise die für die Gesamtstadt festgestellte Reihenfolge und Verknüpfung von Phänomenen Gültigkeit besitzt bzw. welche Unterschiede bestehen.

3.3.2. Das Sozialsystem

In der Faktorenanalyse der Gesamtstadt ist es, wie beschrieben, nicht möglich, die *ethnische Dimension* als eigenen Faktor zu isolieren. Anders ist die Situation in der „Außenstadt". Bereits in der Hauptkomponentenanalyse sondern sich die drei Dimensionen der Segregation, nämlich die demographische, soziale und ethnische, deutlich voneinander. Die demographische Dimension spaltet sich ebenso wie in der Gesamtstadt in zwei Faktoren auf, und zwar in
– einen *Überalterungs-Faktor*, auf den 46,7% der Varianz entfallen, und
– einen *Kleinkinder-Faktor* mit 9,3% erklärter Varianz (vgl. Tabelle 27).

Tabelle 27: **Die Differenzierung der Gesellschaft in der Außenstadt von Wien 1981**

	Faktoren			
	I	II	III	IV
Erklärte Varianz	*46,7*	*19,5*	*14,0*	*9,3*
Variablen-Struktur (1)	— Kinder ──────────────────────────────▶			
Benennung	Überalterung	soziale Dimension	ethnische Dimension	Kleinkinder
Variablen-Struktur (2)	+ alte Leute + weibl. Wohnbev. − 1-Personenhaushalte − 4-Personenhaushalte	− Selbständige + Arbeiter	+ Gastarbeiter	+ Kleinkinder

Verknüpfung der Faktoren	I ──── II III IV
	    −0,170
	  └────−0,380────┘			

Der dritte Faktor der ethnischen Dimension kann 14,0% auf sich vereinen. Dieser Faktor erweist sich auch in der Korrelationsmatrix als unabhängig, während zwischen dem Faktor der sozialen Dimension, in den der Arbeiteranteil mit einer positiven Ladung eingeht, und dem Faktor der Überalterung eine negative Korrelation besteht, der seinerseits durch eine negative Korrelation mit dem Kleinkinder-Faktor verknüpft ist. Die Abwanderung der Gastarbeiter aus der „Außenstadt" in einer zweiten, innerstädtischen Wanderungsphase hat damit deren isolierte räumliche Position in der „Außenstadt" zweifellos noch weiter verstärkt.

3.3.3. Ökologische Milieus

Die Phänomene isolierende Funktion der Faktorenanalyse wurde im methodischen Abschnitt besonders herausgestellt. Diese Funktion wird von der Faktorenanalyse von Wohnraum und Gesellschaft in der „Außenstadt" sehr eindrucksvoll bestätigt (vgl. Tabelle 28). Als Hauptresultat ergibt sich die Existenz von durch *spezifische Kategorien des Wohnraums definierten ökologischen Milieus*. In dieser Tatsache kommt die physische Struktur der „Außenstadt" zum Ausdruck, wo das Mosaik der Siedlungselemente zumeist durch Verkehrslinien und Freiflächen deutlich gegliedert wird.

Tabelle 28: **Ökologische Milieus in der „Außenstadt" von Wien 1981**

Faktoren Benennung	Variable Gesellschaft	Variable Wohnraum
I Marginales Überalterungs-Milieu	+ alte Leute + weibl. Wohnbev. + 1-Personen-Haushalte	− Neubau (+ Substandardwohnungen)
II Traditionelles Sozialmilieu	(+ Selbständige)	+ Altbau
III Kleinkinder	+ Kleinkinder	
IV Marginales Sozialmilieu	(+ Arbeiter) + Gastarbeiter	+ Substandard-wohnungen
V Niedrigbau-Milieu	+ Selbständige	+ Niedrige Verbauung − Hohe Verbauung
V Bauträger		+ Gemeindewohnungen − Eigentumswohnungen
VII Niedrigmieten	+ Arbeiter	− Miete (+ Substandardwohnungen)

Dem Grundaxiom der Sozialraumanalyse entsprechend sondern sich deutlich „natürliche Milieus" voneinander. Die Faktorenanalyse erweist sich demnach als ein ganz ausgezeichnetes statistisches Instrumentarium zur „Entdeckung" derartiger ökologischer Milieus, die in der Gesamtstadt und vor allem im gründerzeitlichen Baugebiet nicht festgestellt werden können. Zwei ökologische Milieus sind allerdings bereits aus der Analyse der Gesamtstadt bekannt, und zwar
− das *Marginale-sozialökologische-Mileu* und
− das *Traditionelle-sozialökologische-Milieu*.

Hierzu treten weitere Milieufaktoren: Der Überalterungs-Faktor der Gesamtstadt manifestiert sich durch die hohe Ladung von Substandardwohnungen als *Marginaler-Überalterungs-Faktor*. Damit gelangen wir zur Aussage, daß in der „Außenstadt" von Wien marginale demographische Gruppen, wie alte Leute, weibliche Wohnbevölkerung und Einpersonenhaushalte, in ein Substandardmilieu abgedrängt werden. Die Mieten determinieren ein spezifisches *Niedrigmieten-Milieu*, das für die räumliche Assoziation von Substandardwohnungen und Arbeitern auf der Zählbezirksebene gleichsam „verantwortlich" zeichnet.

Die Gruppe der Selbständigen separiert sich in zwei Milieus, und zwar einerseits dem *Niedrigbau-Milieu* und andererseits dem bereits bekannten Traditionellen-sozialökologischen-Milieu. Nur die Bauträger sind nicht imstande, spezifische Milieus zu kreieren. Ebenso bleibt der Kleinkinder-Faktor ohne räumliche Ausstattung. Die Korrelationsanalyse der Faktoren bietet weitere Aussagen über die Verknüpfung der definierten Milieus (vgl. Figur 23).

Figur 23: **Die Verknüpfung der „Milieu"-Faktoren in der „Außenstadt" von Wien 1981**

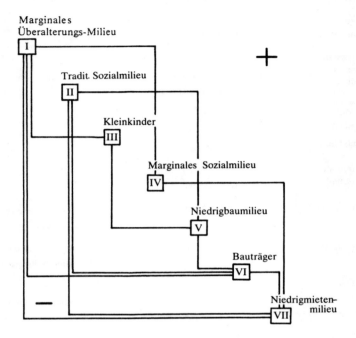

Das *Marginale-sozialökologische-Milieu*, in dem Arbeiter und Gastarbeiter in Substandardwohnungen assoziiert sind, wird durch positive Korrelationskoeffizienten mit zwei Milieus verknüpft:
1. mit dem Niedrigmieten-Milieu und
2. mit dem Marginalen-Überalterungs-Milieu.

Das Traditionelle-sozialökologische-Milieu (Altbau, mit hoher Ladung des Anteils von Selbständigen) erweist sich in der *Faktorenmatrix* als unabhängig vom Marginalen-sozialökologischen-Milieu und dem Marginalen-Überalterungs-Milieu. Es separiert sich ferner durch einen negativen Korrelationskoeffizienten vom Niedrigmieten-Milieu, steht jedoch andererseits mit dem Niedrigbau-Milieu in einem positiven statistischen Zusammenhang. Auf die Sonderstellung des *Kleinkinder-Faktors* im faktorenanalytischen Modell wurde bereits mehrfach hingewiesen.

Der negative Korrelationskoeffizient mit dem Niedrigbau-Milieu überrascht einigermaßen, da im generellen Konsens Niedrigbau-Milieus im allgemeinen mit höheren Kinderanteilen assoziiert werden. Das faktorenanalytische Modell bietet keine Erklärung für den genannten statistischen Zusammenhang.

Andere Zusammenhänge als in der Gesamtstadt bestehen hinsichtlich des *Mieten-Faktors*. Die positive Korrelation mit dem Bauträger-Faktor weist auf das niedrige Mietenniveau des kommunalen Wohnbaus hin. Bemerkenswert ist ebenso der positive Korrelationskoeffizient mit dem Marginalen-sozialökologischen-Milieu-Faktor. Wir kommen derart zur Feststellung, daß man im Marginalen-sozialökologischen-Milieu in der Außenstadt billiger wohnt als im gründerzeitlichen Baugebiet. Die negative Korrelation des Niedrigmieten-Milieus mit dem Überalterungsmilieu und dem Traditionellen-sozialökologischen-Milieu entspricht den Aussagen für die Gesamtstadt.

Zusammenfassend darf festgehalten werden, daß mit der Spezifizierung von durch Kategorien des Wohnraums definierten ökologischen Milieus ein ganz wesentlicher Fortschritt gegenüber den bisherigen Aussagen der sozialökologischen Literatur gewonnen werden konnte.

3.3.4. Die arbeitsteilige Differenzierung und die Ghostbevölkerung

Der dritte Schritt der Faktorenanalyse mit der Aufnahme von Arbeitsstättenvariablen (vgl. Tabelle 29) bringt ebenso wie in der Gesamtstadt keine grundsätzlichen Veränderungen der bereits vorhandenen Milieufaktoren.

Nur ein Faktor verschwindet, nämlich der Marginale-sozialökologische-Milieu-Faktor. An seine Stelle tritt ein *Gastarbeiter-Milieu-Faktor*, der durch positive Ladungen von Arbeitsstättenvariablen, und zwar der Tag-/Nachtbevölkerung und der Erwerbsquote, gekennzeichnet ist. Es wird dadurch ein spezifisches arbeitsintensives Wohnmilieu beschrieben, dem jedoch im Zuge der Rotation des faktorenanalytischen Modells Aussagen über den Wohnraum gleichsam „verlorengegangen" sind. Die das marginale Wohnmilieu kennzeichnende Variable der Substandardwohnungen wird vielmehr der Ghostbevölkerung zugeschrieben.

Weitere Zusammenhänge hinsichtlich der Verknüpfung von Milieu- und Arbeitsstätten-Faktoren in der Außenstadt von Wien erbrachte die *Korrelationsanalyse* (vgl. Figur 24).

Während sich in der Gesamtstadt das Traditionelle-sozialökologische-Milieu durch Verschmelzung mit dem Arbeitsstätten-Faktor in ein City-Milieu transformiert, gelangen wir in der Außenstadt zur Aussage, daß das Marginale-Überalterungs-Milieu positive Verknüpfungen mit den Arbeitsstätten des Geldwesens, Gesundheitswesens und der Gebietskörperschaften aufweist. Ebenso ist es durch einen positiven Korrelationskoeffizienten mit dem Gastarbeiter-Milieu und mit dem der Ghostbevölkerung verknüpft.

Das Traditionelle-sozialökologische-Milieu von Selbständigen im Altbaubestand ist dagegen mit den Arbeitsstätten des Großhandels assoziativ verbunden. In der Außenstadt von Wien findet sich ein *Gastarbeitermilieu-Faktor* der in der Gesamtstadt fehlt. Er sondert sich vom Niedrigbau-Milieu durch einen negativen Koeffizienten. Besonders hingewiesen sei auf den positiven statistischen Zusammenhang mit dem Niedrigmieten-Faktor, ein Zeichen dafür, daß das Gastarbeitermilieu am Stadtrand nicht, wie im gründerzeitlichen Stadtgebiet, durch höhere Mieten belastet ist, sondern am Niedrigmieten-Milieu der Arbeiter partizipieren kann. Die Arbeitsstättenorientierung der Gastarbeiter wird durch den positiven Koeffizienten mit dem Großhandels-Faktor und dem Faktor Gesundheitswesen offengelegt, während andererseits zu den Gebietskörperschaften kein statistischer Zusammenhang besteht.

Die vielschichtige Problematik der *Ghostbevölkerung* wird durch das Korrelationsdiagramm partiell offengelegt. Die Ghostbevölkerung partizipiert am Niedrigmieten-Milieu ebenso wie am Niedrigbau-Milieu. Sie scheut sich aber auch nicht, sich mit dem Gastarbeiter-Milieu zu assoziieren. Verschiedene Intentionen und Vorgänge werden durch diese Verknüpfungen transparent, wobei anzunehmen ist, daß es sich bei der Verknüpfung mit dem Gastarbeiter-Milieu um Infiltration von Gastarbeitern in ein Terrain der Ghostbevölkerung, sprich: Areal von Übergangs-

Tabelle 29: **Die Differenzierung von Wohnraum, Gesellschaft und Arbeitsstätten in der Außenstadt von Wien 1981**

Faktoren Benennung	Variable		
	Gesellschaft	**Wohnraum**	**Arbeitsstätten**
I Marginales Überalterungs-Milieu	+ **alte Leute** + **weibl. Wohnbev.** + **1-Personen-HH.** − **4-Personen-HH.**	− **Neubau** (+ Substandardwohnungen)	(− Erwerbsquote)
II Traditionelles Sozialmilieu	(− Selbständige)	− **Altbau**	
III Kleinkinder	(+ Kleinkinder)		
IV Gastarbeiterarbeitsstätten	+ **Gastarbeiter**		+ **Tag-/Nachtbev.** + **Erwerbsquote**
V Niedrigbau-Milieu	+ **Selbständige**	+ **Niedrige Verbauung** − **Hohe Verbauung**	
VI Bauträger		+ **Gemeindewohnungen** − **Eigentumswohnungen**	
VII Niedrigmieten-Milieu	+ **Arbeiter**	− **Miete**	
XIII Marginales Ghostmilieu	+ **Ghost**	+ Substandardwohnungen	
IX Großhandel			+ **Großhandel**
X Gebietskörperschaften			− **Gebietskörperschaften**
XI Geldwesen			− **Geldwesen**
XII Gesundheitswesen	(− weibl. Wohnbev.)		− **Gesundheitswesen**

Zwischen- und nachkriegszeitliche „Außenstadt" 163

Figur 24: **Die Verknüpfung von „Milieu"- und Arbeitsstätten-Faktoren in der Außenstadt von Wien 1981**

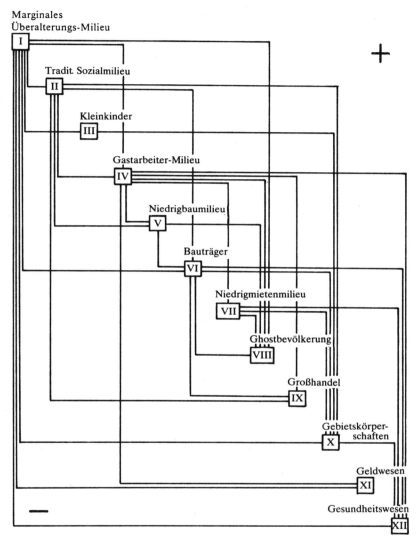

nutzungen mit Sommerwohnungen und dergleichen, handelt, das aus Lagegründen wenig attraktiv erscheinen mag, während bei der Verknüpfung mit dem Niedrigmieten-Milieu nicht entschieden werden kann, ob aktuelle Suchprozesse von seiten der Ghostbevölkerung ein derartiges Milieu präferieren oder ob sich diese auch hier eher in einer Art Rückzugsgebiet befindet. Der Zug zur städtischen Peripherie wird dagegen durch die Verknüpfung mit dem Niegrigbau-Milieu eindeutig manifestiert.

3.4. Die gründerzeitliche „Innenstadt"

3.4.1. Einleitung

Die Faktorenanalyse des gründerzeitlichen Stadtgebietes der geschlossenen Reihenhausverbauung, welche im folgenden als „Innenstadt" bezeichnet wird, geht davon aus, daß die persistenten räumlichen Strukturen der Stadt aus der Zeit vor dem Ersten Weltkrieg bis heute in entscheidender Weise die Strukturierung der Gesellschaft, ebenso aber auch den arbeitsteiligen Prozeß und seine räumliche Verortung determinieren.

Weiter oben kann man bereits nachlesen, daß die Neubautätigkeit in der Nachkriegszeit in diesem gründerzeitlichen Stadtgebiet ein weit höheres Ausmaß besitzt, als im allgemeinen angenommen wird. In der Phase des Wiederaufbaus, unmittelbar nach dem Krieg, erfolgte zunächst die Füllung von Bombenlücken, und im Anschluß daran ist in den sechziger Jahren in Fortsetzung von Tendenzen der späten Gründerzeit ein Abbruch- und Umbauprozeß in Gang gekommen. Ungeachtet der beachtlichen Neubautätigkeit hat sich jedoch an den *Problemen des gründerzeitlichen Stadtgebietes*,
— der zu hohen Verbauungsdichte,
— der Mengung von Wohnungen und Betriebsstätten,
— dem Verlust des Straßenraums an den PKW-Verkehr,
— dem Mangel an Freizeiteinrichtungen,
nichts geändert. Die „Innenstadt" weist derart gravierende Defizite auf, welche mit dazu beitragen, daß sich in ihr nicht eine „Normalbevölkerung" reproduziert. Vielmehr verstärkt sich in demographischer Hinsicht die Tendenz der Zunahme von Einpersonenhaushalten, von Studierenden, jungen Berufstätigen, ebenso aber auch alten Leuten. Es erhebt sich somit die Frage, ob und in welchem Umfang diese demographischen Isolierungsphänomene mit den historisch ererbten sozialen Stratifizierungen „konkurrieren" und welchen Stellenwert letztlich die drei Dimensionen der Segregation besitzen.

3.4.2. Das Sozialsystem

Zur Erklärung der Persistenzhypothese sei darauf hingewiesen, daß das gründerzeitliche Wien in erster Linie eine sozialräumlich stratifizierte Stadt war, d. h. der soziale Rang determinierte die Struktur von Häusern, Baublöcken, Vierteln, ferner von historischen administrativen Einheiten, wie Vororten, Vorstädten und Bezirken. In einer Zeit noch ungebrochener Gebürtigkeit der Bevölkerung und eines weitgehend intakten Familienverbandes haben demographische Segregationsvorgänge nur eine untergeordnete Bedeutung gehabt. Ferner sei angemerkt, daß das generative Verhalten der Bevölkerung an die jeweiligen sozialen Schichten, definiert durch Besitz, Einkommen, Bildung und Sozialprestige, gebunden war.

Die gründerzeitliche „Innenstadt" 165

Man darf daher erwarten, daß in dem für eine sozial geschichtete Bevölkerung erzeugten Wohnraum des gründerzeitlichen Stadtgebietes ungeachtet der gravierenden Umstrukturierungen des Sozialsystems nach wie vor soziale Entmischungsvorgänge die Vorhand besitzen, demographische Segregationsprozesse dagegen zurücktreten.

Nun gehen nach den Annahmen der sozialökologischen Theorie im allgemeinen mit der Überalterung des Baubestandes soziale Abwertungsprozesse Hand in Hand, während mit einer Neubautätigkeit eine soziale Aufwertung verknüpft ist.

Die komparative Analyse von Wien, München und Hamburg für das Jahrzehnt 1961-1971 von H.FASSMANN hat diese Aussage einer Polarisierung sozialer Prozesse grundsätzlich bestätigt.

Im Anschluß an die Ausführungen über die Gesamtstadt stellt sich daher die Frage nach den Besonderheiten des gründerzeitlichen Stadtkörpers im Hinblick auf die Reihung der demographischen und der sozialen Dimension.

Tabelle 30: **Die Differenzierung der Gesellschaft im gründerzeitlichen Stadtgebiet von Wien 1981**

Benennung	Faktoren		
	I **Soziale**	II **Überalterungs- Dimension**	III **Ethnische**
Erklärte Varianz	57,4	29,4	13,2
Variablen-Struktur	− 4-Personen-HH.	+ **alte Leute** − **männliche Wohnbevölkerung** − **Kinder unter 6 Jahren**	+ **Kinder unter 6 Jahren**
	+ **Arbeiter** − **Selbständige**		+ **Gastarbeiter**

Wie aus Tabelle 30 zu entnehmen ist, bildet der Platztausch zwischen dem demographischen und dem sozialen Faktor das mit Abstand wichtigste Resultat. Der Faktor der sozialen Dimension steht an erster Stelle. In ihm ist der Anteil der Arbeiter mit einer positiven, derjenige der Selbständigen mit einer negativen Ladung vertreten. Dieser Faktor kann nahezu den gleichen Erklärungswert auf sich vereinen wie die demographische Dimension im gesamtstädtischen System. Dagegen steht der Überalterungsfaktor an zweiter Stelle.

Der dritte Faktor der ethnischen Dimension weist gegenüber der Gesamtstadt insofern einen Unterschied auf, als darin der Gastarbeiteranteil mit dem Anteil der Kleinkinder assoziiert ist. Derart wird selbst auf der Zählbezirksebene ein Ergebnis der Gastarbeiter-Untersuchung transparent, nämlich daß im Zuge der Gastarbeiter-Wanderung in erster Linie Familienhaushalte aus den Stadtrandgebieten in das dicht verbaute Gebiet ziehen, während andererseits Alleinstehende und Gastarbeiterehepaare am Stadtrand verbleiben.

Die aus der Verknüpfungsanalyse der Faktoren ersichtliche Verbindung zwischen dem Faktor der sozalen Dimension (Arbeiter-Faktor) und dem Gastarbeiter-Faktor läßt eine Problematik transparent werden, auf die noch eingegangen wird.

3.4.3. Ökologische Milieus

Bereits in der methodischen Vorbemerkung wurde darauf hingewiesen, daß es im gründerzeitlichen Stadtgebiet und ebenso in den Inneren Bezirken notwendig war, die Zahl der Merkmale zu reduzieren, um das Auftreten einer singulären Korrelationsmatrix zu vermeiden. Beim Set der Wohnungsmerkmale wurden daher nur die folgenden drei in die Analyse eingebracht:
– der Anteil der Substandardwohnungen (Ausstattungskategorien IV und V),
– der Anteil der „Komfortwohnungen" (Ausstattungskategorie I) und
– die Höhe der Miete.

Von den Variablen des Alters des Wohnungsbestands gingen in die Analyse ein
– der Von-Hundert-Anteil der vor 1880 erbauten Wohnungen und
– der Von-Hundert-Anteil der seit 1961 erbauten Wohnungen.

In den gewonnenen drei Faktoren (vgl. Tabelle 31) konzentrieren sich *drei klar definierte marginale Subsysteme der Gesellschaft im gründerzeitlichen Stadtgebiet*, um deren Unterbringung (und Ausbreitung) es auch in Zukunft gehen wird, nämlich
– eine *Arbeiterwohnbevölkerung in Kleinhaushalten* in Zählbezirken mit niedrigem Mietenniveau,
– *alte Leute* und
– *Gastarbeiterfamilien* und sonstige Ausländerfamilien, welche im Unterschied zur Außenstadt mit den Arbeitern assoziiert sind.

Bemerkenswert ist die – wenn auch nur mäßige – statistische Verknüpfung des Anteils der Neubauwohnungen mit dem Anteil der Arbeiter. Es ist daraus ersichtlich, daß mit steigendem Anteil von Neubauten in den Zählbezirken des gründerzeitlichen Stadtkörpers auch der Anteil der Arbeiter zunimmt. Es ist eine müßige Frage, die nichtsdestoweniger ventiliert werden soll, ob sich hinter dieser Erscheinung eine wahlarithmetische Politik der Kommunalbehörden hinsichtlich des Standorts der Gemeindebauten verbirgt.

Wie sich aus der Variablenstruktur der Faktoren ergibt, ist der Anteil der *Neubauwohnungen* in zwei Faktoren vertreten. Er ist einerseits verknüpft mit den Grundschichten der Bevölkerung und andererseits mit Vierpersonenhaushalten. Die Schlußfolgerung liegt nahe, daß in den betreffenden Zählbezirken durch die Neubautätigkeit eine Sukzession von alten Leuten zu Familienhaushalten erfolgt.

Der dritte Faktor, der als *Gastarbeiter-Familien-Syndrom* bezeichnet werden kann, verknüpft in den Variablenladungen den Anteil der Gastarbeiter mit dem Anteil von Arbeitern sowie dem von Kindern unter sechs Jahren. Im faktorenanalyti-

Die gründerzeitliche „Innenstadt"

Tabelle 31: **Ökologische Milieus im gründerzeitlichen Stadtgebiet von Wien 1981**

Benennung	Faktoren		
	I **Arbeiter- Neubaumilieu**	II **Familien- Neubaumilieu**	III **Marginales Sozialmilieu**
Variablen-Struktur (2)	− Altbau- wohnungen		+ **Substandard- wohnungen**
	(+ Neubau- wohnungen) − Miete	+ Neubau- wohnungen	− Neubau- wohnungen
	+ Arbeiter	+ 4-Personen-HH.	+ Arbeiter
	− Selbständige	+ **männliche Wohnbevölkerung** − alte Leute	+ **Gastarbeiter**
	− 4-Personen-HH.		+ **Kleinkinder**
		(+ Kleinkinder)	
Korrelationsmuster der Faktoren	I II III └──+0,143──┘ └──────+0,366──────┘		

schen Modell spiegelt sich somit bereits das Ergebnis der Neubautätigkeit, durch welche einerseits die Wohnverhältnisse von Arbeitern verbessert und andererseits Familien in das gründerzeitliche Stadtgebiet zurückgebracht werden, und zwar unabhängig vom sozialen Status der Haushaltsvorstände. Unberührt von der Neubautätigkeit bleibt die ethnische Dimension. Für Gastarbeiter ist der Neubauwohnungsmarkt versperrt, und zwar sowohl von der Nachfrage- als auch von der Angebotsseite her. Da Gastarbeiter ihre Häuser in den Herkunftsgemeinden in der Heimat errichten, sind sie auch an Investitionen in eine Neubauwohnung wenig interessiert, ferner steht ihnen − von der Gesellschaftspolitik als Zeitwanderer deklariert − auch nicht, so wie den einheimischen Arbeitern, ein sozialer Wohnungsmarkt offen. Freilich stellt sich damit auch die Frage, wohin in den Stadtraum man die ethnische Dimension, sprich das Gastarbeiter- und Ausländerproblem, von seiten der politischen Entscheidungsträger verschieben kann und soll, um Ghettoisierungsprozesse, wie sie aus anderen großen Städten bekannt sind, hintanzuhalten.

3.4.4. Die arbeitsteilige Differenzierung

Zuerst eine methodisch-technische Vorbemerkung. Aus zwei Gründen,
— aufgrund der Verselbständigung der Arbeitsstättenvariablen als eigene Faktoren und
— um eine Singularität der Korrelationsmatrix zu vermeiden (n = Zahl der Zählbezirke = 76),

gingen nur zwei Variable in die Analyse ein:
- der Anteil der Arbeitsbevölkerung im tertiären Sektor und
- die Tag-/Nachtbevölkerung.

Diese beiden Variablen reichen begreiflicherweise nicht aus, um eine grundlegende Veränderung der Faktorenstruktur zu bewirken. Immerhin gelingt es einer bisher eher am Rande gebliebenen sozialen Gruppe, nämlich den Selbständigen, in der Variablen-Assoziation mit Altbauwohnungen, Komfortwohnungen, Vierpersonenhaushalten und der Tag-/Nachtbevölkerung den komplexen ersten Faktor als Leitvariable aufzubauen. Dies ist insoferne von Interesse, als es sich bei dieser Assoziation um ein *traditionelles Citybildungsphänomen* handelt, bei dem jedoch in Wien — anders als in den Städten der angelsächsischen Welt — die Citybildung bisher kaum mit einer Marginalisierung der Bevölkerung erkauft wurde, und eine traditionelle soziale Gruppe wie die Selbständigen sehr lange die Einheit von Wohnung und Betrieb gewahrt hat und erst relativ spät — und dies auch nur partiell — einer Suburbanisierung gefolgt ist.

Der zweite und der dritte Faktor, nämlich der *polarisierte demographische Faktor*, auf dem männliche Wohnbevölkerung und Vierpersonenhaushalte positiv laden, und der *Gastarbeitersyndrom-Faktor* treten erneut, wenn auch mit etwas veränderten Ladungen, auf. Die Verselbständigung eines vierten Faktors, der als *Neubau-Komfortwohnungs-Faktor* beschrieben werden kann, weist darauf hin, daß die Zeit einer schichten- und familiengebundenen Wohnbautätigkeit in den Inneren Bezirken zu Ende gegangen ist. Um die Ausstattung nicht mit zu vielen Tabellen zu belasten, wurde auf die Dokumentation dieses Analyseschritts verzichtet.

3.4.5. Die Ghostbevölkerung

Die Aufnahme der Ghostbevölkerung in einen weiteren Analyseschritt erfolgte mit der Erwartungshaltung, daß dieses Merkmal für die räumliche Differenzierung des gründerzeitlichen Stadtgebietes besonders wichtig ist. Das Ergebnis der Faktorenanalyse bestätigt diese Annahme in eindrucksvoller Weise (vgl. Tabelle 32).

Der *Ghostfaktor* kann den zweiten Platz beziehen, unmittelbar nach dem ersten Faktor der *Traditionellen-Citymantel-Bevölkerung*. Hervorhebung verdient die positive Ladung des Anteils der Einpersonenhaushalte, so daß wir in weiterer Konsequenz annehmen dürfen, daß die Ghostbevölkerung als Sukzession nach Einpersonenhaushalten aufzufassen ist.

Im Korrelationsmuster der Faktoren erscheint ferner von Interesse
- der positive Zusammenhang zwischen Ghostbevölkerung und Traditioneller-Citymantel-Bevölkerung auf der einen Seite,
- ebenso aber auch zwischen der Ghostbevölkerung und dem Gastarbeitersyndrom.

Mit dem Neubaufaktor besteht dagegen eine negative Korrelation, d. h. daß mit dem Anteil der Neubauwohnungen derjenige der Ghostbevölkerung in den betreffenden Zählbezirken sinkt.

Tabelle 32: **Die Ghostbevölkerung im gründerzeitlichen Stadtgebiet von Wien 1981**

Benennung	Faktoren			
	I **Traditionelles Citymantel-milieu**	II **Ghost-bevölkerung**	III **Neubau-milieu**	IV **Marginales Sozialmilieu**
Variablen-Struktur (2)	+ Altbau-wohnungen + Miete		+ Neubau-wohnungen	+ Substandard-wohnungen – Komfort-wohnungen
		+ Ghost		
	+ Selbständige + 4-Personen-haushalte	+ 1-Personen-haushalte	– alte Leute	+ Gastarbeiter + Arbeiter
	+ tertiäre Arbeitsbev. + Tag-/Nacht-bevölkerung			

Korrelationsmuster der Faktoren:

I — II: +0,202
II — III: +0,146
II — III: –0,210
I — III: –0,188
I — IV: –0,458

3.5. Die Inneren Bezirke

3.5.1. Einleitung

Die Instabilitätsbilanz der Inneren Bezirke hat die äußerst komplexe Nutzung dieses Stadtraums durch verschiedene Bevölkerungsgruppen in summarischer Form präsentiert.

Nun ist die Faktorenanalyse kein geeignetes Instrument, um derartige komplexe funktionelle Beziehungen offenzulegen, ganz abgesehen davon, daß die hierfür benötigten Daten nicht zur Verfügung stehen.

Das faktorenanalytische Modell für die Inneren Bezirke muß sich im Prinzip daher auf dieselben Fragen beschränken, welche bereits für den gründerzeitlichen Stadtraum in das faktorenanalytische Modell eingebracht wurden, nämlich die Frage nach der *Segregation der Bevölkerung*, nach der durch spezifische Parameter definierten *Wohnungsstruktur*, der durch nur zwei Variable, nämlich den Anteil des tertiären Sektors und die Tag- und Nachtbevölkerung, operationalisierter *arbeitsräumlichen Differenzierung* sowie schließlich, in einem vierten Arbeitsschritt, der Problematik von *Ghostbevölkerung und Blight*, wobei Daten der Primärforschung in die Analyse eingebracht wurden.

Einige Vorbemerkungen über die gesellschaftliche und bauliche Struktur der Inneren Bezirke erscheinen angebracht. Bei den Inneren Bezirken handelt es sich um den Stadtraum der *vorindustriellen Vorstädte*, welcher im Zuge des Umbauprozesses der Gründerjahre eine enorme bausoziale Aufwertung erfahren hat.

Im Hintergrund der sozialökologischen Analyse muß daher die Frage stehen, ob die geräumigen Wohnungen der Gründerzeit, welche einst für Mittelschichten gebaut wurden, in der Abfolge der Generationen wieder ein Comeback von Mittelschichten erleben oder ob sich hier auch derselbe Filtering-down-Prozeß abspielen muß, der als gleichsam „naturnotwendig" in der sozialökologischen Theorie formuliert wird. Eine Antwort auf diese Frage ist selbstverständlich nicht durch ein Rechenmodell zu geben, sondern hängt davon ab, ob von den politischen Entscheidungsträgern in der vielzitierten *Stadterneuerung* als politischem und baulichem Prozeß diese Gebiete wieder als Alternative für „städtisches Leben" offeriert werden, d. h. ob die Defizite an Grünflächen und Freizeiteinrichtungen, welche bisher bestehen, verringert werden, eine Rückgewinnung des öffentlichen Raumes, der an den PKW verlorengegangen ist, erfolgt und dem Fußgänger zumindest teilweise die Möglichkeit offensteht, die Attraktivität des städtischen Baumilieus zu erleben und zu nutzen.

Die von der ursprünglichen Größe und Ausstattung her für Mittelschichten gebauten Wohnungen würden aufgrund von Zahl und Ausmaß der Räume die Möglichkeit bieten, ein Familienleben zu gestalten. Für den nicht mit der Wiener Situation vertrauten Leser sei darauf aufmerksam gemacht, daß diese Inneren Bezirke ursprünglich darauf ausgerichtet waren, in der architektonischen Gestaltung und materialmäßigen Solidität ebenso wie im städtischen Ambiente städtisches Leben hoher Qualität in Urbanität und in Anonymität zu ermöglichen. In dieser Hinsicht wurden in Wien internationale Maßstäbe gesetzt, die wir heute kaum mehr erreichen. Ob es nun tatsächlich gelingen wird, aufgrund der genannten Defizite eine *„neue Inwertsetzung"* dieses Stadtraums für die „Normalbevölkerung" zu erreichen, ist nichtsdestoweniger sehr schwer abzusehen.

3.5.2. Das Sozialsystem

Hierzu zwei Prämissen. Geht man davon aus, daß in den Inneren Bezirken einerseits noch ältere Sozialstrukturen fortbestehen bzw. andererseits eine Reproduktion der Bevölkerung im Sinne einer „Normalbevölkerung" erfolgt, so stellt sich zu-

Die Inneren Bezirke

nächst die Frage, in welcher Form diese beiden potentiellen Entwicklungstendenzen durch eine Reihung im faktorenanalytischen Modell (rotierte Version) offengelegt werden (vgl. Tabelle 33).

Tabelle 33: **Die Differenzierung der Gesellschaft in den Inneren Bezirken von Wien 1981**

Benennung	Faktoren		
	I **Demographische Dimension**	II **Soziale Dimension**	III **Ethnische Dimension**
Variablen- Struktur (2)	+ **4-Personen- haushalte**	+ **Selbständige** − **Arbeiter**	+ Gastarbeiter
	− alte Leute + männliche Wohnbevölke- rung		+ 1-Personen- haushalte

Korrelationsmuster
der Faktoren
	I II III
	   −0,332
	                −0,106		

Wie die Faktorenanalyse belegt, tritt der *Familien-Faktor* an die Stelle des Arbeiter-Faktors in den Äußeren Bezirken. Um Redundanz zu vermeiden, wurde auf eine Darstellung der faktorenanalytischen Ergebnisse für die Äußeren Bezirke verzichtet. Wir dürfen dieses Ergebnis dahingehend interpretieren, daß in den Inneren Bezirken somit in der Sukzession auf Pensionisten nicht, wie in den Äußeren Bezirken, Gastarbeiter, sondern Familien auftreten.

Im Faktor II, der *sozialen Dimension,* fällt auf, daß sich zum Unterschied vom gesamten gründerzeitlichen Stadtraum die Polarisierung von Arbeitern und Selbständigen umgekehrt hat. Die Selbständigen sind durch eine positive Ladung in diesem Faktor vertreten, während in den Äußeren Bezirken im Faktor der polarisierten sozialen Dimension der Anteil der Arbeiter mit einer positiven Ladung ausgestattet ist.

Aus dem Faktor der *ethnischen Dimension* geht das in den Inneren Bezirken andersartige „ökologische Milieu" der Gastarbeiter hervor. Es fehlt in der Variablenstruktur der Anteil der Kinder im Vorschulalter, dagegen besteht eine Assoziation mit den Einpersonenhaushalten.

Die Analyse der Gastarbeiter in einem umfassenden Forschungsprojekt im Jahre 1981 gestattet die Aussage, daß in den Inneren Bezirken Gastarbeiter in erster Linie als Hausbesorger in Mittelstandshäusern wohnen. Hierbei überwiegen Ehepaare; häufig hat sich ferner die zweite Generation schon von den Eltern separiert und folgt damit dem Beispiel, das wir von der einheimischen Bevölkerung kennen.

3.5.3. Ökologische Milieus

Die Inneren Bezirke sind im Hinblick auf die physische Struktur der Wohnobjekte, d. h. Form und Nutzung von Baublöcken, Parzellen, Grundrißgestaltung von Wohnhäusern, Zahl der Wohnungen und Ausstattung derselben, sowie im Baualter wesentlich differenzierter als die Äußeren Bezirke des gründerzeitlichen Baugebietes. Es kann daher auch nicht überraschen, daß der zweite Schritt der Analyse, in dem die Variablen der Gesellschaft mit denen des Wohnraums zusammengeführt werden, zu einem differenzierteren Aussagensystem als im gesamten gründerzeitlichen Stadtgebiet führt. Besonders bemerkenswert dabei erscheint die *Spaltung der demographischen Dimension in zwei Faktoren*, nämlich den *Faktor der Einpersonenhaushalte* und den *Familien-Neubau-Faktor* (vgl. Tabelle 34).

Tabelle 34: **Ökologische Milieus in den Inneren Bezirken von Wien 1981**

Benennung	Faktoren			
	I Familien- Neubaumilieu	II Marginales Sozialmilieu	III traditionelles Sozialmilieu	IV Single- Faktor
Variablen- Struktur (2)	+ Neubau- wohnungen	**+ Substandard- wohnungen** − Komfort- wohnungen	+ Altbau- wohnungen − Neubau- wohnungen − Miete	
	+ 4-Personen- haushalte	+ Gastarbeiter + Arbeiter	+ Selbständige − Arbeiter	**+ 1-Personen- haushalte**
	− alte Leute + männliche Wohnbev.			

Korrelationsmuster
der Faktoren
	I───────────II────────────III────────────IV
	       −0,142 +0,207
	                    −0,264			

Mit dieser Verselbständigung von Einpersonenhaushalten als eigener Faktor wird die *Isolierungstendenz der Bevölkerung* offenkundig, und sie erweist sich überdies als *weitgehend unabhängig vom Substandardsyndrom*, in das sonst normalerweise von sozialökologischen Analysen Einpersonenhaushalte gleichsam „verbannt" werden. Die *Vierpersonenhaushalte* können den ersten Faktor behaupten, in dessen Struktur der Anteil der Neubauwohnungen zu der Aussage berechtigt, daß durch die Neubautätigkeit Familien in die Inneren Bezirke zurückgebracht werden.

In einem anderen Wohnmilieu befinden sich die *Selbständigen*, nämlich in dem der Altbauten, auf deren Bedeutung für die Aufrechterhaltung von Kleinbetrieben bereits hingewiesen wurde. Ein sozialhistorischer Einschub über die Wiener Bauentwicklung erscheint in diesem Zusammenhang angebracht. In der Spätgründerzeit entstand ein neuer Bautyp von Mittelstandsmiethäusern, deren Stiegenhäuser von der Straße aus über einen Stiegenaufgang betreten werden. Für die Gewerbetreibenden verblieb nur mehr der Platz im Souterrain, da ihnen die Benützung des Hofraums und der Hintertrakte für Produktionszwecke aufgrund des Fehlens eines Hausflurs und damit der Hausdurchfahrt in den Hof verwehrt wurde. Die Wohnbautätigkeit der Spätgründerjahre hat damit wesentlich zur Verdrängung der Gewerbetreibenden aus den Inneren Bezirken beigetragen; als Hilfsmaßnahme sind daher zu Beginn dieses Jahrhunderts bereits Gewerbehöfe entstanden. An diese historische Problematik und die damaligen Lösungsversuche sei in einer Gegenwart erinnert, die grundsätzlich in ihren gesamten Intentionen an die Spätgründerzeit anknüpft.

Aufgrund der mosaikförmigen Strukturierung der Inneren Bezirke, in denen in einzelnen „Taschen" Baubestand mit Substandardwohnungen der Umbautätigkeit der Gründerzeit entgangen ist, kann es nicht überraschen, daß der Faktor des *marginalen ökologischen Milieus* weiter bestehen bleibt. Er umfaßt das Syndrom von Substandardwohnungen, Gastarbeitern und Arbeitern. Es erscheint beachtenswert, daß dieser Faktor nicht wie in den Äußeren Bezirken mit dem des Neubauanteils korreliert, sondern, wie die Korrelationsmatrix der Faktoren belegt, eine isolierte Position besitzt. Mit diesen Aussagen werden sehr wesentliche *Unterschiede zwischen den Inneren und Äußeren Bezirken* des gründerzeitlichen Stadtkörpers offengelegt:

1. Die *Neubautätigkeit in den Inneren Bezirken* erfolgt insgesamt weitgehend „*sozial neutral*", während sie sich in den Äußeren Bezirken als Instrument zur Unterbringung von Arbeiterfamilien erweist.

2. Im Wohnmilieu ist in den Inneren Bezirken die *Position der Gastarbeiter*, gemessen am generellen Wohnungsstandard, als *stärker marginal* zu bezeichnen als in den Äußeren Bezirken. Auf die geringere Bedeutung des Anteils der zweiten Generation wurde bereits hingewiesen.

3. Die *Reduzierung der Haushaltsgröße* erweist sich als ein weder von der Neubautätigkeit noch vom Altbaubestand und kaum von der Berufsgruppenzugehörigkeit beeinflußtes *Phänomen, das somit alle sozialen Schichten und alle Wohnungstypen übergreift*. Anders ausgedrückt könnte man diese Tatsache auch „überpointiert" so formulieren, daß weder gesellschaftspolitische noch städtebauliche Maßnahmen diesen Trend zum Einzelhaushalt beeinflussen können, der sich als international erweist und vom gegenwärtigen „Zeitgeist" abhängig ist.

4. Das *Problem der Selbständigen* in den Inneren Bezirken ist dahingehend zu formulieren, daß die *Reduzierung des Altbaubestandes* durch Neubauten im Verein mit dem an sich bestehenden Konzentrationsprozeß auf dem Arbeitsstättensektor diese Bevölkerungsgruppe vor allem dort, wo es sich um Kleingewerbetreibende ohne Arbeitnehmer handelt, noch stärker auf den Aussterbeetat setzen wird als bisher.

3.5.4 Die arbeitsräumliche Differenzierung

Zunächst eine Vorbemerkung. Aufgrund der Erweiterung des faktorenanalytischen Modells durch nur zwei Variable der Arbeitsstättenstruktur sind keine grundstürzenden Änderungen in der Reihung der Faktoren und der Variablenstruktur zu erwarten. Zunächst sei auf die Faktoren eingegangen, welche sich als gleichsam „immun" gegenüber der arbeitsräumlichen Differenzierung erweisen (vgl. Tabelle 35).

Tabelle 35: **Die Inneren Bezirke von Wien als Arbeitsraum 1981**

Benennung	Faktoren			
	I **Familien- Neubaumilieu**	II **Citybildungs- milieu**	III **traditionelles Sozialmilieu**	IV **Citybevölke- rungsmilieu**
Variablen- Struktur (2)	+ Neubau- wohnungen	− Substandard- wohnungen − Komfort- wohnungen	+ Altbau- wohnungen − Neubau- wohnungen + Miete	+ Komfort- wohnungen
	+ 4-Personen- haushalte − alte Leute + männliche Wohnbev.	− Gastarbeiter − 1-Personen- haushalte	+ Selbständige − Arbeiter	+ 1-Personen- haushalte
		+ Tertiärer Sektor		+ Tag-/Nacht- bevölkerung

Korrelationsmuster der Faktoren:

I — II: −0,158
II — III: (nicht angegeben)
III — IV: +0,161
I — IV: −0,245
II — IV: +0,221

Es handelt sich um den ersten Faktor der Analyse, den *Familien-Neubau-Faktor*, auf dessen „soziale Neutralität" bereits hingewiesen wurde, und den *Traditionellen-Selbständigen-Faktor*. Im Zusammenhang mit der Citybildung in den Inneren Bezirken gelangt man daher zur Aussage, daß die Schicht der Selbständigen in ihrer Verortung stärker an den physischen Stadtraum, sprich Altbaubestand, als an aktuelle Citybildungsvorgänge gebunden ist. Es darf darauf hingewiesen werden, daß aus dem Faktor selbst weder eine Citymantelfunktion noch eine Sukzession im Sinne eines Schrumpfungsprozesses der City nachweisbar ist. Anders ausgedrückt:

Im Familien-Neubau-Faktor fehlen Ladungen der Tag- und Nachtbevölkerung und der Arbeitsstätten des tertiären Sektors, welche auf eine Reduzierung derselben hinweisen würden.

Die arbeitsräumliche Differenzierung der Inneren Bezirke gelangt in zwei Faktoren zur Abbildung. Der als *Citybildungs-Faktor* bezeichnete zweite Faktor polarisiert hierbei den Anteil des tertiären Sektors und der Komfortwohnungen mit den negativen Anteilen von Gastarbeitern und Einpersonenhaushalten sowie Substandardwohnungen. Dieser Faktor bildet die *asymmetrische Struktur der City* ab, d. h. die Citybildungsfront durch den Anteil des tertiären Sektors und von Wohnbevölkerung in Komfortwohnungen auf der einen Seite und die „graue Zone", d. h. den schrumpfenden Cityrand mit Gastarbeitern, Arbeitern und Substandardwohnungen, auf der anderen Seite.

Dieser Citybildungs-Faktor ist unabhängig vom Familien-Neubau-Faktor, ebenso von Traditionellen-Selbständigen-Faktor. Der Faktor IV repräsentiert die *Citybevölkerung* und gleichzeitig, mit der positiven Ladung von Tag- und Nachtbevölkerung, den Citykern. Für die Citybevölkerung ist das Zusammentreten der Anteile von Einpersonenhaushalten und der Anteile von Komfortwohnungen symptomatisch. Grundsätzlich ist nochmals festzuhalten, daß die *Inneren Bezirke* in der *sozialräumlichen Differenzierung* mittels des faktorenanalytischen Modells durch *folgende Bevölkerungsgruppen* gekennzeichnet sind:

1. eine *Citybevölkerung* definiert durch Einpersonenhaushalte und Komfortwohnungen in Faktor IV,

2. *traditionelle Sozialgruppen im Citymantelbereich*, nämlich Selbständige, welche sich mit Altbauwohnungen und erhöhten Mieten assoziieren,

3. *Vierpersonenhaushalte* in Verknüpfung mit dem Anteil der Neubauwohnungen,

4. einen *marginalen Bevölkerungskomplex*, gekennzeichnet durch das Zusammentreten von Gastarbeitern und Einpersonenhaushalten in einem Substandardmilieu.

3.5.5. Ghostbevölkerung und Stadtverfall

Der Verschiebung von Kulissen auf einer Bühne vergleichbar, verändert sich die Faktorenstruktur, wenn man in einem vierten Schritt die für das Projekt „Stadtverfall" im Rahmen einer hausweisen Primärforschung erhobenen Daten für Extensivierung und Verfall, aggregiert auf der Zählbezirksebene, hinzufügt (vgl. Tabelle 36). Es handelt sich hierbei um folgende Merkmale:

— die *Commercial Blight-Quote*. Sie wird aus der Zahl der leerstehenden Geschäfte, bezogen auf die Gesamtzahl der Geschäfte, errechnet;

— die *Residential Blight-Quote*. Hierbei wurde eine Aufsummierung der Wohnungen in allen Miethäusern mit drei und mehr Wohnungen vorgenommen, in denen entweder Teile des Hauses leerstehen und/oder wo sich das Haus in schlechtem Bauzustand befindet. Zu diesen Primärdaten wurden zwei Merk-

male unter Verwendung von Daten aus der amtlichen Statistik hinzugefügt, nämlich
- der *Anteil der Ghostbevölkerung* und
- die *Versorgungsqualität im Einzelhandel*, welche aus der Zahl der Einwohner pro Beschäftigtem im Einzelhandel berechnet wird.

Tabelle 36: **Ghostbevölkerung und Blight in den Inneren Bezirken von Wien 1981**

Benennung	Faktoren		
	I **Überalterungs-milieu**	II **Substandard-syndrom**	III **Residential Blight**
Variablen-Struktur (2)	− Neubau-wohnungen	+ Substandard-wohnungen	+ Altbau-wohnungen
	− 4-Personen-haushalte	+ Gastarbeiter	(+ Gastarbeiter)
	+ **alte Leute**	− 4-Personen-haushalte	
	− Tertiärer Sektor	+ Residential Blight	− Tag-/Nacht-bevölkerung − Commercial Blight + Einzelhandels-quote

Benennung	Faktoren		
	IV **Commercial Blight**	V **Ghost-bevölkerung**	VI **Niedrigmieten**
Variablen-Struktur (2)		+ Ghost	− Miete
	(− Selbständige)	+ 1-Personen-haushalt	+ Arbeiter

Zunächst seien die Hauptergebnisse des faktorenanalytischen Modells vorgestellt. Sie bestehen in der Verselbständigung von sechs Faktoren, welche problemadäquat folgendermaßen bezeichnet werden:
- *Überalterung,*
- *Substandardwohnungen,*
- *Residential Blight,*
- *Commercial Blight,*
- *Ghostbevölkerung,*
- *Niedrigmieten-Milieu.*

Im folgenden einige Ausführungen zu der Verknüpfung der genannten Faktoren der Korrelationsanalyse (vgl. Figur 25).

Figur 25: **Die Verknüpfung von Ghostbevölkerung und Blight in den Inneren Bezirken von Wien 1981**

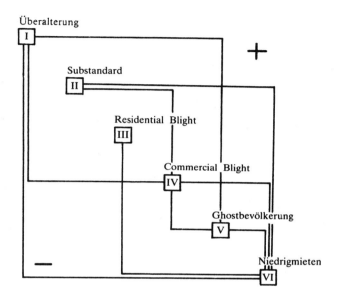

Bei der *Überalterung* handelt es sich um ein Phänomen, das den gesamten gründerzeitlichen Baukörper betrifft und das sich in den Inneren Bezirken deutlich vom Substandardsyndrom abhebt. Dagegen besteht eine hohe Korrelation mit dem *Ghost-Faktor*, die darauf hinweist, daß in den räumlichen Einheiten mit hohem Anteil der Einpersonenhaushalte und Überalterung in Zukunft mit einem Ansteigen der Ghostbevölkerung zu rechnen ist.

Unter den Verfallserscheinungen ist der *Residential Blight* primär an den Altbaubestand gebunden und sein Ausmaß von letzterem abhängig. Residential Blight kann derart als physischer Altersblight von Bauobjekten definiert werden. Interessanterweise umfaßt die Aussage jedoch nicht das Substandardsyndrom (!).

Ein sehr interessantes Aussagensyndrom bietet sich hinsichtlich des *Commercial Blight*, der als Rückzug des Einzelhandels aus der Fläche beschrieben werden kann, wobei Versorgungsdefizite durch Schließung spezifischer Geschäftsarten entstehen sowie eine Vergrößerung der Einzugsbereiche eintritt. Im folgenden seien die Ergebnisse des faktorenanalytischen Modells näher ausgeführt.

Der Commercial Blight ist nicht — wie von der sozialökologischen Theorie angenommen wird — mit dem sozialen oder ethnischen Status der Bewohner verknüpft. Es besteht jedoch eine ausgeprägte Korrelation mit dem Lebenszyklus derart, daß der Commercial Blight überall dort weniger ausgeprägt ist, wo noch überdurchschnittlich viele alte Menschen wohnen und insbesondere eine größere Zahl von Einpersonenhaushalten von alten Frauen vorhanden ist. Sobald junge Familien durch die Neubautätigkeit in die Zählbezirke hereingebracht werden, steigt der Commercial Blight an. Dies ist leicht verständlich, handelt es sich doch in ersterem Fall um eine Fußgängergesellschaft ohne PKW, welche die kleinen Geschäfte und Gewerbetreibenden gleichsam am Leben erhält, während die jungen Familien mit PKW ein anderes Einkaufsverhalten aufweisen und Supermärkte (z.T. am Stadtrand) präferieren. Es ergibt sich daraus weiters, daß durch Stadterneuerungsmaßnahmen Commercial Blight-Prozesse akzentuiert werden müssen (!).

Ferner wird der Commercial Blight interessanterweise auch durch das Vorhandensein der Ghostbevölkerung eher abgebremst — ein Hinweis darauf, daß diese sich doch zeitweise in Wien aufhält. Daß die Tagbevölkerung eine Funktion für das Geschäftsleben besitzt, liegt auf der Hand. Mit dem Verlust an Arbeitsstätten wächst daher der Commercial Blight ebenfalls. Auch zum Marginalitätssyndrom bestehen offenbar nach zwei Seiten hin Zusammenhänge, einerseits nimmt der Commercial Blight mit den Anteilen des Substandardsyndroms zu, ebenso aber auch mit dem Anteil des Wohnungsbestands mit niedrigen Mieten. Indirekt gelangt man derart zur Aussage, daß in teurerem Wohnmilieu die kleinen Geschäfte eher bestehen bleiben als in billigerem.

Die gebotenen Aussagen lassen erkennen, daß die einzelnen Elemente von Marginalität und Verfall einen unterschiedlichen Bedingungsrahmen aufweisen und daß es daher sehr verschiedener Strategien von seiten der politischen Entscheidungsträger bedürfen wird, um eine weitere Ausbreitung von Ghost und Blight hintanzuhalten.

4. Die Veränderungen von Gesellschaft und Wohnraum in Wien 1971-1981 (D. Mühlgassner)

4.1. Einleitung

Ohne Anspruch auf Vollständigkeit wurden in Kapitel 2 wichtige Entwicklungsphänomene von Wien in der Nachkriegszeit dargestellt. Es ist nun die Aufgabe dieses Kapitels, mittels einer *dynamischen Faktorialökologie* die Dimensionen des gesellschaftlichen Wandels im Konnex mit den Veränderungen des Wohnraums der Stadt und des Arbeitsstättensektors vorzuführen und damit den Schritt von der Offenlegung assoziativer Verknüpfungen von Strukturen der Gesellschaft, des Wohnraums und der Arbeitsstättenstruktur zu dem der Offenlegung von Prozessen vorzunehmen. Anders ausgedrückt geht es darum, Assoziationsaussagen unter Bezug auf die Zählbezirke nunmehr zu Aussagen über die räumliche Sukzession umzuformulieren.

Bei der Interpretation der Faktorenstruktur und ebenso der Korrelationsmatrix der Faktoren ist zu beachten, daß es sich bei den untersuchten Erscheinungen um wachsende, gleichbleibende bzw. schrumpfende Bevölkerungsgruppen bzw. Bestandteile der physischen Struktur der Stadt handelt.

Alle Aussagen beziehen sich auf das Jahrzehnt 1971-1981 und damit auf Prozesse, deren Lokalisierung als gleichsam verfestigte Struktur für den Zeitpunkt 1981 bereits analysiert wurde. Das in die dynamische Faktorialökologie eingegangene Datenset schließt an das zweite Variablenset der Faktorenanalyse 1981 an, welches für das gründerzeitliche Stadtgebiet und die Inneren Bezirke verwendet wurde. Es sind daher auch keine Aussagen möglich über
— die Effekte von Bauträgern,
— die Effekte des Mietenniveaus,
— die Reduzierung des Altbaubestandes.

Als Ersatzvariable wurde der Anteil bzw. die Veränderung des gesamten gründerzeitlichen Baubestandes verwendet. Auch das Set der Arbeitsstättenvariablen mußte reduziert werden. Folgende Vorgänge wurden in die Analyse aufgenommen (vgl. Tabelle 37):

1. *die Reduzierung des gründerzeitlichen Baubestandes*, welche
2. zu einem wesentlichen Teil mit der *Abnahme der potentiellen Substandardwohnungen* zusammenhängt,

Tabelle 37: **Indexwerte der dynamischen Faktorialökologie von Wien 1971-1981**

		Gesamtstadt	gründerzeitliches Stadtgebiet 1971 = 100	südliche und östliche Außenstadt
(1)	Gründerzeitliche Wohnungen	60,0	82,2	46,8
(2)	Potentielle Substandardwohnungen	72,7	71,8	71,1
(3)	Neubauwohnungen (1971—1981)	27,6	26,9	30,7
(4)	Wohnfläche pro Person	140,7	119,4	165,3
(5)	Ghostbevölkerung	527,5	315,9	780,4
(6)	Einpersonenhaushalte	116,9	114,1	121,6
(7)	Vierpersonenhaushalte	94,2	95,3	92,9
(8)	Männliche Wohnbevölkerung	100,4	100,8	100,2
(9)	Bevölkerungsentwicklung	106,2	87,0	127,7
(10)	Personen ab 60 Jahren	96,0	93,7	94,2
(11)	Kleinkinder	71,4	82,5	65,2
(12)	Selbständige	79,6	74,3	84,5
(13)	Arbeiter	69,8	79,1	69,3
(14)	Gastarbeiter	64,2	122,6	22,7
(15)	Erwerbsquote	106,3	105,4	110,4
(16)	Tag-/Nachtbevölkerung	115,4	103,6	120,0
(17)	Tertiärer Sektor	115,4	115,0	116,2
(18)	Einwohner/Einzelhandelsbeschäftigtem	110,1	96,4	125,3

3. ferner die trotz gleichbleibender Zahl der Bevölkerung *weiter anhaltende Bautätigkeit*, welche

4. zu einer sehr starken *Zunahme der Wohnfläche*, insbesonders in der Außenstadt, geführt hat.

5. Die *nahezu explosionsartige Zunahme der Ghostbevölkerung*. Insgesamt kann sie als eine Erscheinung der siebziger Jahre bezeichnet werden. So, wie die Wohnfläche in der Außenstadt im Süden und Osten im Mittel sehr viel stärker zugenommen hat als im gründerzeitlichen Stadtgebiet, ebenso ist auch die Ghostbevölkerung in diesem Stadtraum fast doppelt so stark gewachsen wie in der Innenstadt.

6. Bei den Haushaltsgrößen wurde auf die Scherenbewegung hingewiesen. Der schwachen Abnahme von Vierpersonenhaushalten steht eine sehr viel stärkere *Zunahme der Einpersonenhaushalte* gegenüber. Auch hierbei fallen die Zählbezirke des östlichen und südlichen Stadtrandes durch höhere Indexwerte auf.

7. Die *Bevölkerungsverschiebung innerhalb der Kernstadt* aus dem gründerzeitlichen Stadtgebiet an den Stadtrand schreibt den Zählbezirken in der Außenstadt einen so hohen Indexwert zu, daß dadurch auf der Zählbezirksebene die Gesamtentwicklung im Stadtgebiet positiv erscheint.

8. Wie in Kapitel 2 ausgeführt, hat die *schwache Bevölkerungsabnahme* in Wien im Jahrzehnt 1971-1981 den *Abbau der „Hypothek des Todes"* bewirkt, woraus eine schwache Abnahme der Altersklassen der mehr als Sechzigjährigen resultiert. Die Zeit einer steigenden Überalterung im gründerzeitlichen Stadtgebiet ist damit beendet.

9. Auf das *Comeback der Kleinkinder* in den gründerzeitlichen Stadtraum wurde bereits hingewiesen. Beachtlich ist die starke Reduzierung des Indexwertes von 1981 um rund ein Drittel gegenüber 1971 am Stadtrand.

10. Die schrumpfenden Sozialgruppen von *Selbständigen* und *Arbeitern* weisen gegenläufige Entwicklungstendenzen auf, und zwar eine stärkere Persistenz der Arbeiter im gründerzeitlichen Baugebiet und andererseits eine relative Verstärkung der Selbständigen am Stadtrand.

11. Auf die innerstädtische Wanderung der *Gastarbeiter* wurde im Überblick hingewiesen. Sie wird durch die extreme Reduzierung am Stadtrand auf nur mehr rund 22,7% in der östlichen und südlichen Außenstadt im Jahr 1981 im Vergleich zu 1971 belegt. Umgekehrt ist im gründerzeitlichen Stadtkörper im Mittel der Zählbezirke die Zahl der Gastarbeiter um 22,6% angestiegen.

12. Mit der Bevölkerungsverschiebung in die Außenstadt hat in dieser auch die *Erwerbsquote* stärker zugenommen als im gründerzeitlichen Stadtkörper. Noch stärker ist die *Arbeitsstättenfunktion*, d. h. das Verhältnis von Tag- zur Nachtbevölkerung, gewachsen. Beim Anteil des tertiären Sektors lassen sich keine Entwicklungsunterschiede zwischen Innen- und Außenstadt feststellen.

13. Nur bei der *Quote der Einwohner pro Beschäftigtem im Einzelhandel* hat die Disparität der Außenstadt weiter zugenommen.

4.2. Die Dimensionen des gesellschaftlichen Wandels

Die sozialen und demographischen Entmischungsvorgänge im Wiener Stadtraum 1961-1971 wurden bereits in einer Veröffentlichung kurz präsentiert*.

Bei einer a priori vorgenommenen Trennung zwischen gründerzeitlichem Stadtgebiet und Außenstadt ergaben sich beachtliche Unterschiede zwischen beiden Stadträumen. Es konnte festgestellt werden, daß die in den Stadterweiterungsgebieten ablaufenden Vorgänge in den Ergebnissen für die Gesamtstadt durchschlagen, während sich andererseits der gründerzeitliche Stadtkörper als ein Subsystem erwies. Bereits 1961-1971 standen im gesamten Stadtgebiet und am Stadtrand demographische Prozesse, d. h. die Polarisierung von alter und junger Bevölkerung ebenso wie die von dementsprechenden Haushaltsstrukturen, hinsichtlich ihrer Bedeutung an erster Stelle, während die Prozesse der sozialen Segregation demgegenüber zurückgetreten sind. Dabei ist es jedoch insgesamt zu einer Ausgleichsbewegung gekommen derart, daß im gründerzeitlichen Stadtgebiet eine Reduzierung der sozialen Differenzierung eingetreten ist, d. h. daß vor allem die Innenstadt, aber

---

* G. Heinritz und E. Lichtenberger, 1984.

auch die anschließenden Mittelstandsgebiete an sozioökonomischer Distanz zu den anderen Stadtteilen eingebüßt haben, während umgekehrt, nicht zuletzt aufgrund der starken Neubautätigkeit, eine Anhebung des Wohnungsstandards und des Sozialstatus in der Außenstadt erfolgt ist. Diese Aussage wird für die sechziger Jahre in den einzelnen Sektoren des Stadtraums durchbrochen, insbesonders im nordwestlichen Sektor, wo der insgesamt bereits relativ hohe Sozialstatus weiter angehoben wurde. Bei den im gründerzeitlichen Stadtgebiet ablaufenden Vorgängen der Segregation handelt es sich um Prozesse einer „sozialen Abwertung", denen umgekehrt soziale Aufwertungsvorgänge in der Außenstadt gegenüberstanden.

Im Gefolge der Entleerung der gründerzeitlichen Baugebiete und der Verlagerung der Bevölkerung an den Stadtrand ist es zu einer starken Überalterung sowie zu einer Verkleinerung der Haushalte und damit insgesamt zu einer zunehmenden demographischen „Distanz" zwischen dem gründerzeitlichen Stadtgebiet und der Außenstadt, vor allem im Süden und Osten, gekommen. Welche Veränderungen der städtischen Bevölkerung sind nun im Jahrzehnt 1971-1981 erfolgt? Vorneweg kann bereits festgestellt werden, daß durch die Zuwanderung von Gastarbeitern nunmehr auch Probleme der ethnischen Segregation zu erwarten sind. Die in Tabelle 38 dokumentierten Ergebnisse für die *Dimensionen des gesellschaftlichen Wandels in der Gesamtstadt von Wien sowie in der Innenstadt und Außenstadt von 1971 bis 1981* gestatten eine Antwort auf die obige Frage.

Sie sei in folgenden Teilaussagen geboten:

1. *Demographische Segregationsvorgänge* stehen nunmehr im gesamten Stadtgebiet an erster Stelle. Hierbei spalten sich die demographischen Veränderungen insgesamt in vier Faktoren auf:

(1) In einem Faktor der „Familienbestimmten demographischen Polarisierung" treten die Anteile von Vierpersonenhaushalten und Kindern mit positiven Ladungen mit den Anteilen von Einpersonenhaushalten mit negativer Ladung zusammen.

(2) Als „Männerbestimmte demographische Polarisierung" wurde ein Faktor benannt, auf dem der Anteil der Männer besonders hoch lädt.

(3) Die Etikettierung als „Demographisches Paradoxon" wurde für einen Faktor gewählt, in dem die Anteile von Kindern und alten Leuten in positiven Ladungen zusammentreten.

(4) Als „Isolierungsbestimmte demographische Polarisierung" wurde die Umkehrung des oben genannten Familienfaktors bezeichnet. Wie die Ausbildung der Faktoren im gründerzeitlichen Stadtgebiet bzw. in der Außenstadt West und in der Außenstadt Ost belegt, bestehen die größten Unterschiede hinsichtlich der demographischen Entwicklung zwischen der westlichen und östlichen Außenstadt. Im Westen werden die demographischen Entwicklungsvorgänge einerseits durch den Faktor der Isolierungsbestimmten demographischen Polarisierung und andererseits durch den Faktor des Demographischen Paradoxons abgebildet, während andererseits in der östlichen Außenstadt familien- bzw. männerbestimmte demographische Polarisierungsvorgänge in den Faktorenladungen zu Buche stehen.

2. Hinsichtlich der *sozialen Entmischungsvorgänge* bestehen dagegen die Hauptunterschiede zwischen der gründerzeitlichen Innenstadt und der Außenstadt. So-

Tabelle 38: **Die Dimensionen gesellschaftlichen Wandels in Innenstadt, Außenstadt und Gesamtstadt von Wien 1971-1981**

Faktoren	Gründerzeitliche Innenstadt	Gesamtstadt	Außenstadt
I	familienbestimmte demographische Polarisierung ⊕ Kleinkinder + 4-Personenhaush. − 1-Personenhaush.	familienbestimmte demographische Polarisierung + Kleinkinder + 4-Personenhaush. − 1-Personenhaush. − alte Leute − männl. Wohnbev.	männerbestimmte demographische Polarisierung ⊕ männl. Wohnbev. + 4-Personenhaush. − alte Leute
II	demographisches Paradoxon + Kinder ⊕ alte Leute − männl. Wohnbev.	männerbestimmte demographische Polarisierung ⊕ männl. Wohnbev. + 4-Personenhaush. − alte Leute − Kleinkinder	isolierungsbestimmte demographische Polarisierung + 1-Personenhaush. (+) alte Leute − 4-Personenhaush. ⊖ Kleinkinder
III	soziale Polarisierung ⊕ Selbständige ⊖ Arbeiter	soziale Aufwertung ⊕ Selbständige →	soziale Aufwertung + Selbständige
IV	soziale Abwertung und ethnische Infiltration ⊕ Gastarbeiter + Arbeiter	soziale Abwertung ⊕ Arbeiter	soziale Abwertung ⊕ Arbeiter (+) 1-Personenhaush.
V		ethnische Infiltration ⊕ Gastarbeiter	ethnische Infiltration + Gastarbeiter

wohl im Westen als auch im Osten spalten sich hier die sozialen Vorgänge in zwei Faktoren auf, die einerseits soziale Abwertung und andererseits soziale Aufwertung repräsentieren. Beide Faktoren vereinen sich in der gründerzeitlichen Innenstadt zu einem „Faktor der sozialen Polarisierung".

3. Hinsichtlich der *ethnischen Segregation* wurden die Unterschiede zwischen der Innenstadt und der Außenstadt bereits in der strukturellen Analyse festgestellt. Danach gelingt es einem Gastarbeiterfaktor nur in letzterer sich zu verselbständigen. Zu einem ähnlichen Ergebnis gelangt man auch anhand der dynamisierten Faktorenanalyse. Die Assoziation von Gastarbeitern und Arbeitern im gründerzeitlichen Stadtgebiet bleibt auch in der prozessualen Analyse bestehen.

Blenden wir in diese Aussagen die Veränderungen der Segregationsindizes ein, welche für die Innenstadt und die Außenstadt für die Jahre 1961, 1971 und 1981 gerechnet wurden, so kommen wir zur Aussage, daß die demographische Sukzession von Familien auf alleinstehende Personen im gründerzeitlichen Stadtraum die demographischen Segregationsindizes weiter reduziert hat, während andererseits am Stadtrand die gekennzeichneten Vorgänge der sozialen Abwertung und Aufwertung sich räumlich separieren, so daß insgesamt die sozialen Segregationsindizes in der Außenstadt im Jahrzehnt von 1971 bis 1981 angestiegen sind.

4.3. Der Wandel von Gesellschaft und Wohnraum

Die erzwungene Reduzierung des Datensets und die dadurch bedingt geringere Zahl von Variablen über die Veränderungen des Wohnraums der Stadt lassen von vornherein nur ein reduziertes Aussagensystem erwarten, da es nicht möglich ist, die gesellschaftlichen Veränderungen auch zur Gänze mit entsprechenden Veränderungen des Wohnraums in Beziehung zu setzen. Die Defizite der in die Analyse eingegangenen Informationen bezüglich des Wohnmilieus müssen sich im Auftreten von „Überschußphänomenen" von spezifischen gesellschaftlichen Strukturen äußern. Um dieses methodisch sehr wichtige Problem einer Faktorenanalyse offenzulegen, wird daher die Präsentation der Ergebnisse mit einem Hypothesenset eröffnet, in dem die *Annahmen* bezüglich der Zuordnung von spezifischen Bevölkerungsveränderungen im Hinblick auf die Veränderungen im Wohnraum der Stadt formuliert werden:

1. Es ist zu erwarten, daß die Neubautätigkeit in erster Linie die Vierpersonenhaushalte anzieht und gleichzeitig einen Verdrängungseffekt gegenüber Einpersonenhaushalten, alten Leuten und Selbständigen bewirkt.

2. Mit der Persistenz von Gründerzeitwohnungen ist eine gewisse Marginalisierung der Bevölkerung zu erwarten, d. h. ein damit korrespondierender steigender Anteil von Arbeitern und Gastarbeitern.

3. Ähnliche Effekte dürften von den potentiellen Substandardwohnungen ausgehen.

4. Im Hinblick auf die Wohnfläche fällt es schwer, eine Innenstadt und Außenstadt umfassende Hypothese zu formulieren, da die Veränderungen in der Außenstadt sehr viel größer sind als in der Innenstadt. Es können daher nur unterschiedliche Einbindungen von gesellschaftlichen Veränderungen erwartet werden.

Die angeführten Hypothesen konnten nur teilweise verifiziert werden (vgl. Tabelle 39).

Nur die erste Hypothese konnte mittels der Gewinnung eines Faktors der Familien-Neubautätigkeit durchgehend sowohl für die Gesamtstadt als auch für die Innenstadt und die Außenstadt bestätigt werden. Im Hinblick auf die *Persistenz von gründerzeitlichen Bauten* erwies es sich jedoch, daß in der gründerzeitlichen Innenstadt die ethnische und soziale Marginalisierung in Form von steigenden Anteilen der Arbeiter und Gastarbeiter sich von der Persistenz von gründerzeitlichen Bauten separiert und sich nur mit den potentiellen Substandardwohnungen in einem Faktor vereint.

Tabelle 39: **Die Dimensionen des Wandels von Gesellschaft und Wohnraum in Innenstadt, Außenstadt und Gesamtstadt von Wien 1971-1981**

Faktoren	Variablen		
	Gründerzeitliche Innenstadt	Gesamtstadt	Außenstadt
I	**Familien-Neubautätigkeit** ⊕ Neubauwohnungen (71–81) ⊕ 4-Personenhaush. + Kleinkinder − 1-Personenhaush.	**Familien-Neubautätigkeit** (+ Neubauwohnungen (71–81)) + 4-Personenhaush. + Kleinkinder (− alte Leute)	**Männerbestimmte Familien-Neubautätigkeit** + Neubauwohnungen (71–81) ⊕ 4-Personenhaush. + männl. Wohnbev. + Kleinkinder ⊖ alte Leute ⊖ 1-Personenhaush.
II	**Wohnflächenzunahme mit demographischem Paradoxon** ⊕ Wohnfläche ⊕ alte Leute (+ Kleinkinder) ⊖ männl. Wohnbev.	**Wohnflächenzunahme mit sozialer Aufwertung** ⊕ Wohnfläche + Selbständige	**Wohnflächenzunahme mit sozialer Aufwertung** ⊕ Wohnfläche ⊕ Selbständige
III	**Bauliche Persistenz** ⊕ Gründerzeitwohnungen + Kleinkinder	**demographische Polarisierung** ⊖ männl. Wohnbev. + alte Leute	**Bauliche Persistenz** ⊕ Gründerzeitwohnungen (− Neubauwohnungen 71–81) (+ männl. Wohnbev.)
IV	**soziale Polarisierung** + Selbständige (− Arbeiter) (+ 1-Personenhaush.)	**ethnische Infiltration und soziale Abwertung** ⊕ Arbeiter + Gastarbeiter (+ Kleinkinder)	**soziale Abwertung** ⊕ Arbeiter
V	**ethnische Infiltration und soziale Abwertung** ⊕ Gastarbeiter + Arbeiter	**Umbautätigkeit** ⊖ Gründerzeitwohnungen (+ Neubauwohnungen (71–81))	**ethnische Infiltration** ⊕ Gastarbeiter
VI	**Baulicher Blight** + potentielle Substandardwohnungen	**Baulicher Blight** ⊕ potentielle Substandardwohnungen	**Baulicher Blight** ⊕ potentielle Substandardwohnungen

5. Völlig unterschiedlich sind die statistischen Zusammenhänge zwischen *steigendem Wohnflächenanteil* und den Entwicklungstendenzen spezifischer Bevölkerungsgruppen in den beiden Stadträumen. In der gründerzeitlichen Innenstadt besteht ein positiver Zusammenhang mit steigendem Anteil von alten Leuten und Kindern, am Stadtrand ist mit steigender Wohnfläche eine Zunahme der Selbständigen positiv korreliert. Nicht abgedeckt durch spezifische Wohnmilieus sind demnach einerseits die ethnisch-soziale Marginalisierung in der gründerzeitlichen Innenstadt sowie die soziale Polarisierung von Selbständigen und Arbeitern und andererseits auch die Indizes für Arbeiter und Gastarbeiter in der Außenstadt.

4.4. Die Entwicklungsfaktoren in der Gesamtstadt, Innenstadt und Außenstadt

In den Abschnitten über den gesellschaftlichen Wandel und die Veränderungen des Wohnraums der Stadt wurde, um ermüdende Wiederholungen zu vermeiden, darauf verzichtet, auf die Korrelationsmatrix der Faktoren einzugehen. Die folgenden Ausführungen über die Zusammenhänge der Entwicklungstrends von gesellschaftlichem Wandel sowie von Veränderungen im Wohnraum der Stadt und auf dem Arbeitsstättensektor zentrieren dagegen um die Analyse der Faktorenmatrix.

Um einerseits dem Leser die recht komplexen Beziehungsmuster transparent zu machen und andererseits den Anschluß an die Ergebnisse der Faktorenanalyse für 1981 zu wahren, werden zwei Zugänge für die Darstellung der Ergebnisse gewählt. Der erste Zugang folgt dem bisherigen Ordnungsprinzip der Darstellung der Ergebnisse zunächst für die Gesamtstadt und dann, in disaggregierter Form, für die gründerzeitliche Innenstadt und die Außenstadt. Hierbei geht es darum, die raumspezifischen Prozesse zu akzentuieren. In einem zweiten Zugang werden dann die Unterschiede zwischen der Innenstadt und der Außenstadt unter Bezug auf
— die Bevölkerungsentwicklung,
— die Effekte der Neubautätigkeit bzw.
— die Persistenz des gründerzeitlichen Baubestands bzw. der potentiellen Substandardwohnungen sowie
— die Segregationsvorgänge von Arbeitern, Selbständigen und Gastarbeitern vorgeführt.

1. *Die Prozesse in der Gesamtstadt*

Die siebziger Jahre stehen in der Stadtentwicklung von Wien zwar bereits im Zeichen der großen Bauvorhaben der technischen und sozialen Infrastruktur, wie

Entwicklungsfaktoren

der Errichtung der UNO-City, des Baus des zweiten Donaubettes, der U-Bahn und so fort. Diese Großbauvorhaben und ihre Auswirkungen im Stadtgebiet lassen sich jedoch durch die Zählbezirksdaten der amtlichen Statistik nicht erfassen. Dagegen findet der Wohnungsneubau seinen Niederschlag insofern, als die *Neubautätigkeit* den ersten Rangplatz in der Faktorenanalyse einnimmt (vgl. Figur 26).

Figur 26: **Korrelationsmatrix von Entwicklungsfaktoren (1971-1981) für die Gesamtstadt von Wien**

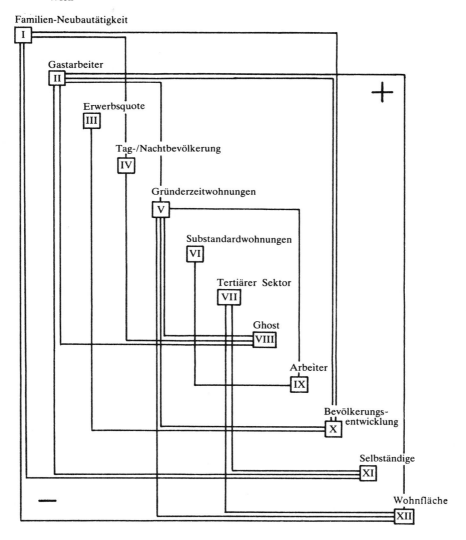

Sie bewirkt in den betreffenden Zählbezirken — was nicht weiter erstaunen kann — eine positive Bevölkerungsentwicklung sowie eine Erhöhung der Wohnfläche*.

Die Neubautätigkeit ist andererseits die Ursache für eine Reduzierung der Arbeitsstättenfunktion sowie eine Abnahme des Anteils de Selbständigen.

Der *Faktor der Gründerzeit-Wohnungen* steht in einem anderen Beziehungssystem, mit einer Ausnahme, nämlich dem gleichfalls positiven Zusammenhang mit dem Faktor der Wohnfläche, der jedoch aufgrund der Abnahme des gründerzeitlichen Baubestandes dahingehend zu interpretieren ist, daß durch die Abnahme der Zahl gründerzeitlicher Wohnungen, bei denen es sich in erster Linie um Kleinwohnungen handelt, eine Erhöhung der durchschnittlichen Wohnfläche pro Person eingetreten ist. Die Anbindung des Arbeiter- und Gastarbeiter-Faktors an den gründerzeitlichen Baubestand demonstriert dessen Marginalisierung.

Relativ isoliert steht der *Faktor der Tag-/Nachtbevölkerung*, welcher die arbeitsräumliche Differenzierung der Stadt präsentiert. Er weist weder zur Bevölkerungsentwicklung noch zu den sozialen und ethnischen Segregationsprozessen Beziehungen auf. Nur ein Zusammenhang erscheint bemerkenswert, nämlich der mit der Ghostbevölkerung, die dort ansteigt, wo die Arbeitsstättenfunktion zunimmt. Auf die Verdrängung der Neubautätigkeit durch die Ghostbevölkerung wurde bereits hingewiesen.

Nun zu den Entmischungsvorgängen der Bevölkerung. Als erstes die *Gastarbeiter*. Ihre Zunahme führt zu Verdichtungserscheinungen in den betreffenden Zählbezirken. Dies erweist sich an der positiven Korrelation zwischen dem Gastarbeiter- und dem Bevölkerungsentwicklungs-Faktor. Durch diese Verdichtung kommt es andererseits zu einer Reduzierung der Ghostbevölkerung.

Auf den Zusammenhang mit der Persistenz von gründerzeitlicher Bausubstanz wurde bereits hingewiesen, gleichfalls auf die positive Korrelation zwischen Gastarbeitern und Arbeitern.

Ebenso wie die Gastarbeiter sind auch die *Arbeiter* mit der Persistenz der Gründerzeitbauten in einer positiven Korrelation verbunden. Mit dem Anstieg von Arbeitern und Gastarbeitern ist ferner in den betreffenden Zählbezirken die Wohnfläche pro Person relativ zurückgeblieben, ein Hinweis darauf, daß beide Sozialgruppen, damit auch die Arbeiter, bei der Zunahme der Wohnfläche pro Einwohner im räumlichen Kontext von Zählbezirken nicht „mithalten" konnten.

Die Aussagen über die Entwicklung der Selbständigen tragen im Vergleich zu den Gastarbeitern und Arbeitern umgekehrte Vorzeichen. Mit steigendem Anteil von Selbständigen hat die Wohnfläche in den betreffenden Zählbezirken überdurchschnittlich zugenommen. Ebenso ist aber auch der Anteil der Ghostbevölkerung gestiegen. Ein positiver Entwicklungszusammenhang besteht ferner mit den Arbeitsstätten des tertiären Sektors.

---

* Bei dieser Aussage muß berücksichtigt werden, daß ein negativer Faktor mit einer negativen Korrelation bei der Verbalisierung in eine positive Aussage umgemünzt werden muß.

Entwicklungsfaktoren

2. Die gründerzeitliche Innenstadt

Im gründerzeitlichen Stadtgebiet ist die Faktorenmatrix aufgespannt zwischen dem Faktor, der die wachsende Arbeitsstättenfunktion repräsentiert, auf der einen Seite und dem der Bevölkerungsabnahme auf der anderen. Die erste, wichtigste Aussage lautet daher: Die Bevölkerungsabnahme wird durch eine wachsende Arbeitsstättenfunktion kompensiert. Mit der Zunahme von Arbeitsstätten sind zwei Bevölkerungsgruppen verknüpft, und zwar auf der einen Seite die Selbständigen und auf der anderen Seite die Gastarbeiter (!) (vgl. Figur 27).

Figur 27: **Korrelationsmatrix von Entwicklungsfaktoren (1971-1981) für die gründerzeitliche Innenstadt von Wien**

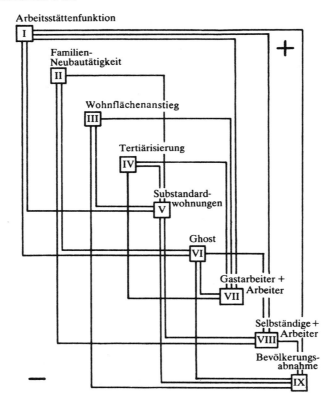

Auch beim Faktor der Tertiärisierung stößt man auf einen Zusammenhang mit wachsendem Gastarbeiteranteil. Damit wird ein interessanter Vorgang offengelegt, nämlich daß die fußläufige Gesellschaft der Gastarbeiter, welche in Wien längst den Weg in die Dienstleistungsgesellschaft angetreten hat, häufig — gleichsam auf dem Sprung vor der Spitzhacke — im unmittelbaren Einzugsbereich von tertiären Arbeitsstätten wohnt. In bezug auf die räumliche Ausbreitung der Tertiärisierung ergibt sich daher, daß diese auch in als marginal einzustufende Wohngebiete hineingeht.

Die Sukzession der Neubauten nach einem Substandard-Wohnmilieu wird durch die Verknüpfung des Neubaufaktors mit dem Substandardfaktor offengelegt. Die vielzitierte Ghostbevölkerung muß im gründerzeitlichen Stadtgebiet überall weichen, wo die Arbeitsstätten zunehmen und Neubauten errichtet werden. Auf die Reduzierung der Ghostbevölkerung durch die Infiltration von Gastarbeitern wurde bereits hingewiesen, ebenso auf deren arbeitsstättenorientierten Wohnstandort. Dieser wird durch die positiven Korrelationen zwischen dem Gastarbeiterfaktor und dem Arbeitsstättenfaktor sowie dem Faktor der Tertiärisierung belegt.

Auch der Fortbestand der Gruppe der Selbständigen ist mit der wachsenden Arbeitsstättenfunktion verknüpft, und diese begegnen hierbei in einer positiven Korrelation den Entwicklungstrends der Gastarbeiter. Über die Entwicklungstrends der Arbeiter können im gründerzeitlichen Stadtgebiet keine spezifischen Aussagen gemacht werden, da sie keinen eigenen Faktor stellen und ihre Anteile einerseits positiv im Gastarbeiterfaktor und andererseits negativ im Faktor der Selbständigen laden.

3. *Die Außenstadt*

In der Außenstadt besteht insgesamt ein sehr viel geringerer Verflechtungsgrad zwischen den Faktoren in der Korrelationsmatrix. Darin äußert sich die bereits auf der Zählbezirksebene wirksam werdende stärker mosaikartige Separierung spezifischer Milieus (vgl. Figur 28).

Insgesamt bestimmt das Wachstumssyndrom das Korrelationsmuster. Es verbindet sich, wie bereits wiederholt festgestellt, die Bevölkerungsentwicklung mit der Neubautätigkeit und der Stadtrandwanderung von Vierpersonenhaushalten. Ebenso wie in der Innenstadt ist das Wachstumssyndrom mit sinkender Erwerbsquote, sinkender Arbeitsstättenfunktion und sinkendem Anteil der Selbständigen verknüpft. Ferner wird das Versorgungsdefizit auf dem Sektor des Einzelhandels durch die Bevölkerungszunahme verstärkt, ein Hinweis darauf, daß die Entwicklung des Einzelhandels nicht mit der der Bevölkerung Schritt halten kann.

Keine Verknüpfung besteht, zum Unterschied von der Innenstadt, zwischen Gastarbeitern und Selbständigen. Der Anteil der letzteren sinkt mit der Bevölkerungszunahme. Die Arbeiter sind nicht mit den Gastarbeitern assoziativ verbunden und können sich aus dem Substandardmilieu emanzipieren. Zumindest auf der Zählbezirksebene besteht keine Korrelation zwischen der Entwicklung des Arbeiteranteils und der Neubautätigkeit.

Ein wichtiger Unterschied zwischen der Außenstadt und der Innenstadt besteht im Auftreten eines eigenen „Ghost-Faktors", der im Süden, Osten und Westen unterschiedlich strukturiert ist. Im Osten verbinden sich mit der Ghostbevölkerung in erster Linie Einpersonenhaushalte und Selbständige. Darüber hinaus bestehen ne-

Figur 28: **Korrelationsmatrix von Entwicklungsfaktoren (1971-1981) für die Außenstadt von Wien**

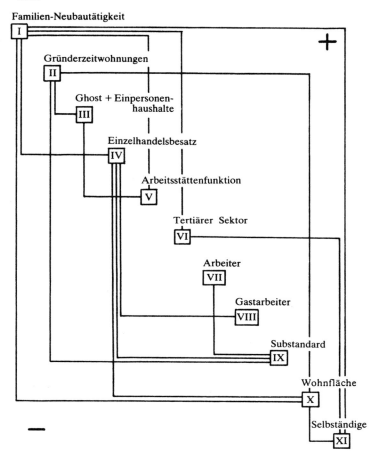

gative Korrelationen mit dem Arbeitsstätten-, dem Gastarbeiter- und dem Arbeiter-Faktor. Insgesamt wird derart die Sommerhaus-Peripherie recht deutlich abgebildet. Im Westen besteht überdies eine positive Korrelation zwischen der Zunahme der Ghostbevölkerung und den Arbeitsstätten, ein Hinweis auf das Eindringen der letzteren in Zweitwohnungsgebiete.

4.5. Zusammenfassung

Fassen wir zusammen. Aufgrund der Korrelationsmatrix der Indexfaktoren können folgende statistisch gesicherte Zusammenhänge von Entwicklungen auf der Zählbezirksebene festgehalten werden:

1. *Im gesamten Stadtgebiet von Wien hat die Neubautätigkeit eine Reduzierung der Arbeitsstätten sowie eine Reduzierung der Erwerbsquote zur Folge. Sie verdrängt die Gastarbeiter und die Selbständigen.* Da kein statistisch gesicherter Zusammenhang mit den Entwicklungstrends von Arbeitern zu erkennen ist, liegt die Annahme nahe, daß die Neubautätigkeit in erster Linie den Angestellten zugutegekommen ist.

2. *In der Außenstadt* ist die Neubautätigkeit ferner nicht imstande gewesen, gleichzeitig auch den Aufbau eines lokalen Einzelhandelsnetzes zu bewirken. *Mit der Bevölkerungszunahme ist die Versorgungsdisparität daher weiter angestiegen.*

3. Von der gesamtstädtischen Entwicklung und der Entwicklung in der Außenstadt unterscheidet sich die *im gründerzeitlichen Stadtgebiet*, wo *die Bevölkerungsabnahme durch wachsende Arbeitsstättenfunktionen kompensiert* wird. Dank der Arbeitsstättenfunktion kommt es einerseits zu einer *stärkeren Persistenz von Selbständigen*, andererseits werden *Gastarbeiter angezogen*. Es entsteht ein *Arbeiter-Gastarbeiter-Syndrom* im gründerzeitlichen Baugebiet der Stadt, zu dem das Pendant in der Außenstadt fehlt, in der sich *Arbeiter, Gastarbeiter und Selbständige* auch *räumlich separieren*, mit Ausnahme des westlichen Stadtrandes, wo in der landwirtschaftlichen Intensivzone des Wein- und Gemüsebaus Selbständige und Gastarbeiter miteinander assoziativ und im Entwicklungstrend verknüpft sind. *Nur in der Außenstadt konnten sich die Arbeiter aus dem Substandardmilieu emanzipieren.*

4. Sowohl in der Innenstadt als auch in der Außenstadt erweist sich *die Ghostbevölkerung* als weitgehend *selbständiges Phänomen*, welches in der Innenstadt *negativ mit den Gastarbeitern und den Arbeitsstätten sowie der Neubautätigkeit* verknüpft ist und deren Terrain nur in der westlichen Außenstadt durch Arbeitsstätten invadiert wird.

5. Zuletzt noch zu den Unterschieden der *potentiellen Substandardwohnungen*, welche in der Innenstadt große Flächen einnehmen. In ihnen laufen mehrere Vorgänge ab, darunter ein Rückgang der Arbeitsstätten, ferner die Infiltration von Gastarbeitern, aber auch die Sukzession durch Neubauten. Zum Unterschied davon ist in der Außenstadt erst die Bevölkerungsentleerung im Gange, während sonstige Vorgänge auf der Zählbezirksebene nicht feststellbar sind.

5. Das ökologische Umfeld spezifischer Phänomene in Wien 1981: Ergebnisse einer multiplen Regressionsanalyse

5.1. Einleitung

Wie im methodischen Kapitel ausgeführt, besitzt die Faktorenanalyse die rechentechnische Fähigkeit, Phänomene zu isolieren. Dies äußert sich, wie die Variablenstruktur in den präsentierten Beispielen offenlegt, sehr oft in der Zusammenfassung polarisierter Variabler (wie z. B. von Einpersonenhaushalten und Vierpersonenhaushalten) in einer Supervariablen. Bei diesem Verfahren werden die in der Korrelationsmatrix vorhandenen bivariaten Beziehungen der in den jeweiligen Faktor eingegangenen Merkmale gekappt. Eine derartige „Kappung" ist sogar implizit eine der wesentlichen Aufgaben der schiefwinkeligen Rotation, um dadurch eine möglichst einfache Variablenstruktur der Faktoren zu erzeugen.

Zum Unterschied davon ist eine multiple Regressionsanalyse das am besten geeignete Verfahren, um vorhandene Beziehungen zwischen den Einzelmerkmalen eines Variablensets — bei gleichzeitiger Eliminierung der zu den anderen Merkmalen bestehenden Korrelationen — zu berechnen. Grundsätzlich geht es in der vorliegenden multiplen Regressionsanalyse um die bessere Erfassung von *ökologischen Milieus*, wobei davon ausgegangen wird, daß derartige Milieus a priori verschiedene Definitionen zulassen. Man kann

1. die Effekte der Bauweise, des Baualters und von Bauträgern spezifizieren,
2. die Effekte der Miete, welche in den Gradientenmodellen der Bodenpreis-Theorie als determinierende Variable gilt, bestimmen,
3. die konkreten Milieus von spezifischen Altersklassen, Haushaltsgrößen, Sozialgruppen, also insgesamt das, was in der Literatur als „sozialökologisches Milieu" gilt, als Ausgangsbasis wählen.

In Fortführung des räumlichen Disaggregierungsprinzips des faktorenanalytischen Modells wird ferner davon ausgegangen, daß eine Disaggregierung des Stadtraums auch bei der multiplen Regressionsanalyse diffizilere Einsichten eröffnen muß, als wenn man die Analyse auf die Gesamtstadt beschränkt. Auf die methodischen Probleme, welche bei diesem Vorgehen aufgetreten sind, wurde bereits in Kapitel 3 eingegangen.

5.2. Die Effekte des Baumilieus

Baumilieus sind im folgenden definiert durch spezifische Bauträger, das Baualter und die Bauhöhe. Die Auswahl von Kriterien für Baumilieus für eine multiple Regressionsanalyse orientierte sich an folgenden Gesichtspunkten:

1. Die betreffenden Merkmale mußten bereits die Prozedur der Faktorenanalyse erfolgreich durchlaufen – d. h. ihre Aussagekraft unter Beweis gestellt – haben, und

2. sollten sich in den Verteilungsmustern im Stadtraum möglichst klar voneinander sondern.

Die genannten Anforderungen wurden von folgenden Baumilieus erfüllt:

1. dem Altbau (vor 1880),
2. dem Niedrigbau,
3. dem Gemeindebau,
4. dem Eigentumswohnbau.

Mittels eines Kartensets sei dokumentiert, daß das oben genannte räumliche Ausschlußkriterium hinsichtlich der Verteilung im Stadtraum bei den genannten Baumilieus weitgehend zutrifft.

ad 1. Beim *Altbau* handelt es sich um den gesamten noch aus der Vorgründerzeit und dem ersten Jahrzehnt der Gründerjahre (bis 1880) verbliebenen Wohnbaubestand (vgl. Karte 14). Der Schwerpunkt desselben liegt in den Inneren Bezirken. Der Altbaubestand befindet sich fast durchwegs in Privathand und wird zumeist von Realitätenbüros verwaltet; die Absenz der Hausbesitzer ist weithin die Regel. Im Hinblick auf die Wohnungsqualität sind sämtliche Ausstattungskategorien von Wohnungen vertreten, da sich im Altbaubereich nicht nur ein Großteil der Inneren Stadt, d. h. der Wiener Altstadt sensu stricto, sondern auch ausgedehnte Abschnitte der Ringstraße sowie die anschließenden Nobelbezirke (IV, VIII, IX) befinden.

Zum Altbaubestand gehören ferner unter Denkmalschutz stehende Gewerbebürgerhäuser aus dem 18. und frühen 19. Jahrhundert in den ehemaligen Vorstädten (Inneren Bezirken) und Vororten (Äußeren Bezirken), weiters eine große Zahl von Miethäusern mit Bassenawohnungen aus der frühindustriellen Entwicklungsperiode der Stadt. Am Stadtrand sind Altbaumilieus in Dörfern und längs frühindustrieller Wachstumsspitzen zu finden.

ad 2. *Niedrigbaumilieus* sind im großen und ganzen das Hauptelement der peripheren Zone des Stadtraums. Sie umfassen sehr unterschiedliche Bautypen, von gründerzeitlichen niedrigen Reihenhäusern und Villen über geplante Reihenhaussiedlungen der Zwischenkriegszeit und alle Arten von Behelfssiedlungen bis zu Einfamilienhäusern und Bungalows der Gegenwart. Private Bauträger überwiegen.

ad 3. Die Standortpolitik des *kommunalen Wohnungsbaus* und damit der Gemeinde Wien (vgl. Karte 15) weist in den einzelnen Bauperioden charakteristische Unterschiede auf. In der Zwischenkriegszeit entstanden die Großwohnanlagen in direktem Kontakt mit dem gründerzeitlichen Baukörper auf ehemaligen Freiflächen und bilden derart einen Saum um diesen. Erst in der Nachkriegszeit hat sich die Standortpolitik der Gemeinde in mosaikförmiger Weise, zum Teil weitab vom geschlossenen Baukörper, in der Außenstadt, und zwar im Süden und Osten, etabliert. Durch die offizielle Literatur des Magistrats ist die Wohnbaupolitik der Gemeinde außerordentlich gut dokumentiert. Auf Einzelheiten kann daher hier verzichtet werden.

ad 4. Der *Eigentumswohnbau* hat stets eine recht charakteristische komplementäre Standortwahl zum Gemeindebau betrieben, ohne daß diese explizit von den jeweiligen institutionellen Entscheidungsträgern formuliert worden wäre (vgl. Karte 16). Der Eigentumswohnbau hat sich in der Nachkriegszeit in erster Linie beim Umbau des gründerzeitlichen Stadtkörpers und ebenso in der westlichen Außenstadt betätigt.

Die Rechnung des Regressionsmodells für die genannten Bauträger stand unter der Ausgangshypothese, daß aufgrund der räumlichen Ausschließung und damit der *Komplementarität in der Standortwahl* negative Regressionskoeffizienten vorhanden sein müßten. Diese Annahme konnte bestätigt werden. Es ergab sich ferner (vgl. Figur 29), daß zwischen dem Gemeindebau und dem Eigentumswohnbau die höchsten negativen Regressionskoeffizienten auftreten.

Figur 29: **Das Regressionsmodell der Baumilieus in der Gesamtstadt von Wien 1981**

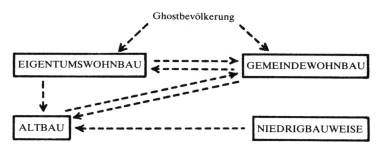

Karte 14: Die Altbauwohnungen in Wien 1981

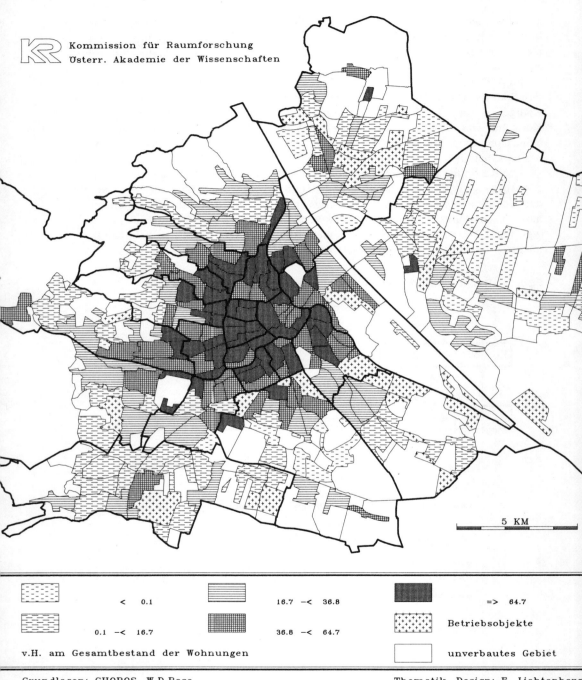

Karte 15: Die Gemeindebauwohnungen in Wien 1981

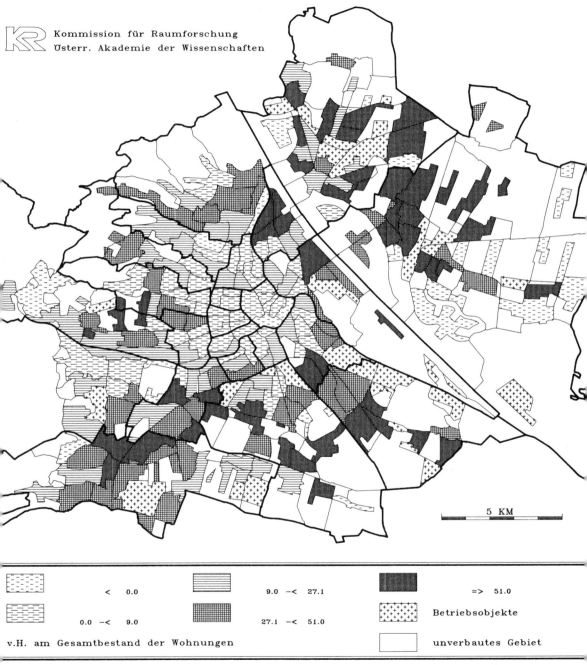

Der nächste Schritt der Analyse konzentriert sich damit auf diese dichotomen Gruppen des Gemeindebaus bzw. Eigentumwohnbaus und fragt nach der Entstehung von *spezifischen Bauträgermilieus*. Folgende Hypothesen liegen den Regressionsmodellen, welche sowohl für die Gesamtstadt als auch für den gründerzeitlichen Innenstadtbereich und die Außenstadt gerechnet wurden, zugrunde:

1. Es wurde davon ausgegangen, daß beide Bauträger aufgrund der Gesellschaftspolitik des Staates Gemeinsamkeiten haben müssen, wie
— eine familienfreundliche Wohnbaupolitik und
— Restriktionen gegenüber der Aufspaltung der Nutzung von Wohnungen im beschriebenen Sinn, d. h. interne administrative Reglementierung zur Vermeidung des Leerstehens von Wohnungen und damit der Entstehung einer Ghostbevölkerung.

2. Im Hinblick auf präferierte Sozialgruppen wurde die dichotome These eingebracht, daß von seiten des kommunalen Wohnungsbaus Arbeiter, vom Eigentumswohnungsbau dagegen Selbständige aufgrund der finanziellen und rechtlichen Rahmenbedingungen bevorzugt werden (vgl. Figur 30). Die Rechenmodelle erbrachten nicht für alle Hypothesen eine Antwort.

Im folgenden die Beschreibung der Ergebnisse, wobei von den *Bevölkerungseffekten* ausgegangen wird. Zunächst die oben angesprochene „Privilegierung" von Arbeitern in der Einweisungsstrategie des *kommunalen Wohnungsbaus*. Wie aus den Regressionsmodellen zu entnehmen ist, „übersteht" der positive Regressionskoeffizient zwischen den Arbeiteranteilen und denen der Gemeindebauten alle räumlichen Disaggregierungen und findet sich gleicherweise im gründerzeitlichen Stadtgebiet wie am Stadtrand. Von Interesse ist es dagegen, feststellen zu können, daß die Familienfreundlichkeit, welche immer wieder apostrophiert wird, für das Gemeindebaumilieu im gründerzeitlichen Stadtgebiet nicht zutrifft.

Es wäre selbstverständlich unrichtig zu schreiben, daß das Gemeindebaumilieu in diesem Stadtraum „kleinkinderfeindlich" sei, obwohl ein statistisch nachweisbarer negativer Regressionskoeffizient zwischen dem Kleinkinderanteil und dem Anteil der Gemeindebauten in den Zählbezirken des geschlossen verbauten Stadtkörpers besteht. Ebenfalls Interesse verdient der negative Korrelationskoeffizient mit der Gruppe der Selbständigen, während es nicht weiter überrascht, daß für Gastarbeiter der kommunale Wohnungsbau einen verschlossenen Wohnungsmarkt darstellt.

Der *Eigentumswohnbau* kann im Hinblick auf das von ihm geschaffene soziale Milieu nur am Stadtrand näher spezifiziert werden. Hier sind es Selbständige und Einpersonenhaushalte, deren Anteile auf der Zählsprengelebene mit dem der Eigentumswohnungen ansteigen. Während der positive Regressionskoeffizient zwischen Selbständigen und Eigentumswohnungen der Erwartungshaltung entspricht, überrascht die Affinität der Einpersonenhaushalte zu den Eigentumswohnungen.

Dieser Zusammenhang scheint deshalb wichtig, da er im internationalen Vergleich mit den Erscheinungen parallelisiert werden kann, welche derzeit in den Suburbs der angelsächsischen Welt ablaufen, wo *Apartmenthäuser zu „Ausliegern" von Einpersonenhaushalten* werden. Ähnliche Entwicklungen dürften sich demnach,

Karte 16: Die Eigentumswohnungen in Wien 1981

Figur 30: **Gemeindebau und Eigentumswohnbau in dualen Regressionsmodellen von Gesamtstadt, Innenstadt und Außenstadt von Wien 1981**

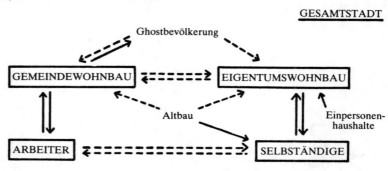

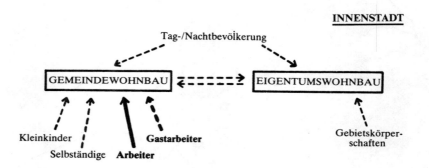

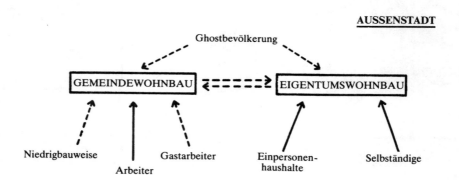

freilich nicht im Verhältnis von Kernstadt und Suburb, sondern in dem von Innenstadt und Außenstadt, auch in Wien abspielen.

Die Disaggregierung von Innenstadt und Außenstadt bringt noch ein weiteres recht interessantes Ergebnis, und zwar im Zusammenhang mit der *Ghostbevölkerung*, für welche oben die Hypothese einer Reduzierung durch beide Baumilieus formuliert wurde. Diese Hypothese läßt sich jedoch nur für die Außenstadt verifizieren. Wir kommen damit zu der Aussage, daß am Stadtrand in beiden Baumilieus in erster Linie Wien-zentrierte Bürger leben.

Hier üben andererseits beide Baumilieus negative Effekte auf die Tag-/Nachtbevölkerung aus, d. h. anders ausgedrückt, daß mit steigendem Anteil von Gemeindebauten bzw. Eigentumswohnbauten die Arbeitsstättenfunktion sinkt. Aufgrund der Ergebnisse der Primärforschung ergibt sich folgende Interpretation: Während der kommunale Wohnbau sich kaum mit Arbeitsstätten assoziiert, sind ältere Arbeitsstätten, in erster Linie Industriebetriebe, durch den Eigentumswohnbau verdrängt worden.

In einem weiteren dualen Regressionsmodell wurde die *Funktion des Altbaus und des Neubaus* untersucht. Zur Information darf eingeschoben werden, daß der Begriff des „Neubaus" sämtliche Bauten umfaßt, die seit dem Zweiten Weltkrieg entstanden sind. Figur 31 bietet die Ergebnisse der Analyse für den gründerzeitlichen Stadtraum und die östliche und südliche Außenstadt.

Diese Gegenüberstellung hat auch eine methodische Zielsetzung, nämlich zu zeigen, daß Informationsgehalt und Reichhaltigkeit der Aussage von Regressionsmodellen auch von der Dominanz der spezifischen Bauträger bzw. Verbauungstypen in den untersuchten statistischen Arealen (sprich: Zählbezirken) abhängig sind. Auf Grund der Menglage der Neubauten im gründerzeitlichen Stadtgebiet und ihrer zumeist nur akzessorischen Funktion im gesamten Baubestand von Zählbezirken ist es nicht möglich, die potentielle „ökologische Qualität" in einem entsprechenden Regressionsmodell zu erfassen. Anders ist die Situation am südlichen und östlichen Stadtrand, wo die Neubauten nicht nur einen wesentlichen Bestandteil des Baubestandes bilden, sondern sich arealmäßig recht deutlich separieren. Im folgenden die Ergebnisse des Regressionsmodells:

Bereits bei den faktorenanalytischen Modellen wurde wiederholt darauf hingewiesen, daß im gründerzeitlichen Stadtgebiet ein dichotomer Faktor von Selbständigen versus Arbeiter die soziale Dimension abbildet. Im Regressionsmodell stellt man andererseits mit Überraschung fest, daß mit der Neubautätigkeit am Stadtrand sowohl der Arbeiteranteil als auch der Anteil der Selbständigen durch einen negativen Regressionskoeffizienten verknüpft sind. Wir kommen damit zur Aussage, daß beide Sozialgruppen in der Neubautätigkeit in der Außenstadt gleichsam nicht „mithalten" können.

Ferner zeichnen sich zwei unterschiedliche *Familienmilieus* ab insofern, als die Vierpersonenhaushalte sowohl im Altbau des gründerzeitlichen Baugebiets als auch in den Neubaugebieten des Stadtrandes positive Verknüpfungen aufweisen.

Unabhängig von der Lage des Neubaumilieus in der Außen- oder Innenstadt sind beide Milieus für alte Leute schlecht zugänglich.

Figur 31: **Die Funktion des Altbaus in der Innenstadt und am östlichen und südlichen Stadtrand von Wien 1981**

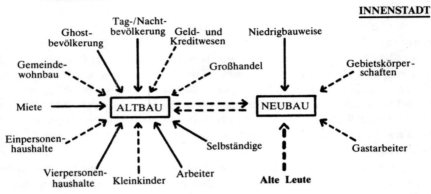

Die *Effekte der Ghostbevölkerung* verschieben sich vom Altbau im gründerzeitlichen Stadtgebiet auf den Neubau am Stadtrand und belegen daher unterschiedliche Intentionen derselben (vgl. unten).

Die *Funktion der Tag-/Nachtbevölkerung* und damit der Arbeitsstätten für den Altbau ist im gründerzeitlichen Stadtkörper durch den positiven Regressionkoeffizienten belegt, wobei allerdings die großen Branchen des Geld- und Kreditwesens und des Großhandels als wichtige Träger der Citybildung negative Effekte auf den Altbau ausüben, dessen Anteile durch ihre steigende Präsenz reduziert werden.

Die Effekte des Baumilieus

Figur 32: **Die Funktion der Miete: Eine multiple Regressionsanalyse von Gesamtstadt, Innenstadt und Außenstadt von Wien 1981**

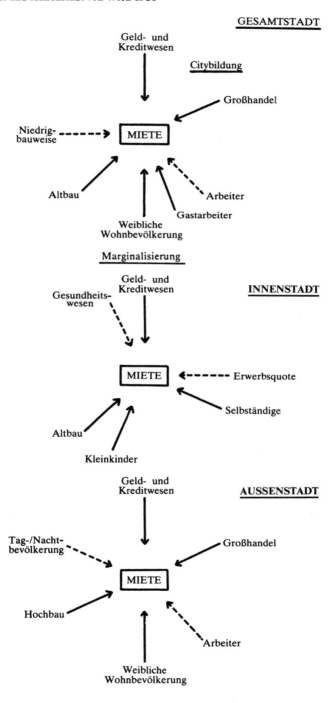

5.3. Die Indikatorfunktion der Mieten

Bodenpreise und „rent-paying ability" zählen zu den Grundfesten des Theoriegebäudes der Stadtökonomie in kapitalistischen Gesellschaften. Die Segmentierung des Wohnungsmarktes in Wien, die jahrzehntelang beibehaltene Niedrigmietenpolitik im Altbaubestand und die daran anschließende Niedrigmietenpolitik bei der Bautätigkeit der Gemeinde Wien haben die Funktion der Miete im Reproduktionsprozeß der physischen Struktur der Stadt ebenso verändert wie auch durch die anderwärtige Verwendung von Ersparnissen der Bevölkerung Investitionen in das Zweitwohnungswesen gefördert (vgl. oben).

Im folgenden beruhen die Aussagen auf den Angaben der durchschnittlichen Mietenhöhe in den Zählbezirken. Es erübrigt sich festzustellen, daß innerhalb der einzelnen Zählbezirke, je nach Baualter, Bauqualität, Bauträger und dgl., beachtliche Unterschiede bestehen. Die Karte 17 der Mietenhöhe auf der Zählbezirksebene bietet einen Überblick über die Differenzierung des Mietenniveaus in Wien und gestattet die Aussage, daß die Zweiteilung der Stadt in eine in erster Linie durch den kommunalen Neubau bestimmte östliche und südliche Außenstadt und in das übrige Stadtgebiet durch einen sehr deutlichen Sprung in der Mietenhöhe gekennzeichnet ist derart, daß erstere im Durchschnitt ein um ca. 30% niedrigeres Mietenniveau aufweist.

Nun stehen keine Vergleichsangaben für Kommunalbauten in verschiedenen Lagen der Stadt zur Verfügung, und man könnte daher auch den Einwand kritischer Stimmen, daß es sich bei der Miete um einen Lageparameter handelt und in diesen daher die größere Attraktivität des westlichen Stadtraums in unmittelbarer Nähe des Wienerwaldes eingeht, nicht direkt zurückweisen. Immerhin erscheint es beachtlich, daß die von Nordosten nach Westen verlaufende Tangente der Schnellbahn auf weite Strecken eine Trennungslinie darstellt, welche nicht direkt mit Lageparametern in Verbindung gebracht werden kann.

Unabhängig von der Lagequalität ist eines jedenfalls sicher, nämlich daß in der südlichen und östlichen Außenstadt die Bevölkerung im Durchschnitt wesentlich billiger wohnt als in der gründerzeitlichen Innenstadt und am westlichen Stadtrand.

Die Mietenhöhe wird nun nicht nur als standorttheoretischer Parameter verwendet, sondern auch als ein Indikator zur Messung der Benachteiligung von spezifischen Gruppen. Hierzu deckt das Regressionsmodell einige überraschende Zusammenhänge auf (vgl. Figur 32).

Zunächst die Aussagen für die Gesamtstadt. Für die Gesamtstadt gilt, daß in den Zählbezirken, wo der *Gastarbeiteranteil steigt* und ebenso *der Frauenüberschuß zunimmt*, auch *die Mieten höher werden*. Ersterer statistischer Zusammenhang ist aus der Primärforschung bekannt, der zweite neu. Zur Erklärung der Benachteiligung der weiblichen Wohnbevölkerung bedürfte es freilich entsprechender Primärforschung.

Im *gründerzeitlichen Stadtgebiet* verschiebt sich die Aussage der Abhängigkeit der Mietenhöhe in Richtung auf die *Anteile von Kleinkindern* und von Selbständigen. Während im gründerzeitlichen Stadtgebiet kein statistischer Zusammenhang zwischen dem Arbeiteranteil und der Mietenhöhe nachweisbar ist, läßt sich in der *Außenstadt* feststellen, daß *mit steigendem Arbeiteranteil die Mietenhöhen* in den betreffenden Zählbezirken *sinken.*

Der *Einfluß der Bauweise* auf die Mietenhöhe zeitigt in der Innen- und Außenstadt unterschiedliche Effekte. Während am Stadtrand die Hochbauweise ein Ansteigen der Mieten bewirkt, trifft dasselbe im gründerzeitlichen Stadtraum für den Altbau zu, ebenso für citybildende Faktoren, wie die Betriebe des Geld- und Kreditwesens und des Großhandels. Fassen wir zusammen: In der multiplen Regressionsanalyse konnten folgende Funktionen der Miete offengelegt werden:

1. Das Mietenniveau ist in Wien primär West-Ost differenziert. Die Zweiteilung der Stadt läßt sich daher durch die räumliche Verteilung der Mietenhöhe ganz vorzüglich abbilden.

2. In der internationalen Literatur wird marginalen Gruppen ein höherer Mietenwert zugeschrieben. Dies würde im konkreten bedeuten, daß Arbeiter, Gastarbeiter und alte Leute als marginale Gruppen in Gebieten wohnen müssen, welche durch ein relativ höheres Mietenniveau gekennzeichnet sind. Die multiple Regressionsanalyse erbrachte eine Revision dieses in der Literatur nahezu als allgemeingültig angesehenen Zusammenhangs. Sowohl für die Gesamtstadt als auch für die Außenstadt läßt sich nachweisen, daß, wenn der Arbeiteranteil ansteigt, in den betreffenden Zählbezirken das Mietenniveau absinkt. Andererseits ließ sich die Benachteiligungsthese für die Gastarbeiter in der Gesamtstadt verifizieren. Die Benachteiligungsthese muß jedoch erweitert werden, und zwar für zwei Gruppen der Bevölkerung, einerseits für die weibliche Wohnbevölkerung am Stadtrand und andererseits für die Kinder im gründerzeitlichen Stadtgebiet.

Die Aussagen hinsichtlich des *Effektes von Arbeitsstätten* fügen sich dagegen in das bisher bekannte Modell ein, daß citybildende Betriebe, wie die des Geld- und Kreditwesens und Großhandels, das Mietenniveau anheben, während andererseits die Betriebsstättenfunktion am Stadtrand (es handelt sich in erster Linie um industrielle Betriebsstätten) negativ mit der Mietenhöhe korreliert, d. h. anders ausgedrückt, daß Betriebe dort ihre Standorte wählen, wo die Mieten niedrig sind.

5.4. Das ökologische Milieu der Ghostbevölkerung

Die Ghostbevölkerung zählt zu den faszinierenden Erscheinungen der gegenwärtigen Wiener Stadtentwicklung. Insgesamt handelt es sich um ein sehr differenziertes Phänomen, das einer sorgfältigen Primärforschung bedürfte, um die räumlich unterschiedlichen Voraussetzungen für Entstehung und Verbreitung offenzulegen. Bereits weiter oben wurde darauf hingewiesen, daß zwei Zonen des Auftre-

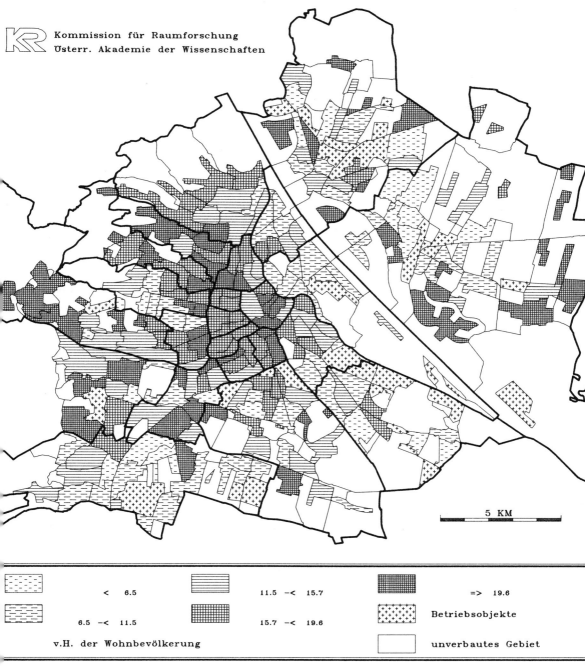

tens kartographisch ausgrenzbar sind, nämlich einerseits eine Stadtrandzone, wo Übergangsnutzungen von Schrebergärten und Sommerhäusern bis zu Einfamilienhäusern hin bestehen, und andererseits eine Innenstadtzone in den westlichen Inneren Bezirken und in den anschließenden Äußeren Bezirken beiderseits der Gürteltrasse (vgl. Karte 18).

Der externe Bedingungsrahmen einer spezifischen Wohnungsmarktstrategie, in der die Beibehaltung einer leerstehenden Wohnung möglich ist, wurde bereits beschrieben. In den folgenden Ausführungen geht es um die Feststellung der Milieus, in denen sich Ghostbevölkerung entwickelt. Aus dem Regressionsmodell (vgl. Figur 33) ist zu entnehmen, daß spezifische Wohnbauträger dieses Phänomen reduzieren können. Der negative Regressionskoeffizient zwischen Eigentumswohnbau und Gemeindewohnbau und dem Anteil der Ghostbevölkerung in den jeweiligen Zählbezirken demonstriert dies recht eindrucksvoll.

Das *gründerzeitliche Stadtgebiet*, insbesonders die Inneren Bezirke, weisen ein recht komplexes Beziehungssystem auf. Aus dem Regressionsmodell ist ersichtlich, daß *folgende Elemente das Auftreten der Ghostbevölkerung begünstigen*:

1. Der *Anteil der alten Leute*. Anders formuliert kann man sagen, daß mit dem „Einrücken in terminale Bereiche der Absterbeordnung" ein Potential von leerstehenden Wohnungen entsteht dadurch, daß die Mietwohnungen als „Pseudoeigentum" auf dem Erbweg weitergegeben und von der nachfolgenden Generation nur mehr gelegentlich einer Wohnnutzung zugeführt werden bzw. von vornherein Zweitwohnungen darstellen.

2. Eine ganz ähnliche Interpretation gilt für die *Einpersonenhaushalte*.

3. Der von der *Erwerbsquote* ausgehende negative Effekt weist ferner auf die geringen beruflichen Verpflichtungen der betreffenden Wohnbevölkerung und die dadurch bedingte Möglichkeit einer Aufspaltung der Wohnfunktion in zwei Standorte hin.

4. Unter den Sozialgruppen „leisten" nur die Selbständigen einen Beitrag zur Erhöhung der Ghostbevölkerung in den von ihnen bewohnten Zählbezirken. Auch dies kann als ein Beleg für die „schleichende Suburbanisierung" dieser Sozialgruppe aufgefaßt werden.

Das Regressionsmodell des *östlichen Stadtrands* weist im Vergleich zu dem des gründerzeitlichen Stadtgebiets zwei Hauptunterschiede auf:

1. Im Hinblick auf die assoziativ verbundenen Sozialgruppen handelt es sich hier in erster Linie um Arbeiter, mit deren Anteil in einem Zählbezirk auch der Anteil der Ghostbevölkerung wächst.

2. Ferner steigt die Ghostbevölkerung auch mit dem Anteil von Neubauten. Auch die Niedrigbauweise trägt zu diesem Ansteigen bei.

Der Hauptunterschied zwischen Innenstadt und Außenstadt liegt darin begründet, daß über den Neubau Wohnbevölkerung in die Innenstadt hineingebracht wird, während *in der Außenstadt zumindest ein Teil des Neubaus zur Verortung der Ghostbevölkerung* dient. Es zeichnet sich im Regressionsmodell eine Peripherie von Zweithäusern ab. Diese werden zum Teil mit öffentlichen Förderungsmitteln erstellt, welche die Schaffung von Eigenheimen mit niedrigen Zinssätzen subventio-

Das ökologische Milieu der Ghostbevölkerung

nieren. Aufgrund der liberalen Wohnstandortpolitik des österreichischen Staates werden die betreffenden Bauherrn jedoch nicht gezwungen, geschweige denn überhaupt veranlaßt, derartige Einfamilienhäuser als Hauptwohnsitze zu beziehen.

Figur 33: **Die Regressionsanalyse der Ghostbevölkerung in der Gesamtstadt, Innenstadt und östlichen und südlichen Außenstadt von Wien 1981**

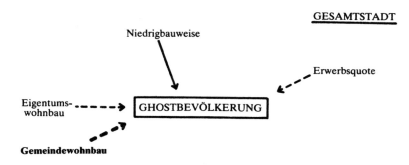

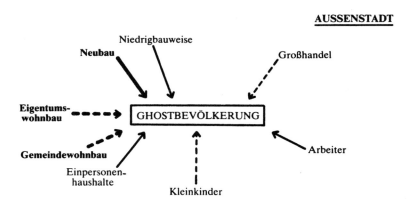

5.5. Demographische Milieus

Die Thematik von demographischen Milieus soll anhand von zwei Gegensatzpaaren durch Regressionsmodelle dargestellt werden, und zwar durch die Frage nach den Milieus 1. von alten Leuten und Kleinkindern (vgl. Figur 34) und 2. von Einpersonenhaushalten und Vierpersonenhaushalten.

1. In der sozialökologischen Literatur wird das *Problem von Altersklassen* meist äußerst vereinfacht analysiert, indem denselben ein grundsätzlich ähnlicher Stellenwert zugeschrieben wird*. Diese Vorgangsweise ist falsch, da mit dem Fortschreiten des einzelnen bzw. von Kohorten auf dem Lebenspfad Persistenzphänomene zunehmend an Bedeutung gewinnen. Bei der Analyse von alten Leuten muß man daher von der Grundthese ausgehen, daß Persistenzen der beruflichen Position und damit von historischen Sozialstrukturen zu erwarten sind, sobald kein ökonomisch oder politisch gesteuerter Verdrängungsprozeß von alten Leuten aus den Wohnungen erfolgt, die sie während ihres Berufslebens innehatten, sondern daß alte Leute imstande sind, diese Wohnungen selbst bei verringerten Bezügen zu behaupten, falls sie es wollen. Für die Wiener Situation trifft das letztere zu. Damit sind die Axiome bezüglich der Marginalität von alten Leuten aus der sozialwissenschaftlichen Literatur der angelsächsischen Welt auch nicht direkt auf die Wiener Situation zu übertragen. Man kann vielmehr davon ausgehen, daß historische Differenzierungen von Ständen und Berufsgruppen in dementsprechenden ökologischen Milieus nachwirken. Folgende These steht damit am Anfang der Analyse: Alte Leute sind keineswegs grundsätzlich an ein marginales ökologisches Milieu gekettet, sie sind jedoch aufgrund des genannten Immobilisierungseffektes der Mieterschutzgesetzgebung an den älteren Wohnraum der Stadt gebunden und partizipieren nicht bzw. nur in geringerem Maße an der Neubautätigkeit.

Die obige These vom „sozial neutralen" Milieu der alten Leute ist sowohl im Regressionsmodell für die Gesamtstadt als auch in den Teilmodellen für das gründerzeitliche Stadtgebiet und den Stadtrand nachweisbar und wird dadurch belegt, daß sowohl der Anteil von Arbeitern als auch der der Selbständigen einen hohen positiven Regressionskoeffizienten mit dem Anteil der alten Leute besitzt.

Ein Zusammenhang mit peripheren Standorten wurd durch den ebenfalls positiven Koeffizienten mit der Niedrigbauweise für das gesamte Stadtgebiet dokumentiert.

Aus dem Persistenzphänomen der historischen Bevölkerungsstruktur ist auch der hohe positive Regressionskoeffizient mit der weiblichen Wohnbevölkerung zu erklären, handelt es sich doch um den *Frauenüberschuß*, welcher durch die Ereignisse des Zweiten Weltkriegs „miterzeugt" wurde, und damit ebenfalls um einen Bevölkerungsteil, der in dem einmal gewählten Wohngebiet verblieben ist,

---

* M. W. Schuetz, 1985.

Demographische Milieus

Figur 34: **Die Milieus von alten Leuten und Kindern unter 6 Jahren in der Gesamtstadt, Innenstadt und Außenstadt von Wien 1981**

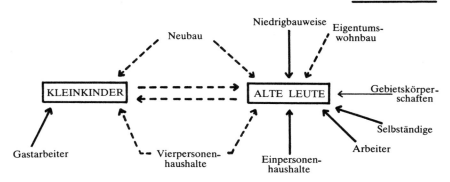

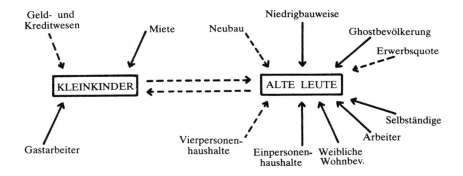

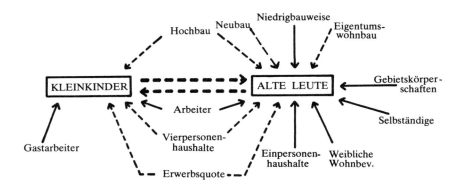

nachdem die Haushalte durch Tod oder Wegzug von Mitgliedern schrittweise verkleinert wurden.

Das demographische Milieu, in dem *Kleinkinder* aufwachsen, sondert sich durch sehr hohe negative Koeffizienten von dem der alten Leute. Trotz mehrerer Testläufe gelang es nicht, ein Regressionsmodell für das Milieu von Kleinkindern mit einem ähnlich breiten Aussagensystem auszustatten, wie dies für das der alten Leute möglich ist. Allerdings konnte ein durchgehender Zusammenhang von gravierender Praxisrelevanz offengelegt werden, nämlich der signifikante positive Koeffizient zwischen steigenden Kleinkinderanteilen und steigenden Gastarbeiteranteilen in *allen* Zählbezirken von Wien. Dieses Problem der Gastarbeiterkinder, welches derzeit nur im gründerzeitlichen Stadtgebiet über die steigenden Anteile von Gastarbeiterkindern in öffentlichen Schulen gelegentlich Schlagzeilen in der Presse macht, wird allerdings in nicht zu ferner Zukunft in ein generelles Ausländerkinder-Problem transferiert werden.

Auf eine weitere sozialpolitisch keineswegs erfreulichen Tatsache, nämlich den standortmäßigen Zusammenhang von Haushalten mit Kleinkindern und höherem Mietenniveau in den betreffenden Zählbezirken, wurde bereits weiter oben hingewiesen.

Dieser statistische Zusammenhang ist freilich nur für den gründerzeitlichen Stadtraum signifikant. Nichtsdestoweniger muß nachdrücklich auf diesen positiven Regressionskoeffizienten hingewiesen werden, der belegt, daß Kleinkinder im gründerzeitlichen Stadtgebiet nicht nur — wie allgemein bekannt — durch das Fehlen von Spielflächen, Grünflächen und dgl. benachteiligt sind, sondern daß sie überdies in Zählbezirken aufwachsen, welche mit einem höheren Mietensatz belastet sind.

2. Bei der Darstellung der Entwicklung Wiens in der Nachkriegszeit wurde auf das *Take-Off der Einpersonenhaushalte* hingewiesen. Es erschien daher eine reizvolle Aufgabe, in einem dualen Regressionsmodell von Einpersonenhaushalten und Vierpersonenhaushalten der Frage nach dem physischen Milieu und der Assoziation mit anderen Bevölkerungsgruppen nachzugehen (vgl. Figur 35).

Hierbei wurde in Anlehnung an die Aussagen im Einleitungskapitel von folgenden Thesen ausgegangen:

1. Einpersonenhaushalte stellen in der Wiener Situation keineswegs eine marginale Bevölkerungsgruppe dar.

2. Sie werden jedoch aufgrund der spezifischen Wohnraumsituation in Wien und der über Jahrzehnte hin betriebenen, auf Familienförderung zielenden Wohnbaupolitik auf den Substandardwohnraum verwiesen.

3. Aufgrund des Altersaufbaus der Bevölkerung und der längeren Lebenserwartung von Frauen bei Einpersonenhaushalten ist mit einem überproportionalen Anteil von weiblicher Wohnbevölkerung respektive einem Defizit an männlicher Wohnbevölkerung zu rechnen.

4. Unter Bezug auf einen zentral-peripheren Gradienten sind Einpersonenhaushalte eher zentrumsorientiert. Es ist daher zu erwarten, daß sie in der Niedrigbauweise des Stadtrandes zurücktreten.

Demographische Milieus

Figur 35: **Die Milieus von Einpersonenhaushalten und Vierpersonenhaushalten in der Gesamtstadt, Innenstadt und Außenstadt von Wien 1981**

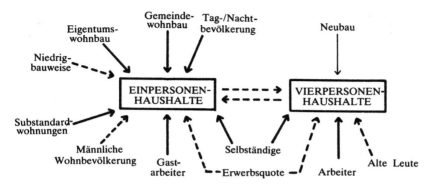

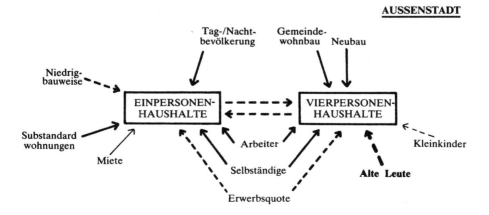

Im folgenden die Überprüfung dieser Thesen durch das Regressionsmodell:

1. Im Hinblick auf die sozialen Assoziationen bestehen zwischen der Innenstadt und der Außenstadt Unterschiede insofern, als nur am Stadtrand assoziative Verknüpfungen mit *beiden* Sozialgruppen, den Selbständigen und den Arbeitern, bestehen, während im gründerzeitlichen Stadtgebiet sozialgruppenspezifische Bezüge statistisch nicht nachweisbar sind.

2. Im Hinblick auf den physischen Wohnraum der Stadt läßt sich die *Substandardthese* für alle Teilgebiete verifizieren. Überdies erweist es sich, daß in der Gesamtstadt auch Gemeindebauten und Eigentumswohnbauten auf der Zählbezirksebene in positivem statistischem Zusammenhang mit den Einpersonenhaushalten stehen.

3. Die These hinsichtlich des *Defizits an männlicher Wohnbevölkerung* beim Auftreten von Einpersonenhaushalten läßt sich am Stadtrand nicht verifizieren – ein Hinweis darauf, daß in diesem Fall *nur in der Innenstadt* auch mit einem höheren Defizit an männlicher Wohnbevölkerung zu rechnen ist.

4. Die zentral-periphere Differenzierung im Wohnmilieu der Stadt wird durch den negativen Regressionskoeffizienten mit der Niedrigbauweise am Stadtrand und durch denjenigen mit dem Neubauanteil im gründerzeitlichen Stadtgebiet angezeigt. Einen Beleg für die Arbeitsstätten-orientierte Allokation von Einpersonenhaushalten am Stadtrand bietet der positive Regressionskoeffizient mit der Tag-/Nachtbevölkerung.

Im folgenden das Regressionsmodell für die *Vierpersonenhaushalte*. Auch für diese seien zunächst die *Thesen* aufgelistet:

1. Auch bei den Vierpersonenhaushalten wird zunächst davon ausgegangen, daß sie ein „sozial neutrales" Element darstellen.

2. Aufgrund der wiederholt erwähnten Wohnbauförderung für Familien ist jedoch zu erwarten, daß sie in erster Linie an den Neubaubestand geknüpft sind.

3. Es ist ferner zu erwarten, daß zwischen dem Kleinkinderanteil und den Vierpersonenhaushalten eine positive Korrelation besteht.

Auch hierzu im folgenden die *Ergebnisse*:

1. Die erste These erwies sich als nicht haltbar. Sowohl in der Gesamtstadt als auch am Stadtrand ergaben sich positive Regressionskoeffizienten zwischen den beiden schrumpfenden Sozialgruppen der Arbeiter und Selbständigen mit den Vierpersonenhaushalten. Daraus ergibt sich in weiterer Konsequenz die Schlußfolgerung, daß die nicht in die Analyse aufgenommene dritte Sozialgruppe, nämlich die der Angestellten, ein abweichendes demographisches Verhalten aufweisen muß.

2. Auch der Zusammenhang mit dem Anteil des Neubaus konnte nur am Stadtrand bestätigt werden. Im gründerzeitlichen Stadtgebiet ergab sich dagegen ein Zusammenhang der Vierpersonenhaushalte mit dem Altbaubestand. Der im faktorenanalytischen Modell des gründerzeitlichen Stadtgebietes besonders herausgestellte Faktor mit hohen positiven Ladungen der Anteile von Vierpersonenhaushalten, Altbaubestand und Selbständigen findet sich derart in der Regressionsanalyse wieder.

3. Besonders auffällig ist das Fehlen von statistisch signifikanten Zusammenhängen zwischen dem Anteil der Vierpersonenhaushalte und einem entsprechenden Anteil von Kleinkindern in den betreffenden Zählbezirken.

Es bestätigt sich damit die bereits im Überblick genannte „Geburtenwelle", welche derzeit wieder in den gründerzeitlichen Stadtraum zurückrollt, so daß insgesamt Kleinkinder in sehr unterschiedlichen Milieus, definiert von seiten des Wohnraums und der demographischen Situation, aufwachsen. Dagegen weisen die zum Zeitpunkt der Volkszählung 1981 erhobenen Vierpersonenhaushalte bereits überwiegend Kinder im Schulalter auf.

Abschließend sei noch auf eine Gemeinsamkeit beider Haushaltsgrößen im dualen Regressionsmodell hingewiesen, nämlich die, daß mit steigendem Anteil der Anteil der erwerbstätigen Personen an der Wohnbevölkerung sinkt. Die Gründe hierfür sind begreiflicherweise verschieden. Im Fall der Einpersonenhaushalte reduzieren die Anteile der Pensionisten und Rentner die Erwerbsquote, bei den Vierpersonenhaushalten geht die niedrige Erwerbsquote auf das Konto der noch nicht ins Berufsleben eingetretenen Familienmitglieder bzw. der nicht berufstätigen Frauen.

5.6. Sozialmilieus

Bei der Darstellung der demographischen Milieus wurde auf das Persistenzphänomen bezüglich der früheren beruflichen Position bei Rentnern und Pensionisten hingewiesen. Dieselbe Aussage gilt grundsätzlich auch für soziale Milieus, insbesonders dort, wo es sich um schrumpfende Sozialgruppen mit höherem Grad von Überalterung handelt.

Auf die Persistenzphänomene der beiden in einem Gegensatzpaar zusammengefaßten Sozialgruppen von Arbeitern und Selbständigen wurde bereits anhand der räumlichen Verteilung im Stadtraum eingegangen. Bereits in der Faktorenanalyse konnte festgestellt werden, daß sich Arbeiter und Gastarbeiter sehr häufig in einem Faktor assoziieren. Es erschien daher naheliegend, ein dreigliedriges Regressionsmodell zu entwerfen, in dem einerseits Arbeiter und Selbständige wechselseitig durch hohe negative Regressionskoeffizienten und andererseits Arbeiter und Gastarbeiter durch positive Regressionskoeffizienten miteinander verkettet sind (vgl. Figur 36).

Dieses dreigliedrige Regressionsmodell wurde mit mehreren Thesen ausgestattet, und zwar

1. unter dem Gesichtspunkt von schrumpfenden Gruppen im Falle der Selbständigen und Arbeiter mit der These der zu erwartenden Überalterung,

2. unter dem Gesichtspunkt der Segmentierung des Wohnungsmarktes (vgl. oben),

3. unter Bezug auf die Beteiligung dieser Gruppen am Arbeitsprozeß, wobei bei den Selbständigen und bei den Gastarbeitern eine hohe Erwerbsquote vorausgesetzt wird.

Figur 36: **Die Milieus von Arbeitern, Gastarbeitern und Selbständigen in der Gesamtstadt von Wien 1981**

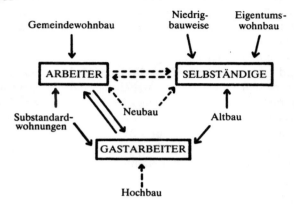

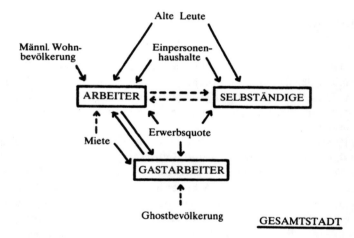

GESAMTSTADT

Aus Gründen der graphischen Übersichtlichkeit wurde die Darstellung der Regressionskoeffizienten zweigeteilt.

Zunächst das Regressionsmodell für die *Gesamtstadt*. Auf die wechselseitigen Präferenzen zwischen Bauträgern und Sozialgruppen, d. h. auf den Zusammenhang zwischen Gemeindewohnbau und Arbeiteranteil sowie Eigentumswohnbau und Anteil der Selbständigen auf der Zählbezirksebene wurde schon weiter oben hingewiesen, ebenso darauf, daß beide Sozialgruppen nicht bei der Neubautätigkeit mithalten können. Im potentiellen Substandardmilieu sind Arbeiter und Gastarbeiter vereint.

Andererseits finden sich im Altbaubestand Selbständige und Gastarbeiter. Eine zum Teil schon ältere Stadtrandwanderung der Selbständigen wird in positiven Regressionskoeffizienten mit der Niedrigbauweise abgebildet. Hinter dem negativen Regressionskoeffizienten der Gastarbeiter mit dem Hochbau steht indirekt die Aussage, daß Gastarbeiter eher in einem Baubestand von mittlerer Bauhöhe (mit 3 und 4 Geschossen) wohnhaft sind.

Im gesellschaftlichen Zusammenhang des zweiten Teils des Regressionsmodells wird der Schrumpfungsprozeß der beiden Sozialgruppen der Arbeiter und Selbständigen durch die hohen positiven Regressionskoeffizienten einerseits mit alten Leuten und andererseits mit Einpersonenhaushalten belegt.

Interessanterweise sind jedoch nicht nur die Selbständigen und Gastarbeiter in Zählbezirken zu finden, in denen mit ihrem Anteil auch die Erwerbsquote steigt, sondern dasselbe gilt auch für die Arbeiter, deren Anteil übrigens mit dem der männlichen Wohnbevölkerung ansteigt.

Auf die sozialen Effekte der Miete wurde bereits hingewiesen, d. h. auf die relative Privilegierung von Arbeitern bzw. Benachteiligung von Gastarbeitern.

In dem dreigliedrigen Regressionsmodell von Selbständigen, Arbeitern und Gastarbeitern wurde erstmals das Merkmal der *potentiellen Substandardwohnungen* als physische Milieukomponente eingebracht und im Anschluß daran seine Abhängigkeit von den als marginal zu definierenden Bevölkerungselementen in einer multiplen Regressionsanalyse getestet. In Figur 37 sei das interessante Ergebnis präsentiert.

Figur 37: **Marginale Gruppen im potentiellen Substandardmilieu von Wien 1981**

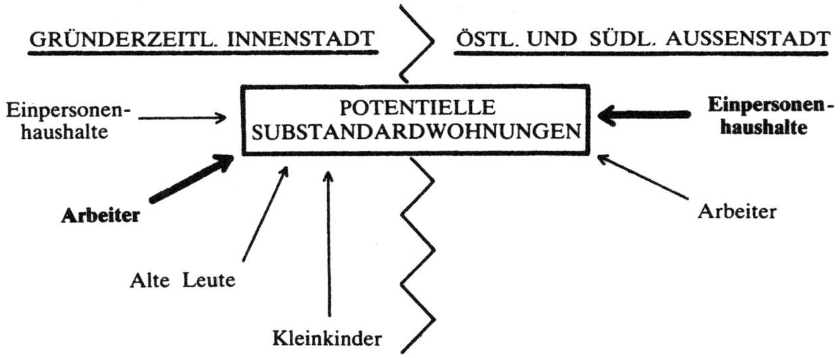

Der Vergleich der Regressionsmodelle von gründerzeitlicher Innenstadt und südlicher und östlicher Außenstadt gestattet folgende Aussagen:

Im gründerzeitlichen Stadtgebiet ist die vorherrschende soziale Marginalität durch den hohen Regressionskoeffizienten des Arbeiteranteils belegt, die viel geringere Rolle des Anteils von alten Leuten, Einpersonenhaushalten und Kleinkindern äußert sich in niedrigen Regressionskoeffizienten. In der südlichen und östlichen

Außenstadt sind die Verhältnisse umgekehrt, d. h. hier kommt die demographische Marginalität in Form der sehr hohen negativen Regressionskoeffizienten der Einpersonenhaushalte zum Vorschein, während andererseits der niedrige Regressionskoeffizient dem Arbeiteranteil nur akzessorische Funktion zuweist.

5.7. Der Wandel der sozialökologischen Milieus 1971-1981

Die folgenden Ausführungen beruhen auf regressionsanalytischen Modellen, welche mittels der selben Indexvariablen, welche in die dynamische Faktorenanalyse eingegangen sind, gerechnet wurden. Auf die durch das Fehlen von statistischen Daten erzwungene Reduzierung des Datensets wurde im obigen Zusammenhang bereits hingewiesen. Entscheidende Defizite bestehen demnach in den Informationen über die physische Struktur der Stadt sowie über die Arbeitsstätten.

Auf eine weitere methodische Schwierigkeit von regressionsanalytischen Modellen wurde bereits in Kapitel 3 verwiesen. Es handelt sich grundsätzlich darum, daß sowohl wachsende als auch schrumpfende Systeme durch strikt lineare Modelle nur sehr schlecht abgebildet werden. Dies bedeutet, umgemünzt auf die sachlichen Aussagen, daß gerade die sehr wichtigen Vorgänge der Reduzierung des gründerzeitlichen Baubestandes ebenso wie die Abnahme der potentiellen Substandardwohnungen nur völlig unzureichend mittels eines Regressionsmodells erfaßt werden. Dasselbe trifft auch auf das Wachstumsphänomen der Ghostbevölkerung sowie die beachtliche Zunahme der Wohnfläche pro Einwohner zu.

Aufgrund von Datendefiziten und der beschriebenen Linearität des Aussagensystems der multiplen Regressionsanalyse können daher nur einige der gestellten Fragen beantwortet werden. Ebenso erweist es sich als nicht zielführend, Ergebnisse des Testverfahrens für Hypothesen in derselben Weise graphisch zu präsentieren, wie dies im vorangegangenen Kapitel geschehen ist. Grundsätzlich wird in den Ausführungen jedoch die bisherige Reihenfolge beibehalten.

Als erstes die *Effekte des Baumilieus*: Die Modellbildung ist hierbei durch das Datendefizit besonders betroffen, es stehen keine Angaben über die Veränderungen des Eigentumswohnungsbaus und des kommunalen Wohnungsbaus im Untersuchungsraum zur Verfügung. Für die Regressionsanalyse standen nur folgende Variablen zur Verfügung:

1. Die Neubautätigkeit von 1971 bis 1981 als Anteil an der gesamten Neubautätigkeit seit 1945,
2. die Veränderung des gesamten gründerzeitlichen Baubestandes und
3. die Veränderung der Wohnfläche pro Einwohner.

Bei der verbalen Interpretation der Ergebnisse der multiplen Regressionsanalyse, d. h. bei den in Figur 37 angegebenen positiven bzw. negativen Regressionskoeffizienten muß berücksichtigt werden, daß sich die Aussagen auf wachsende, nahezu gleichbleibende und abnehmende Elemente beziehen.

Die folgenden Ausführungen zentrieren um die Kennzeichnung der unterschiedlichen *Entwicklungstendenzen in der gründerzeitlichen Innenstadt* und *in der südlichen und östlichen Außenstadt*.

Zunächst die *Veränderungen der gründerzeitlichen Bausubstanz*, welche, wie in der Übersicht ausgeführt, in Form von Abbrüchen, Zusammenlegungen, Ausscheiden aus der Wohnnutzung insgesamt zu einer Reduzierung derselben führte. Damit ging die Abnahme der Selbständigen in der Außenstadt Hand in Hand, während in der Innenstadt der Anteil der Kleinkinder und der alten Leute davon betroffen wurde.

Dasselbe gilt auch für das eher schwach wachsende Subsystem der Tag-/Nachtbevölkerung. Anders ausgedrückt können wir sagen, daß durch die Abnahme des gründerzeitlichen Baubestandes auch die Arbeitsstättenfunktion betroffen ist und Hand in Hand mit dessen Reduzierung ebenfalls zurückgeht. Andererseits wird jedoch durch die Verringerung des gründerzeitlichen Baubestandes die Erwerbsquote angehoben, d. h.: Durch Abbruch und Neubau kommen in höherem Maße berufstätige Personen in den betreffenden Zählbezirk.

Ein eigenes Subsystem in den Aussagen ergibt sich unter Bezug auf die Reduzierung der potentiellen Substandardwohnungen, deren Abnahme durch einen positiven Regressionskoeffizienten mit einer Reduzierung des gründerzeitlichen Baubestandes verbunden ist. Die Marginalisierung des verbleibenden Bestands und die Verkettung mit spezifischen sozialen und demographischen Gruppen ist aus Figur 37 zu entnehmen. Sowohl in der gründerzeitlichen Innenstadt als auch in der östlichen und südlichen Außenstadt bilden potentielle Substandardwohnungen das Milieu für Arbeiter- und Einpersonenhaushalte. Dabei sind jedoch in der Außenstadt die Verdrängungseffekte in erster Linie auf Einpersonenhaushalte, in der gründerzeitlichen Innenstadt auf Arbeiterhaushalte ausgerichtet. Eine Sonderstellung beziehen alte Leute und Kleinkinder, deren Anteile positiv mit dem der Substandardwohnungen korrelieren. Auf dieses Paradoxon wurde bereits bei der Faktorenanalyse hingewiesen.

Die marginale Position der alten Leute in der südlichen und östlichen Außenstadt wird durch ihre Verdrängung aufgrund der Reduzierung von potentiellen Substandardwohnungen auf der einen Seite und die Nichtzugänglichkeit von Neubauwohnungen auf der anderen recht eindrucksvoll belegt. Auch die Gruppe der Selbständigen gerät gleichsam zwischen zwei Entwicklungstendenzen: In der Außenstadt ist sie von der Reduzierung es gründerzeitlichen Baubestandes betroffen, in der gründerzeitlichen Innenstadt sinkt ihr Anteil mit der Zunahme von Neubauwohnungen.

Die *Zunahme der Wohnfläche pro Person* zählt zu den eindrucksvollsten Wachstumsphänomenen der Wiener Stadtentwicklung in den siebziger Jahren. Die im Mittel rund 60% betragende Zunahme der Wohnfläche pro Einwohner am Stadtrand wird, wie die Figur 38 illustriert, zu einem sehr hohen Teil von der Ghostbevölkerung aufgezehrt. Bei dieser Angabe darf freilich nicht vergessen werden, daß die enorme Zunahme der *Ghostbevölkerung* in der Außenstadt zumindest zum Teil durch Erhebungsmängel bei der Volkszählung 1971 bedingt ist, so daß das explosive Wachstum auf 780% des Ausgangsstandes von 1971 zu einem beachtlichen, freilich nicht abschätzbaren Teil darauf beruhen dürfte.

Figur 38: **Die Veränderungen der Wohnmilieus in der Innenstadt und Außenstadt von Wien 1971-1981**

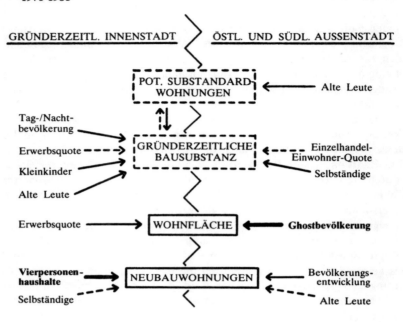

Figur 39: **Der Austausch demographischer Milieus zwischen Innenstadt und Außenstadt von Wien 1971-1981**

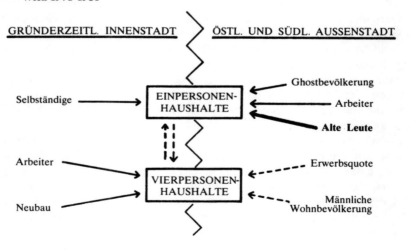

Der Wandel der sozialökologischen Milieus

Aufgrund dieser sehr starken Zunahme entzieht sich die Ghostbevölkerung auch weitgehend den Bemühungen, Zusammenhänge in einem regressionsanalytischen Modell abzubilden.

Fassen wir das Ergebnis zusammen, und zwar unter Bezug auf die Gesamtstadt:

Ist insgesamt der Informationsgewinn durch die multiple Regressionsanalyse für die Veränderung der Wohnmilieus aufgrund der genannten Datendefizite eher enttäuschend, so bietet das Regressionsmodell des *Gegensatzpaares von Einpersonenhaushalten und Vierpersonenhaushalten* eine ganz wesentliche neue Aussage.

Die *Veränderungen der demographischen Milieus in der Innenstadt und Außenstadt* im Jahrzehnt von 1971 bis 1981 können durch *zwei Prozesse* gekennzeichnet werden, welche, gegenläufig zu den älteren Strukturen, einerseits Elemente aus der Außenstadt in die gründerzeitliche Innenstadt hereinbringen, und zwar das auch in der Faktorenanalyse nachgewiesene Arbeiter-Familien-Neubau-Syndrom, und andererseits das *Marginalitätssyndrom* von Ghostbevölkerung, alten Leuten und Arbeitern in die Außenstadt „exportieren" (vgl. Figur 39).

Zusammenfassung

Die Publikation erhebt mehrere Ansprüche:
1. noch nicht abgegriffene Thesen zur Entwicklung von Stadt und städtischer Gesellschaft in der postindustriellen Welt zu enthalten;
2. auf einem über die Sozialökologie wesentlich hinausreichenden, Gesellschaft, Wirtschaft und physischen Stadtraum umspannenden Theorieverbund zu beruhen und
3. eine Weiterentwicklung der Forschungsstrategie in Richtung auf eine komplexe Stadtentwicklungsanalyse hin zu bieten.

ad 1. Die *Grundthesen* lauten:

(1) Die Organisationsmodelle der arbeitsteiligen Gesellschaft normieren noch immer die Stadtplanungskonzepte in West und Ost. Sie verlieren jedoch ihre Gültigkeit in dem Maße, als die Freizeitgesellschaft neue Standortansprüche stellt. Will man eine weitergehende Delegierung der Freizeiteinrichtungen an den ländlichen Raum und damit eine räumliche Trennung der arbeitsteiligen von der Freizeitgesellschaft vermeiden, so ist es notwendig, bipolare Konzepte von Städten zu kreieren, in denen nicht nur die räumlichen Ansprüche der arbeitsteiligen Gesellschaft, sondern auch die der Freizeitgesellschaft berücksichtigt werden.

(2) Zu den wesentlichen Vorgängen der Separierung von Arbeits- und Freizeitgesellschaft zählt die Aufspaltung der Wohnfunktion in Arbeits- und Freizeitwohnungen. Ebenso wie sich der einzelne in zunehmendem Maß mit seiner Freizeitrolle identifiziert, ebenso gewinnen die Wohnstandorte und Einrichtungen der Freizeit an Bedeutung. Eine neue Lebensweise eines „städtischen Nomadentums" ist im Entstehen. Der Standortwechsel im Lebenszyklus und der rhythmische Wechsel im Tages-, Wochen- und Jahreszyklus vom anonymen großstädtischen Mietwohnungsmilieu zum überschaubaren ländlichen Milieu bieten neue Daseinsqualitäten und erzeugen neue Verhaltensmuster. Durch die wachsende Instabilität der Bevölkerung entstehen neue Probleme für kommunale Behörden überall dort, wo die ortszentrierte Bevölkerung abnimmt und der Anteil an „Ghostbevölkerung" steigt.

(3) Die soziale Segregation bestimmte die Auseinanderschichtung der Bevölkerung in den europäischen Städten seit der Gründerzeit bis herauf zum Ersten Weltkrieg. Seither sind in den sozialen Wohlfahrtsstaaten Europas Antisegregationstendenzen auf den verschiedensten Ebenen zu verzeichnen, wobei, je nach der nationalen Wohnungsmarktpolitik, die Trennmarke zwischen den aus „sozialen Gründen" zu subventionierenden Bevölkerungsschichten und dem Teil der Bevöl-

kerung, in dem sich Segregationsmechanismen nach kapitalistischen Spielregeln vollziehen, unterschiedlich hoch angesetzt ist. Bis herauf zum Ersten Weltkrieg war die demographische Segregation unbedeutend; allerdings legten die einzelnen sozialen Schichten ein unterschiedliches demographisches Verhalten an den Tag, d. h. der soziale Status implizierte eine spezifische Haushalts- und generative Struktur. Das Take-off der demographischen Segregation begann in der Zwischenkriegszeit. Als statistischer Indikator für die Zunahme der demographischen Segregation kann die Verkleinerung der Haushalte angesehen werden. Inzwischen hat die demographische Segregation die soziale Segregation an Bedeutung überrundet, aus der „sozialen Klassengesellschaft" ist derart eine nach Alter und Haushaltstypen geschichtete „demographische Klassengesellschaft" geworden. Die Frage nach dem Stellenwert von sozialer und demographischer Segregation zieht sich daher auch als roter Faden durch die empirische Analyse. Diese Frage besitzt auch beachtliche gesellschaftliche Implikationen, nicht zuletzt deshalb, weil der auf die Unterbringung von Familien eingestellte öffentliche Wohnungsbau der sozialen Wohlfahrtsstaaten bisher das Anwachsen der Zahl der „Singles" weitgehend ignoriert hat, so daß die „neue Wohnungsnot" der Einpersonenhaushalte erst über Hausbesetzungen via Massenmedien in das öffentliche Bewußtsein gebracht wurde, ohne daß allerdings bisher die Wohnraum- und Wohnstandortbedürfnisse der Kleinhaushalte zu einer Revision der Wohnungspolitik geführt hätten.

ad 2. Ein *duales Stadtmodell*, beruhend auf der Wachablöse des privatkapitalistischen Gesellschaftsystems durch die Prinzipien des sozialen Wohlfahrtsstaates, wird als räumliche Bezugsbasis für den Theorienverbund verwendet:

— Grundsätzlich impliziert der Wechsel von gesellschaftspolitischen Systemen eine neue Stadt-Mitte-Konzeption,
— die Auseinanderlegung von zwei Subsystemen der Gesellschaft, einem gleichsam traditionellen und einem funktionell mit den neuen Machtverhältnissen konformen, ferner den
— Verfall im älteren Stadtsystem, der mit sozialer Abwertung und physischem Blight Hand in Hand geht.

Blendet man diese Aussagen ein in ein Wachstumsmodell, so gelangt man zu einem zweigliedrigen Prozeß, der die in der aktuellen Stadtplanung vieldiskutierten Vorgänge der Stadterweiterung und Stadterneuerung umfaßt. Wendet man nun die Produktzyklustheorie auf den Produktionsprozeß von städtischer Bausubstanz an, so gelangt man zur Formulierung einer *dualen Produktzyklustheorie von Stadterweiterung und Stadterneuerung*, welche in dieser Publikation in die Literatur eingeführt wird. Sie beruht auf mehreren Annahmen, wonach in der zeitlichen Relation die Stadterweiterung stets der Stadterneuerung vorausgeht und in funktioneller Hinsicht die Stadterneuerung als komplementärer Vorgang zur Stadterweiterung aufzufassen ist, bei dem die in der Stadterweiterung nicht berücksichtigten Elemente Berücksichtigung finden müssen. Es besteht stets ein Time-lag zwischen Stadterweiterungs- und Stadterneuerungszyklus. Dieser resultiert aus den Persistenzeffekten der konkreten physischen Baustruktur und des älteren Sozial- und Wirtschaftssystems.

Zusammenfassung

Es kann die These postuliert werden, daß sich Degradierungserscheinungen im physischen Baubestand umso stärker flächenhaft ausbreiten, je länger der Time-lag dauert. Mit dieser These wird dem Time-lag eine Blightfunktion zugeschrieben.

Die *duale Zyklustheorie von Stadterneuerung und Stadterweiterung* gestattet auch die *Einbindung der zentralörtlichen Theorie* im Hinblick auf das innerstädtische Geschäftsleben insofern, als analog die *Zyklen von ribbon development* und *planned shopping districts* zu unterscheiden sind.

Der bauliche Produktzyklus wird von der Angebotsseite her entscheidend durch die normativen Zielsetzungen der *institutionellen Bauträger* bestimmt. Institutionelle Bauträger können spezifische Wohnklassen erzeugen. Derart erfolgt einerseits eine Rückkoppelung zu den Segregationsvorgängen, andererseits besteht über die Verortung der Wohnbauten ein Zusammenhang mit den Zyklen von Stadterweiterung und Stadterneuerung.

Ausgehend von der *theoretischen Konzeption eines dualen Arbeitsmarktes,* wie er für die sozialen Wohlfahrtsstaaten kennzeichnend ist, wurden Teilsegmente des geschützten (öffentlichen) und offenen (privatwirtschaftlichen) Arbeitsmarktes mit der Hypothese analysiert, daß in den Räumen der Stadterweiterung und Stadterneuerung gegenläufige Entwicklungstendenzen zu erwarten sind.

Mit derselben Erwartungshaltung wurde auch eine *Einbindung der sozialökologischen Theorie* in die duale Zyklustheorie von Stadterweiterung und Stadterneuerung vorgenommen, und unterschiedliche Segregationsvorgänge, d. h. ein Fortbestand von sozialen Segregationsprozessen im Stadterneuerungsgebiet und ein Take-off von demographischen Segregationsprozessen im Stadterweiterungsgebiet, antizipiert.

ad 3. Der Anspruch der *Forschungsstrategie,* eine komplexe Stadtentwicklungsanalyse zu bieten, wird auf drei Ebenen eingelöst:

— Durch das oben skizzierte tragfähige Theoriegerüst, auf dessen Grundlage neue theoretische Konstrukte zur Produktzyklustheorie von Stadterweiterung und Stadterneuerung, zum institutionellen Forschungsansatz hinsichtlich Wohnungs- und Arbeitsmarkt und zum standorttheoretischen Ansatz operationalisiert werden;
— in methodischer Hinsicht durch die Weiterentwicklung der Faktorenanalyse und den Aufbau eines Forschungsverbundes mit anderen multivariaten Techniken und kartographischen Aussagensystemen, bei dem jeweils strukturelle, relationale und prozessuale Schnittstellen zu einer verbalen Interpretation geschaffen werden;
— durch die auf einer mittleren Aggregierungsebene der Stadt durchgeführte Verknüpfung von Daten der Primärforschung mit den Arealdaten der amtlichen Statistik.

Die methodischen Ausführungen bieten unter der Etikette der „dynamischen Faktorialökologie" in lehrbuchmäßiger Form eine Weiterentwicklung der Faktorenanalyse, welche als Instrument zur Isolierung von Phänomenen und zur Hypothesentestung systematischen Einsatz findet, wobei gleichzeitig Regeln zur Datenauswahl und zur Etikettierung der Faktoren aufgestellt werden.

Echte methodische Fortschritte konnten erzielt werden
- in der Entwicklung einer *schrittweisen Faktorenanalyse*, welche es gestattet, die Effekte des Zusammentretens von zwei theoretischen Aussagensystemen zu kontrollieren,
- im gezielten Einsatz von *Korrelationsmatrizen von Faktoren* bei schiefwinkeliger Rotation, wodurch eine Externalisierung von Phänomenbeziehungen erfolgt und derart eine tiefergehende Auslotung des Informationsgehalts aus dem vorhandenen Datenset möglich ist,
- in der Verwendung der Faktorenanalyse zur Prozeßanalyse mittels der *Indexmethode der dynamischen Faktorenanalyse,*
- durch die Entwicklung der *Methode der komparativen Faktorenanalyse* für den inter- und intraurbanen Vergleich, die anhand einer Studie über Wien, München und Hamburg getestet wurde.

Anhand des empirischen *Beispiels von Wien* wird im zweiten Teil der Publikation eine *Modellstudie* vorgelegt, welche dokumentiert, daß durch die Einbringung neuer Theorien und Theorieteile sowie mittels eines besseren statistischen Instrumentariums weitergehende Erkenntnisse als bisher aus den amtlichen Arealdaten zu gewinnen sind.

Allerdings erwies es sich als notwendig, zusätzlich Primärforschung dort anzusiedeln, wo im Pool aggregierter Arealdaten keine Informationen zur Verfügung standen, nämlich bei den durch den Time-lag zwischen Stadterweiterung und Stadterneuerung entstandenen Blightphänomenen. Diese Primärerhebungen umfassen
- eine hausweise Erhebung des Verfalls des Baubestandes (Residential Blight) und
- die Erhebung der geschlossenen Geschäfte (Commercial Blight). Entsprechend der Konzeption einer bipolaren Stadtstruktur wurde ferner a priori eine Trennung zwischen „gründerzeitlicher Innenstadt" und „zwischen- und nachkriegszeitlicher Außenstadt" vorgenommen. Die Unterschiede zwischen beiden Stadträumen ziehen sich durch alle Bereiche des physischen Baubestandes, der Gesellschaft und Wirtschaft. Die Analyse umfaßt den Zeitraum von 1961 bis 1981 und schließt damit an das gemeinsam mit H. BOBEK herausgebrachte Standardwerk der Verfasserin über Wien an.

Im folgenden seien, eingebunden in den theoretischen Rahmen, einige Ergebnisse der Modellstudie geboten. Erstmals wurde am Beispiel von Wien die *„neue Instabilität der Wohnbevölkerung"* berechnet, welche nicht nur die statistische Zuordnung und die Vorausschätzung der Bevölkerung erschwert, sondern auch völlig neue kommunalpolitische Probleme, sprich: Leerräume, erzeugt. Im Zusammenhang mit der „Instabilitätsbilanz" erwies es sich als notwendig, einige Begriffe neu einzuführen. Mit dem Begriff der „aufgestockten Bevölkerung" wird die positive Bilanzseite definiert, auf der zusätzlich zur Wohnbevölkerung alle jene Bevölkerungsgruppen zu Buche stehen, welche den Wohnraum und die Einrichtungen der Stadt partiell benutzen, wie Einpendler, Ghostbevölkerung, Studenten und Touristen.

Zusammenfassung

Auf der negativen Bilanzseite werden von der Wohnbevölkerung die Bevölkerung mit Zweitwohnungen, die Ausländer ebenso wie die Auspendler abgezogen und die verbleibende Wohnbevölkerung mit dem Begriff „Wien-zentrierte Bürger" charakterisiert. Für die Differenz zwischen der „aufgestockten Bevölkerung" und der „Wien-zentrierten Bevölkerung" wird der Begriff „Bevölkerung auf Zeit" geprägt.

Im Jahr 1981 entfiel in der Gesamtstadt von Wien bereits ein „Bewohner auf Zeit" auf zwei „Wien-zentrierte Bürger". Die kartographische Darstellung weist die „Außenstadt" als Domizil der „Wien-zentrierten Bürger" aus, deren unterschiedliche Anteile damit einen wichtigen Indikator für das duale Stadtmodell bilden.

Geradezu dramatische Größenordnungen erreicht die *Instabilitätsbilanz in den Inneren Bezirken*, wo die „bezirkszentrierte Bevölkerung" nur mehr rund ein Viertel der aufgestockten Bevölkerung umfaßt.

Ein wesentliches Element der Instabilitätsbilanz bildet die *„Ghostbevölkerung".* Zu ihrer Berechnung wurde die Zahl der leerstehenden Wohnungen mit der durchschnittlichen Personenzahl der Haushalte ausgestattet. Insgesamt handelt es sich bei der Ghostbevölkerung, deren Zahl in Wien rund eine viertel Million Menschen umfaßt, um eine sehr differenzierte Bevölkerungsgruppe, für die jedoch bisher eine Primärforschung fehlt. Kartographisch sind zwei Zonen des Auftretens auszugrenzen, und zwar einerseits in den westlichen inneren Bezirken und andererseits am Stadtrand dort, wo Übergangsnutzungen von Schrebergärten und Sommerhäusern bis zu Einfamilienhäusern bestehen.

Die *Regressionsmodelle* belegen, daß in der „Innenstadt" die Ghostbevölkerung durch die Neubautätigkeit reduziert wird, während in der „Außenstadt" ein Teil der Neubautätigkeit zur Verortung der Ghostbevölkerung dient (!).

Im gründerzeitlichen Stadtgebiet sind folgende Bevölkerungselemente mit der Ghostbevölkerung assoziiert:

(1) Der Anteil der alten Leute. Die Erklärung lautet, daß mit dem Einrücken in die terminalen Bereiche der „Absterbeordnung" ein Potential von leerstehenden Wohnungen dadurch entsteht, daß die Mietwohnungen, als Pseudoeigentum auf Grund der Mieterschutzbestimmungen auf dem Erbwege weitergegeben, von der nachfolgenden Generation nur mehr gelegentlich einer Wohnnutzung zugeführt werden bzw. von vornherein Zweitwohnungen darstellen.

(2) Eine ganz ähnliche Interpretation gilt für die Einpersonenhaushalte.

(3) Der von der Erwerbsquote ausgehende negative Effekt weist ferner auf die geringen beruflichen Verpflichtungen der betreffenden Ghostbevölkerung und die dadurch bedingte Möglichkeit einer Aufspaltung der Wohnfunktion in zwei Standorte hin (Rentner, Pensionisten).

(4) Unter den Sozialgruppen „leisten" nur die Selbständigen „einen Beitrag" zur Ghostbevölkerung. Dies kann als Beleg für die schleichende Aufspaltung der Wohnfunktion und die potentielle Suburbanisierung dieser Sozialgruppe aufgefaßt werden.

Die *Segregationsanalyse* erfolgt unter der Perspektive des Übergangs der sozialen Klassengesellschaft zur Altersklassengesellschaft und untersucht den Stellenwert der Segregationsvorgänge in der „Innenstadt" und „Außenstadt" mittels einer komparativen Faktorenanalyse.

Sie erbrachte das überraschende Ergebnis, daß die gründerzeitliche „Innenstadt" in demographischer Hinsicht auf der Zählbezirksebene geradezu optimale Mischungsverhältnisse in bezug auf Haushaltsgrößen und Altersstruktur aufweist. Dies verdient insofern Beachtung, als diese integrative demographische Funktion des sogenannten Stadterneuerungsgebietes von den Entscheidungsträgern bisher nicht zur Kenntnis genommen wurde.

Umgekehrt kann unter Bezug auf die soziale Durchmischung der Bevölkerung der „Außenstadt" eine bessere integrative Funktion zugesprochen werden. Dies ist gleichzeitig als Beleg dafür anzusehen, daß die Antisegregationsstrategie der sozialdemokratischen Stadtverwaltung mit dem Instrument der kommunalen Wohnbaupolitik weitgehend realisiert werden konnte.

Im Zuge der Zuwanderung von Gastarbeitern ist auch in Wien die *ethnische Segregation* in Gang gekommen. Der Segregationsindex der Gastarbeiter erreichte 1981 mit 34,6 den Index der Ungleichverteilung von Substandardwohnungen und damit rund die doppelte Höhe des Index der Arbeiter. Im Zuge des Familiennachzugs ist es dabei zu einer Abwanderung aus der „Außenstadt" und zu einer Zuwanderung in die ehemaligen Arbeitermiethausgebiete des gründerzeitlichen Baukörpers gekommen, wobei die Invasion nicht durch Fluchtreaktionen der ortsständigen Bevölkerung, sondern durch deren „Wegsterben" möglich geworden ist.

Die *Entwicklungstendenzen der Segregation* im Zeitraum von 1961 bis 1981 lassen sich folgendermaßen beschreiben:

(1) Einer sozialen Abwertung im gründerzeitlichen Stadtgebiet (höhere Persistenz des Arbeiteranteils) steht eine soziale Aufwertung der „Außenstadt" gegenüber.

(2) Während in der „Innenstadt" die demographische Segregation praktisch bedeutungslos geworden ist, hat sie andererseits in der „Außenstadt" zugenommen. Nur hier ist ein marginales Überalterungsmilieu nachzuweisen, wo alte Leute, weibliche Wohnbevölkerung und Einpersonenhaushalte in Substandardwohnungen abgedrängt werden.

(3) Im Zuge der Zuwanderung von Gastarbeitern und in jüngster Zeit von Ausländern ist die ethnische Segregation an die erste Stelle aufgerückt. Sie betrifft im wesentlichen nur die Gebiete der Stadterneuerung. Im Regressionsmodell konnte ein Zusammenhang von gravierender Praxisrelevanz offengelegt werden, nämlich daß mit der Zunahme des Gastarbeiteranteils auch der Anteil von Kleinkindern in allen Zählbezirken von Wien ansteigt (!).

Viel zuwenig beachtet wurde bisher das enorme Anwachsen der Zahl der *Einpersonenhaushalte* in allen Altersgruppen von Studenten und jungen Berufstätigen bis zu Rentnern und Pensionisten hin. Hierbei handelt es sich um einen Vorgang, der sozial neutral abläuft. Auf dem Wohnungsmarkt ist dadurch eine neue Form der Wohnungsnot entstanden. Es geht heute nicht mehr, wie in den 60er Jahren, um den Bedarf an familiengerechten Wohnungen, sondern an gut ausgestatteten Wohnungen für Kleinhaushalte. Das Defizit von rund 200.000 Komfortgarconnieren sollte zu einem Überdenken der Wohnungspolitik und der Zielvorstellungen der Stadterneuerung in Wien führen (!).

Damit ist bereits die Schnittstelle zum *institutionellen Forschungsansatz* ange-

Zusammenfassung

sprochen, welcher um die Frage der Standortpolitik spezifischer *Bauträger* im Stadtraum sowie um die Schaffung von *Wohnklassen* zentriert. Derartige Wohnklassen werden dabei nicht mehr über die Wohnungsgröße und -ausstattung definiert, sondern über das individuelle Verfügungsrecht und potentielle Besitztitel.

Im *Regressionsmodell* konnte der Zusammenhang zwischen institutionellen Bauträgern und Wohnungsklassen überzeugend nachgewiesen werden. Hierbei wurde in der Einweisungsstrategie der kommunalen Wohnbaubehörden einerseits die „Privilegierung" von Arbeitern verifiziert, während andererseits die gern apostrophierte Familienfreundlichkeit nicht bestätigt wurde. Der Eigentumswohnbau in der „Außenstadt" wird dagegen von Selbständigen und Einpersonenhaushalten präferiert. Der letztgenannte Zusammenhang gestattet im internationalen Vergleich eine Parallelisierung mit dem Apartmenthausbau für Einpersonenhaushalte in den Suburbs der angelsächsischen Welt.

Bodenpreise und Mieten zählen zu den wichtigsten Parametern der Stadtökonomie. Die Miete erweist sich danach auch als ein ausgezeichneter Indikator für eine Zweiteilung des Stadtraums: Ein deutlicher Sprung in der Mietenhöhe von rund 30% trennt die südliche und östliche „Außenstadt" mit niedrigem Mietenniveau und vorherrschendem kommunalen Wohnungsbau von der westlichen „Innenstadt" mit deutlich höheren Mieten im Altbaubestand bzw. mit Eigentumswohnbau. Die Höhe der Miete eignet sich überdies als Indikator zur Messung der Benachteiligung von spezifischen Gruppen. In der sozialökologischen Theorie wird marginalen Gruppen, wie Gastarbeitern, Arbeitern und alten Leuten, eine höhere Miete zugeschrieben. Die multiple Regressionsanalyse erbrachte die Revision dieser Aussage. Sowohl für die „Innenstadt" als auch für die „Außenstadt" läßt sich nachweisen, daß mit steigendem Arbeiteranteil in den betreffenden Zählbezirken die Mieten sinken (!). Ferner besteht kein statistischer Zusammenhang zwischen dem Anteil von alten Leuten an der Wohnbevölkerung und der Mietenhöhe.

Die Zusammenführung der theoretischen Konstrukte von Aufspaltung der Wohnfunktion (Ghostbevölkerung), institutionellen Bauträgern und Mietenhöhe mit den Dimensionen der sozialen, ethnischen und demographischen Segregation erbrachte eine große *Vielfalt von Milieus*, welche sich in der „Außenstadt" sehr viel deutlicher als in der „Innenstadt" voneinander sondern.

Insgesamt sehr gering sind die *Effekte von seiten der Arbeitsstätten*. Abgesehen vom Vorgang der Citybildung erweisen sich Struktur und Dynamik der Arbeitsstätten in den faktorenanalytischen Modellen als weitgehend unabhängig von den Komplexen der Gesellschaft und des Wohnraums der Stadt. Dagegen konnte jedoch die Theorie des dualen Arbeitsmarktes partiell bestätigt werden; es ergab sich die Existenz von komplementären, d. h. miteinander in den räumlichen Standorten (sprich: Zählbezirken) assoziativ verknüpften bzw. sich ausschließenden Branchen (im ersteren Fall Institutionen des Geld- und Kreditwesens und der Gebietskörperschaften, im letzteren Fall Gebietskörperschaften und Einrichtungen des Gesundheitswesens). Nur der Großhandel konnte sich als eigener Faktor verselbständigen.

Die *schrittweise dynamische Faktorenanalyse für den Zeitraum von 1961 bis 1981* ergab folgende Aussagen über die Entwicklung auf der Zählbezirksebene:

1. Im gesamten Stadtgebiet von Wien hatte die *Neubautätigkeit* eine Reduzie-

rung der Arbeitsstätten sowie eine Reduzierung der Erwerbsquote zur Folge. Dasselbe gilt für Gastarbeiter und Selbständige. Sie ist ferner in der „Außenstadt" nicht imstande gewesen, den Aufbau eines lokalen Einzelhandelsnetzes zu bewirken. Mit der Bevölkerungszunahme ist daher hier die Versorgungsdisparität weiter gestiegen.

2. In der gründerzeitlichen „Innenstadt" wurde andererseits die *Bevölkerungsabnahme* durch wachsende Arbeitsstättenfunktion kompensiert. Hierbei kam es durch letztere zu einer stärkeren Persistenz von Selbständigen, ebenso wurden Gastarbeiter angezogen. Es ist ein *Arbeiter-Gastarbeiter-Syndrom* entstanden, zu dem das Pendant in der „Außenstadt" fehlt, in der sich Arbeiter, Gastarbeiter und Selbständige auch räumlich separieren.

3. Sowohl in der „Innenstadt" als auch in der „Außenstadt" erweist sich das *Take-off der Ghostbevölkerung* als weitgehend selbständiges Phänomen, welches allerdings in der Innenstadt durch die Neubautätigkeit sowie die Zunahme von Arbeitsstätten und Gastarbeitern negativ beeinflußt wird.

4. Im *Substandardwohnmilieu*, welches in der „Innenstadt" große Flächen einnimmt, laufen mehrere Vorgänge ab, darunter der Rückgang der Arbeitsstätten, die Infiltration von Gastarbeitern und der Ersatz durch Neubauten. Zum Unterschied davon ist in der „Außenstadt" erst die Bevölkerungsentleerung im Gang.

5. Zwischen der „Innenstadt" und der „Außenstadt" kam es ferner zum *Austausch von Syndromen,* und zwar hat das in der Faktorenanalyse zuerst in der „Außenstadt" nachgewiesene Familien-Arbeiter-Neubau-Syndrom nun auch die gründerzeitliche „Innenstadt" erreicht, während umgekehrt das Marginalitätssyndrom von Ghostbevölkerung, alten Leuten und Arbeitern von der „Innenstadt" in die „Außenstadt" exportiert wurde.

Abschließend seien die Einsichten zusammengefaßt, welche sich aus der *Anwendung der dualen Produktzyklustheorie auf die Stadtentwicklung von Wien* ergeben. Geht man davon aus, daß die Innovationsphase eines neuen Stadtentwicklungszyklus grundsätzlich unter geänderten politischen, ökonomischen und sozialen Bedingungen erfolgt, ebenso neue städtebauliche Zielvorstellungen geprägt und neue Organisationsformen kreiert werden, so bietet hierfür die Entwicklung von Wien in der Zwischenkriegszeit ein ganz vorzügliches Beispiel für die erste Phase der Stadterweiterung eines neuen Produktzyklus. Sie war bestimmt durch das kommunale Wohnbauprogramm, d. h. die Erstellung von Wohnraum aus öffentlichen Mitteln für die Arbeiterschaft, und schloß in der Standortwahl an die Baulücken im gründerzeitlichen Stadtkörper an.

Erst in der Hauptphase der Stadterweiterung, in der Nachkriegszeit, begann mit dem Schlagwort „vom sozialen Wohnbau zum sozialen Städtebau" die Aufschließung nach einem Mosaikprinzip in der Außenstadt. Wohlsortierte Pakete von Wohnungen, Grünflächen, Sozialeinrichtungen und in jüngster Zeit auch Einkaufszentren im Anschluß an Massenverkehrsmittel werden den Schichten zur Verfügung gestellt, auf deren parteipolitische Loyalität man vertrauen kann. Die programmierte Segregation ist durch die Parameter von SPÖ-Wählern, Wien-zentrierten Bürgern und Vierpersonenhaushalten definiert. Derart ist die Kommunalverwaltung selbst in der Erzeugung einer Wohnklassengesellschaft vorangegangen. In den

Zusammenfassung

70er Jahren wurde der Höhepunkt der Stadterweiterung mit einer entsprechenden Verbreiterung der Angebotspalette, sprich: Produktdifferenzierung, erreicht.

In intuitiver Vorwegnahme der Ansprüche der Freizeitgesellschaft an den Stadtraum hat die Kommunalverwaltung ferner längs der Donau ein Freizeitzentrum mit kollektiven Freizeiteinrichtungen zum Nulltarif für jene geschaffen, welche auf eine Privatisierung des Freizeitraums verzichten. Insgesamt hat die Stadterweiterung die Prinzipien der dualen Ökonomie des österreichischen Staates, d. h. anders ausgedrückt: die der Privatwirtschaft, nahezu völlig negiert; dadurch bedingt ist sie an die Grenze der kommunalpolitischen Finanzierbarkeit angelangt. Sie tritt damit gegenwärtig in die Spätphase ein, während das Take-off der Stadterneuerung beginnt, die von vornherein unter den Bedingungen eines dualen Investitionskonzepts steht. Die Initiativen der kommunalen Bauträger übertragen derart die Modelle aus den Stadterweiterungsgebieten auf die Areale der Stadterneuerung. Auf das Arbeiter-Familien-Neubau-Syndrom wurde bereits oben hingewiesen. Es ist andererseits einsichtig, daß privatwirtschaftlichen Organisationen bei der Stadterneuerung Profite zugeschrieben werden müssen. Diese sind nur möglich bei:
(1) Gewinnung weiterer Geschoßfläche,
(2) bausozialer Aufwertung,
(3) Umwandlung von Wohnraum in Büroraum.

Die Privatwirtschaft kann nicht interessiert werden für Wohngebiete, in denen der Flächenwidmungsplan eine Abzonung vornimmt und die Wohnnutzung für Grundschichten bestehen bleibt, die in besseren Wohnungen untergebracht werden sollen. In beiden Fällen ist Stadterneuerung nur mit öffentlichen Mitteln möglich.

Während in der ersten Phase der Stadterneuerung die Beseitigung von Bombenlücken im vorgründerzeitlichen Baubestand in erster Linie durch Institutionen des Eigentums- und Genossenschaftswohnbaus erfolgte, wird die zweite Phase in den siebziger Jahren durch die legistische Maßnahme der *Ausgrenzung von Stadterneuerungsgebieten* eingeleitet, welche die Voraussetzung für eine starke Beteiligung der kommunalen Bauträger darstellt. Damit ist eine Aufgabenteilung zwischen öffentlicher Hand und Privatwirtschaft bei der Stadterneuerung angesprochen, deren Details der Ausführung in der Zukunft liegen. Immerhin berechtigt sie zur Hoffnung, daß die große Chance der gründerzeitlichen Innenstadt, nämlich die demographische Mischung der Bevölkerung beizubehalten, nicht verspielt wird, so daß eine Weitergabe von Traditionen in Bau- und Wohnformen, städtischer Lebensform und städtischer Kultur im besten Wortsinn von Demokratie und Urbanität erfolgen kann.

Summary

The goals of this publication consist in
1. presenting new perspectives as to the development of the city and the urban society in the postindustrial era that are not commonly known yet,
2. making use of a system of theories on society, economics and urban structures going beyond social ecology, and
3. developing and applying research strategies with respect to a complex analysis of urban development.

ad 1. The *basic hypotheses* can be presented as follows:

(1) Concepts of urban planning, both in the west and in the east, still are informed by the organisational models of a society with a division of labour. They tend to become less valid increasingly with the leisure society's demands for new locations. If an attempt is to be made to prevent both a further delegation of leisure installations to rural areas and, thus, a spatial separation of the leisure-oriented society from the city, bipolar concepts of cities must be created, catering for the spatial demands of both societies.

(2) One of the most important features bound up with a segregation of these two societies is the splitting up of the housing function into work and leisure habitats. With the individual identifying with his leisure role to an increasing extent, leisure housing and installations are gaining more importance. A new way of life, that of "urban nomads", is being developed. Changes of location take place both in the course of a life cycle and rhythmically in a daily, weekly and yearly pattern, from the anonymous milieu of rented housing in large cities to the spatially proximate and unified community of a rural milieu which offers more quality of life and forms new behavioural patterns. New problems for the local authorities arise wherever the population centred stably in a city decreases and the proportion of the "ghost-population" grows.

(3) From the Founders' Period up to World War I social segregation was the main force in separating segments of the population spatially from each other in European cities. Since then anti-segregation trends are to be noted on various levels in Europe's social welfare states, with a benchmark varying with the respective housing market politics between groups considered eligible for public support for social reasons and those subjected to segregation mechanisms according to capitalistic rules.

Up to World War I demographic segregation was insignificant, though demographic behaviour did differ between the social groups, with a specific household structure and generative behaviour being associated with a specific social status. Demographic segregation set in in the interwar period, a statistical indicator for its growing importance being the decrease in household size. Since then, demographic segregation has outstripped the social one, a society made up of social classes has become one of "demographic classes". Therefore the red thread in the empirical analysis is constituted by the problem of the respective importance of these two types of segregation, a problem that has, moreover, considerable societal implications, especially because of the fact that public building activities in the social welfare states have, so far, concentrated on housing families, completely ignoring the growing number of singles and their needs. The "new housing shortage" of the single persons' households actually has become universally known only through the mass media in connection with squatting campaigns. Housing politics have, however, not been revised yet.

ad 2. A *dual urban model*, based on the replacement of the societal system of private capitalism by the principles of the social welfare state, is being used as the spatial reference basis for the compound of theories presented:
— Generally a change of socio-political systems implies a new concept of the city centre,
— the formation of two subsystems of the society, a rather traditional one and one functionally conforming with the new authorities, and, moreover,
— deterioration phenomena within the traditional urban system, such as social downgrading and physical blight.

When combining these statements with a growth model, a twofold process becomes obvious, encompassing urban expansion and urban renewal, operations intensively discussed in modern urban design.

When applying the product cycle theory to the production process of urban physical structures one arrives at the formulation of a *dual product cycle theory of urban expansion and urban renewal* that is being introduced into literature with this publication. It is based on a number of assumptions according to which urban expansion always precedes urban renewal in time, and the latter complements the former functionally, catering for all the elements not made allowance for in urban expansion. There always is a time-lag between the cycles of urban expansion and urban renewal, resulting from persistence effects of the existing physical structure and the traditional social and economic systems. A hypothesis can be maintained that the larger this time-lag the more widely devastation of the physical structure tends to spread. Thus this time-lag is ascribed a blight-function.

The dual cycle theory of urban expansion and urban renewal also permits an inclusion of the central places theory with respect to the retailing situation, with ribbon development and planned shopping centres being corresponding to the two cycles, respectively.

The product cycles of building are decisively influenced by the normative goals of the institutionalized housing developers that can produce specific housing classes, as there is a connection, on the one hand, with segregation processes and, on the other hand, with the cycles of urban expansion and urban renewal based on the choice of location for new housing.

Against the background of the theoretical concept of a dual labour market being characteristic of the social welfare states, segments of the "protected" (public) and the "open" (private) sector labour markets were analysed with the hypothesis that opposite development processes are to be expected in areas of urban expansion and of urban renewal.

The same hypothesis formed the basis for an introduction of the *theory of social ecology* into the dual cycle theory of urban expansion and renewal, postulating divergent segregation processes, i.e. a continuation of social segregation in the area of urban renewal and the take-off of demographic segregation in that of urban expansion.

ad 3. The goal of the research strategy, namely to present a complex analysis of urban development, has been attained on three levels:

— by means of the compound of theories mentioned above which forms the basis for operationalizing new theoretical concepts with respect to the dual product cycle theory for urban expansion and urban renewal, the institutional approach to the housing and labour markets and allocation problems,
— methodically by using a more sophisticated research structure, combining, in a stepwise procedure, factor analysis with other multivariate statistical techniques and forms of cartographic representation, each providing structural, relational and processual interfaces for a verbal interpretation,
— by combining data of primary research with areal data of public surveys on the level of census wards.

The methodological chapter presents, under the heading of a "dynamical factorial ecology", the systematic application of factor analysis as an instrument for isolating phenomena and for testing hypotheses, giving rules for the selection of data and for naming the factors. Methodological progress was made in a number of fields, namely:
— the development of a "stepwise" factor analysis which allows for controlling the effects of an integration of two systems of theoretical concepts,
— the systematic use of correlation matrices of factors after oblique rotation, thus externalizing the relationships between specific phenomena and giving full scope for a more complete extraction of the information contained in the set of data available,
— the application of factor analysis for studying processes by means of the *index method of a dynamical factor analysis.*

For an interurban comparison the method of a *comparative factor analysis* was developed and tested in a comparative factorial ecology of Vienna, Munich and Hamburg.

By means of the *empirical example of Vienna* the second part of this publication presents a model study demonstrating that areal data supplied by public surveys can yield more information than was expected so far, if new theories are combined with better statistical techniques. It was necessary, however, to collect additional primary data in connection with the blight phenomena brought about by the time-lag between urban expansion and urban renewal, by detailed studies of the individual houses with respect to residential blight and of the shop premises with respect to commercial blight.

According to the *basic concept of a bipolar structure of the city*, the "inner city" of the Founders' Period was surveyed separately from the "outer city" of the interwar and postwar periods. Differences between these two parts of the city are to be observed in all aspects of the physical structure, the society und the economic structure. The analysis covered the 1961– 1981 period, thus following on the standard work on Vienna by the present author together with H. BOBEK.

Below a few findings of this model study are presented within the framework of the basic theories mentioned above.

For the very first time the *new instability of the city's population* was recorded, a phenomenon that does not only make statistical classification and prognostication of population development a very difficult task, but also creates completely new problems for the local authorities.

A number of terms were introduced in this connection: "Augmented population" was used for the sum of inhabitants proper plus all those groups that make use of the living space and facilities of the city to some extent, such as in-commuters, "ghost-population", students and tourists. On the other hand the term of "Vienna-centred citizens" was coined for the inhabitants proper minus out-commuters, people owning second homes and foreigners. The difference in number between the "augmented population" and the "Vienna-centred citiziens" was denominated "temporary population".

In 1981 there existed one member of the latter group to every two "Vienna-centred citizens" already. The map provided clearly shows that it is mainly the "outer city" that houses "Vienna-centred citizens", their varying ratio, therefore, being an important indicator for the dual urban model. The instability balance reaches a tremendous extent in the Inner Districts, with the "district-centred citizens" amounting to only about one fourth of the "augmented population". Serious problems with respect to urban renewal result from this situation.

The *"ghost-population"* also constitutes an important element. It was calculated by multiplying the number of vacant apartments by the average household size in Vienna. Unfortunately there has not been any primary research carried out as yet into this very complex population group that comprises about a quarter million of people. The map shows two areas in which it reaches considerable proportions of the number of inhabitants, namely, on the one hand, in the western inner districts and, on the other hand, in the urban fringe where there is mixed land-use comprising allotment gardens, summer houses and one-family-houses.

The regression models imply that a reduction of the "ghost-population" in the "inner city" is due to recent building activities, but things are different in the "outer city", where many of the new apartments obviously "house a ghost-population"(!).

Within the built-up area of the Founders' Period the following population groups are associated with the "ghost-population":

(1) A high proportion of elderly people results in a potential for vacant apartments in the near future. Because of the tenant protection laws these rented flats constitute a sort of pseudo-property and are often inherited by a younger generation not intending to live in them permanently but considering them a second home.

(2) A similar interpretation holds true for single-person-households.

(3) A large quota of employed people has a negative effect, showing that the ghost-population has few occupational duties and, therefore, can easily have two habitats at the same time (old age pensioners etc.).

(4) Of all the social groups only the self-employed seem to contribute towards an increase in the proportion of the "ghost-population". This fact can be interpreted as indicating a hardly perceptible but steadily progressing suburbanisation.

The perspective of a replacement of a society made up of social classes by one characterized by specific demographic groups provides the framework for the *segregation analysis*. It studies the segregation processes in the "inner city" and the "outer city" by means of a "comparative factor analysis".

The fact that there is an optimal demographic mixture as to household sizes and age groups on the level of census wards in the "inner city" was one of the surprising results of this project. This finding is an important one, as the opinion leaders have not realized this function of so-called urban renewal areas as yet.

On the other hand the "outer city" has a more marked integrative function with respect to a social mixture of the population. Obviously this is an outcome of the anti-segregation strategy in the housing politics of the Socialdemocratic city government.

Due to an immigration of guestworkers *ethnic segregation* has started in Vienna, too. Their segregation index amounted to 34.6 in 1981 and was about as large as the dissimilarity index for substandard apartments and twice as high as that for workers. When their families joined the guestworkers many of them moved from the "outer city" to the tenement structures of the Founders' Period inhabited by workers before. This "invasion" became possible when the former inhabitants died; there was no flight or expulsion.

The segregation trends during the 1961–1981 period can be described in the following way:

(1) Social devaluation in the built-up area of the Founders' Period (with a more marked persistence of blue collar workers) is opposed by a social upgrading of the "outer city".

(2) Whereas further demographic segregation is practically negligable in the "inner city", it has markedly increased in the "outer city". Only there a "marginal old-age-milieu" can be found, characterized by old people, females and one-person-households confined to small substandard flats.

(3) Ethnic segregation has attained first rank due to the immigration of guestworkers and, more recently, of other foreigners, too. It is, on the whole, only characteristic of urban renewal areas.

In the regression model a correlation extremely important for planning became obvious: With a growing proportion of guestworkers in all of the census wards the ratio of pre-school children also increases!

Another development not noted sufficiently as yet is the enormous growth of the number of one-person-households, a process spanning all age groups from students and young employees to old age pensioners and all social groups. As to the housing market a *new form of housing shortage* appeared. Today family-size apartments are no longer in demand – as they were in the 1960ies –, but well-equipped ones for small households are sought after. A deficit of about 200000 apartments of this type ought to bring about a change in housing politics and in the goals of urban renewal.

There is some research already focussing on the problem of the allocation politics of certain builders' organizations and the creation of specific housing classes which are no longer defined predominantly with respect to apartment sizes and equipment, but according to the legal status of the user concerning the apartment.

The regression model depicts a relationship between housing classes and social classes. On the one hand blue collar workers obviously are privileged when applying for council apartments, whereas, on the other hand, no corroberation could be found for the often cited concessions for young families. The self-employed and the one-person-households have a preference for condominiums in the "outer city". The latter relationship has parallels in the suburbs of English-speaking countries.

The cost of real estate and the rent levels are to be considered two of the most important parameters of urban economics. Rent levels also are a very useful indicator for the bipartition of the city area: There is a marked difference amounting to about 30 percent between the lower rents in the southern and eastern "outer city" of Vienna with a large proportion of council housing and the western "inner city" with a predominance of traditional rented housing and condominiums.

Incidentally, the rent paid can be used as an indicator for measuring discrimination against specific groups, too. Social ecological theory ascribes higher rents to marginal groups like guestworkers, blue collar workers and old people. This concept is to be revised considering the findings of the multiple regression analysis carried out for the Vienna example: Both in the "inner city" and the "outer city" an increasing proportion of blue collar workers is bound up with a decrease (!) in rents. Moreover there appears to be no noticeable correlation between the ratio of old people and the rents paid on the level of census wards.

When combining the theoretical concepts of the splitting up of the housing function ("ghost-population"), on the institutionalized housing developers and the distribution of rent levels with the dimensions of social, ethnic and demographic segregation one arrives at a wide range of *milieus* that are, however, much more clearly separated from each other in the "outer city" than in the "inner city".

On the whole the effects of the distribution of workplaces are negligable. In the factor analytical models their structure and dynamics appeared independent from both the sectors of society and housing but for the process of CBD formation.

On the other hand the theory of a dual labour market could be veryfied in part: There are economic sectors that are coincident in location, i.e. are to be found in the same census wards, and others that seem to preclude each other (in the first case: institutions in the banking sector and local authorities, in the second one: local authorities and medical services). Only wholesaling formed a factor of its own.

The *stepwise dynamical factor analysis for the 1961–1981 period* provided the following findings significant on the level of census wards:

(1) In all of Vienna recent building activities resulted in a reduction of the number of workplaces and the proportion of the employed. Guestworkers and the self-employed tend to be pushed out. Moreover the creation of a local net of retailers in the "outer city" was not accomplished, thus the supply structure has even deteriorated in these areas due to the increase in population.

On the other hand the decrease in population in the "inner city" of the Founders' Period was compensated by an increase of the workplaces function. Therefore there is a stronger persistence of the self-employed, and guestworkers are attracted. The workers-guestworkers-syndrome developed, with no parallel in the "outer city", in which there is a clear spatial separation of workers, guestworkers and the self-employed. Both in the "inner city" as well as in the "outer city" the take-off of the ghost-population constitutes an independent phenomenon, influenced negatively, however, by building activities and an increase in the numbers of workplaces and guestworkers.

(2) With respect to potential substandard flats that occupy large areas in the "inner city" several processes take place, among them a reduction of workplaces, moreover an infiltration of guestworkers, but also a replacement by new buildings.

(3) Between the "inner city" and the "outer city", moreover, an exchange of syndromes took place, thus the workers-families-recent building activities-syndrome extracted by the factor analysis has reached the "inner city" of the Founders' Period as well, whereas the marginality syndrome of "ghost-population", old people and workers has been exported to the "outer city".

Below those findings are summarized that pertain to the application of the *product cycle theory* on urban development. The situation in Vienna during the interwar period presents an excellent example for the assumptions made for the innovation phase of a new development cycle, namely a fundamental change of the political, economic and social conditions, with entirely new goals in urban design.

Urban development was dominated then by the building program of the Vienna city council that was providing adequate, but cheap housing for the working class with public funds. The allocation principle was to fill in vacant lots within the built-up area of the Founders' Period.

Only in the main phase of urban expansion, in the postwar period, with the new guideline being "from social housing to social urban design", a mosaic of housing estates came into existence in the "outer city", supplemented by open spaces for recreation, social institutions and, more recently, shopping centres and public transport facilities as well, thus securing a potential of loyal Socialdemocratic voters. "Programmed segregation", thus, is defined by the parameters of sympathizers of the Socialdemocratic Party, Vienna-centred citizens and four-persons-households. In this way the Vienna city government has actually led the way towards a society made up of housing classes!

During the seventies the climax of urban expansion was reached, with a wide range of housing design tendered, i.e. a "product differentiation". Simultanously an axis of leisure facilities was created along the Danube, intuitively anticipating the demands of the urban leisure society, providing free collective leisure installations for those ready to refrain from shutting themselves off in privacy.

Incidentally urban expansion has almost completely ignored one segment of the dual economic structure in Austria, namely the private sector. In the final phase, therefore, the financial situation of the city council set bounds to the realization of projects. *Urban renewal*, which is gaining ground now, was based on a dual concept of financing right from the start.

On the one hand the city government tends to transfer its concepts from the areas of urban expansion to those of urban renewal. The blue collar workers-families-recent building activities-syndrome has been referred to already above. It is self-evident that private builders, on the other hand, must be given a chance to make profits, which is possible by

(1) an increase of floor space provided,
(2) a social upgrading of an area and/or
(3) the replacement of apartments by offices.

The private sector definitely is not interested in investing in residential areas of the lower classes in which the floor space ought to be reduced and/or housing conditions are to be improved. There, in both cases, urban renewal will only be possible if it is financed by public funds.

Whereas in a first phase of urban renewal bombed pre-Founders' Period houses were replaced by condominiums, a second phase set in during the seventies due to the official delimitation of *urban renewal areas*, a measure prerequisite for sharing the rehabilitation tasks between the public and the private sector. Time will tell whether most is made of the unique chance offered in the "inner city" of the Founders' Period, namely to maintain a wide spectrum of population groups, so that the traditional forms of urban design as well as sets of values, i.e. urban forms of life and culture, can be preserved, with true democracy and urbanity being the guidelines.

Anhang

Verzeichnis der Zählbezirke

Gründerzeitliches Stadtgebiet, Innere Bezirke

Altstadt	101 (1971: 101,106,107)
Stubenviertel	102
Opernviertel	103
Regierungsviertel	104
Börseviertel	105
Am Tabor	202
Augartenviertel	203
Taborviertel	204
Praterstraße	205
Oberer Prater	206
Weißgerber	301
Landstraße	302 (1971: 302,309)
Belvedere-Diplomatenviertel	303
Fasangasse	304
Rudolfsspital-Rennweg	305
Erdberg	306 (1971: 306,310)
Technische Hochschule	401
Argentinierstraße	402
Wiedner Hauptstraße	403
Schaumburgergrund	404
Margaretenplatz	501
Matzleinsdorf	502
Siebenbrunnenplatz	503
Am Hundsturm	504
Laimgrube	601
Mollardgasse	602
Stumpergasse	603
St. Ulrich	701
Stiftskaserne	702
Apollogasse	703
Schottenfeld	704 (1971: 704,705)
Laudongasse	801
Josefstädter Straße	802
Bennoplatz	803

Nußdorferstraße 901 (1971: 901,904)
Roßau 902 (1971: 902,905)
Allgemeines Krankenhaus 903 (1981: 903,906)

Gründerzeitliches Stadtgebiet, Äußere Bezirke

Gellertplatz	1002
Eisenstadtplatz	1003 (1981: 1003,1023)
Keplerplatz	1004 (1981: 1004,1022)
Arthaberplatz	1005
Erlachplatz	1006
Belgradplatz	1007
Triesterstraße	1008
Alt-Simmering	1102
Enkplatz	1103
Gaudenzdorf	1201
Fuchsenfeld	1202
Wilhelmsdorf	1204
Meidlinger Hauptstraße	1205
Tivoligasse	1206
Breitensee	1401
An der Windmühle	1402
Penzing	1403
Unter-Baumgarten	1404
Stadthalle	1501
Reithofferplatz	1502
Westbahnhof	1503
Sechshaus	1504
Braunhirschen	1505
Rauscherplatz	1506
Schmelz	1507
Neulerchenfeld	1601
Richard-Wagner-Platz	1602 (1971: 1602,1610)
Herbststraße	1603
Alt-Ottakring	1604
Wilhelminenstraße	1605
Sandleiten	1606
Joachimsthaler Platz	1607
Dornerplatz	1701
Alt-Hernals	1702
Äußere Hernalser Hauptstraße	1703
Gentzgasse	1802
Kreuzgasse	1803
Zwischenbrücken	2002 (1981: 2002, 2008)
Wallensteinstraße	2003 (1971: 2003, 2005)

Verzeichnis der Zählbezirke 243

Außenstadt, Ost und Süd

Nordbahnhof	201
Ausstellungsstraße	207
Erdberger Mais-St.Marx	307
Arsenal	308 (1981: 308,311)
Franz-Josef-Spital	1009
Raxstraße	1010
Heuberggstätten	1011
Wienerfeld	1013
Per-Albin-Hansson-Siedlung	1014
Laaer Berg	1015
Goldberg	1016 (1981: 1016,1020)
Unterlaa	1017
Oberlaa	1018
Rothneusiedl	1019
Geiselberg	1104
Hasenleiten	1105
Obere Simmeringer Haide	1107
Leberberg	1110
Kaiser-Ebersdorf	1111
Friedrich-Engels-Platz	2001 (1981: 2001,2007)
Adalbert-Stifter-Straße	2004 (1981: 2004,2006)
Stammersdorf	2101
Brünner Straße	2102
Hirschfeld	2103
Großfeldsiedlung	2105
Leopoldau	2106
Siemensstraße	2107
Gaswerk Leopoldau	2108
Schotterfeld	2109
Sieldung Siemensstraße	2110
Groß Jedlersdorf	2111
Jochbergen	2112
Strebersdorf	2113
Prager Straße	2114
Autokader	2115 (1981: 2115,2130)
Schwarzlackenau	2116
Neu-Jedlesee	2117
Alt-Jedlesee	2118
An der Nordwestbahn	2119 (1981: 2119,2129)
Industriegelände-Bahndreieck	2120 (1981: 2120,2128)
Brünner Straße	2121
Am Spitz	2122
Donaufeld	2123
Leopoldauerstraße	2124
Gärtnereigebiet	2125
Mühlschüttel	2126
Bruckhaufen	2127

Süßenbrunn	2201
Breitenlee	2202
Schafflerhof	2204
Flugfeld Aspern	2205
Kriegerheimstätten	2206
Breitenleer Stadtrand	2207
Kagran	2208
Eipeldauer-Straße	2209
An der Oberen Alten Donau	2210
Donaupark	2211 (1981: 2211, 2232)
Lettenhaufen	2212
Zentrum Kagran	2213
Freihof Siedlung	2214
Neu-Kagran	2215
Industriegebiet Neu-Kagran	2216
Mühlgrund-Neu-Stadlau	2218
Hirschstetten	2220 (1971: 2220, 2231)
Plankenmais	2221
Neu-Straßenäcker	2222
Aspern	2223
Spargelfeld	2224
Wulzendorf	2225
Biberhaufen	2226
Eßling-Im Neuriß	2227
Eßling	2228
Englisch-Feld	2229

Außenstadt, West

Meidlinger Friedhof	1203
Gatterhölzl	1207
Oswaldgasse	1208
Am Schöpfwerk	1209
Altmannsdorf	1210
Hetzendorf	1211
Hietzing	1302
Auhofstraße	1303
Ober-St. Veit	1304
Gemeindeberg	1305
Lainz	1306
Maxing	1307
Speising	1308
Ameisbach	1405
Ober-Baumgarten	1406
Hugo-Breitner-Hof	1407
Flötzersteig	1408
Hütteldorf	1410
Wolfersberg	1411

Verzeichnis der Zählbezirke

Wilhelminenspital	1608
Wilhelminenberg	1609
Alszeile	1704
Dornbach	1705
Neuwaldegg	1706
Cottage	1801
Gersthof	1804
Pötzleinsdorf	1805
Nußdorf	1901
Karl-Marx-Hof	1902
Döblinger Hauptstraße	1904
Hohe Warte	1905
Grinzing	1906
Sievering	1907
In der Krim	1908
Döblinger Cottage	1909
Glanzing	1910
Inzersdorf	2301 (1981: 2301,2317,2318)
Neu-Erlaa	2302
Schwarze Haide	2303
Alt-Erlaa	2304 (1981: 2304,2319)
Siebenhirten	2305
Industriegebiet Liesing	2306
Atzgersdorf	2307
Industriegeb.Breitenfurt.Str.	2308
Steinberg	2309
Atzgersdorf-West	2310
Liesing	2311
Rodaun	2312
Mauerberg	2313
Mauer	2314
Kroißberg	2315
Kalksburg-Kaltenleutgeben	2316

Liste der aus der Faktorenanalyse ausgeschlossenen Zählbezirke

0208 Unterer Prater	zu ca 90% unbebaut; Messegelände, Volksprater, Stadien
1012 Computerstraße	zu ca 80% unbebaut; Gasbehälter, Wertheim AG, Ambulatorium Süd Wienerberger, Philips-Haus, Philips Datasystems, Sportplatz
1101 Gaswerk Simmering	genereller „statistischer Ausreißer"
1106 Zentralfriedhof	keine Wohngebäude, Friedhofsareal, Zentralwerkstätte der Wiener Verkehrsbetriebe
1108 E-Werk Simmering	genereller „statistischer Ausreißer"
1109 Untere Simmeringer Haide	zu ca 95% unbebaut
1112 Albern	zu ca 90% unbebaut — jedoch „altes Dorf"

1301 Schönbrunn	zu ca 80% unbebaut; Maria-Theresien-Kaserne, Schloß Schönbrunn, Friedhof Hietzing
1309 Altersheim Lainz	extremer „statistischer Ausreißer"
1310 Lainzer Tiergarten	zu ca 99% unbebaut;
1409 Am Steinhof	Psychiatrisches Krankenhaus der Stadt Wien Lungenheilstätte Baumgartner Höhe, öffentliche Grünfläche
1412 Hadersdorf-Weidlingau	zu ca 85% unbebaut — jedoch zwei „alte Dörfer"
2217 Neuhaufen	ca 80% Kleingartenanlagen; W.Anger KG, Immuno AG, V.Wagner, Schmid
2230 Lobau	zu ca 95% unbebaut; ÖMV AG — Zentraltanklager; Shell-Austria-AG — Werk Lobau

Literaturverzeichnis

1. Allgemeine Literatur (Factorial Ecology, Beispiele etc.)

ALPASS J. u.a., 1967. Urban centres and changes in the centre structure. In: Urban core and inner city. Proceedings of the Int. Study Week. Amsterdam 1966, Leiden 1967: 103–117.

ALONSO W., 1964. Location and land-use. Towards a general theory of land rent. Cambridge, Mass.

ATTESLANDER P. und B.HAMM (Hsg.), 1974. Materialien zur Siedlungssoziologie. Köln.

BAHRDT H.P., 1961. Die moderne Großstadt. Soziologische Überlegungen zum Städtebau. Rowohlt, Reinbek bei Hamburg.

BAHRENBERG G. und E. GIESE, 1975. Statistische Methoden und ihre Anwendung in der Geographie. Teubner Studienbücher Geographie, Stuttgart.

BAHRENBERG G. und E. GIESE, 1975. Zum Problem der Normalität und der Transformation bei der Faktorenanalyse bzw. Hauptkomponentenanalyse. Gießener Geogr. Schriften 32: 9–29.

BARGMANN R., 1955. Signifikanzuntersuchungen der einfachen Struktur in der Faktorenanalyse. Mitt. Math. Stat. 7: 1–24.

BERRY B.J.L., 1963. Commercial structure and commercial blight. University of Chicago, Dept. of Geography, Research Paper 85.

BERRY B.J.L., 1968. Geography of market centers and of retailing. Prentice Hall, New York.

BERRY B.J.L., 1971. Introduction: the logic and limitations of comparative factorial ecology Economic Geography 47,2: 209–219.

BERRY B.J.L. (Hsg.), 1972. City classification handbook. Methods and applications. London.

BERRY B.J.L. (Hsg.), 1976. Urbanization and counterurbanization. Urban Affairs Annual Reviews (Beverly Hills – London) 11.

BERRY B.J.L. und F.E. HORTON (Hsg.), 1970. Geographic perspectives on urban systems, with integrated readings. Englewood Cliffs, New Jersey.

BOURNE L.S., 1981. The geography of housing. Scripta Series in Geography, London.

BRATZEL P. und H. MÜLLER, 1979. Regionalisierung der Erde nach dem Entwicklungsstand der Länder. Geogr. Rundschau 31, 4: 133–136.

BRAUN G., 1974. Faktorenanalytische Untersuchungen zur Sozialstruktur von Würzburg. Würzburger Geographische Manuskripte 2.

BRAUN P., 1968. Die sozialräumliche Gliederung Hamburgs. Van den Hoek, Göttingen.

BURGESS E.W., 1925. The growth of the city: an introduction to a research project. In: R.E. PARK und E.W. BURGESS (Hsg.): The city. Chicago.

CAROL H., 1960. The hierarchy of central functions within the city. Annals of the AAG 50: 419–438.

CAROL H., 1960. The hierarchy of central functions within the city. Principles developed in a study of Zurich, Switzerland. Lund Studies in Geography B 24: 555–576.

CLAUSS G. und H. EBNER, 1977. Grundlagen der Statistik für Psychologen, Pädagogen und Soziologen. Frankfurt/Main.

CONWAY D. und K.E. HAYNES, 1973. A geographical factor analysis model: some transatlantic reflections. Area 5,2: 106–109.

CONWAY J., 1985/2. Capital Decay. An analysis of London's housing. SHAC Research Report 7.

DANGSCHAT J., 1985. Soziale und räumliche Ungleichheit in Warschau. Beiträge zur Stadtforschung 10, Hamburg.

DREWETT R., J. GODDARD und N. SPENCE, 1976. Urban Britain: Beyond containment. In: B.J.L. BERRY (Hsg.). Urbanization and counterurbanization. Urban Affairs Annual Reviews 11: 43–79.

DUNCAN O.D. und B. DUNCAN, 1950. Residential distribution and occupational stratification. Am. Journal Sociol. 60: 493–503.

DUNCAN O.D. und B. DUNCAN, 1975. A methodological analysis of segregation indexes. In: C. PEACH (Hsg.). Urban social segregation. Longman, London – New York: 35–47.

FRENCH R.A. und F.E.I. HAMILTON (Hsg.), 1979. The socialist city. New York – Toronto.

FRIEDRICHS J., 1977. Stadtanalyse. Soziale und räumliche Organisation der Gesellschaft. Sozialwissenschaft. Rowohlt, Hamburg.

FRIEDRICHS J. (Hsg.), 1982. Spatial Disparities and Social Behaviour. A Reader in Urban Research. Beiträge zur Stadtforschung 8, Hamburg.

FRIELING H.D. von, 1980. Räumlich-soziale Segregation in Göttingen – Zur Kritik der Sozialökologie. Textband. Kasseler Schriften zur Geographie und Planung. Urbs et Regio 19.

GALLION A.B. und S. EISNER, 1963. The urban pattern. City Planning and Design. New York – Toronto – London.

GANSER K., 1966. Sozialgeographische Gliederung der Stadt München aufgrund der Verhaltensweisen der Bevölkerung bei politischen Wahlen. Münchener Geographische Hefte 28.

GEIDER F.J., K.-E. ROGGE und H.P. SCHAAF, 1982. Einstieg in die Faktorenanalyse. UTB 1171, Quelle & Meyer, Heidelberg.

GEIPEL R., 1982. Wahrnehmung und Bewertung sperriger Infrastruktur durch die Regionalplanung. Münchener Geographische Hefte 47: 7–15.

GEISENBERGER S., W. MÄLICH, J. MÜLLER und G. STRASSERT, 1970. Zur Bestimmung wirtschaftlichen Notstands und wirtschaftlicher Entwicklungsfähigkeit von Regionen. Veröff. Akad. Raumforschung und Landesplanung, Abh. 59.

GIESE E., 1978. Kritische Anmerkungen zur Anwendung faktorenanalytischer Verfahren in der Geographie. Geogr. Zeitschrift 66: 161–182.

GIESE E., 1985. Klassifikation der Länder der Erde nach ihrem Entwicklungsstand. Geogr. Rundschau 37,4: 164–175.

GODDARD J.B., 1976. Die Faktorenanalyse in der Stadt- und Regionalplanung. Dortmunder Beitr. zur Raumplanung 1: 127–164.

GÜSSEFELDT J., 1981. Some geographical aspects of the fallacy of contemporary factorial ecology. Karlsruher Manuskripte zur Mathematischen und Theoretischen Wirtschafts- und Sozialgeographie 52.

GÜSSEFELDT J., 1983. Die gegenseitige Abhängigkeit innerurbaner Strukturmuster und Rollen der Städte im nationalen Städtesystem. Freiburger Geographische Hefte 22.

HAACK A., 1981. Die Trennung von Arbeiten und Wohnen. Eine Analyse der Berufspendlerströme in Hamburg 1939 bis 1970. Beiträge zur Stadtforschung 7, Hamburg.

HADDEN J.K. und E.F. BORGATTA, 1965. American cities. Their social characteristics. Rand-McNally, Chicago.

HAMM B., 1977. Zur Revision der Sozialraumanalyse. Ein Beitrag zur Ableitung von Indikatoren der sozialräumlichen Differenzierung in Städten. Zeitschrift für Soziologie 6,2: 174–188. Diskussion und Kommentar in: Zeitschrift für Soziologie 7,4 (1978): 390–406.

HAMM B., 1984. Aktuelle Probleme sozialökologischer Analyse. Kölner Zeitschrift für Soziologie und Sozialpsychologie 36: 277–292.

HARRIS R., 1984. Residential segregation and class formation in the capitalist city: a review and directions for research. Progress in Human Geography 8,1: 26–49.

HAUTAU H., 1977. Städtische Belastungsräume in der Bundesrepublik Deutschland. Raumforschung und Raumordnung 35: 116–129.

HAYNES K., 1971. Spatial change in urban structure: alternative approach to ecological dynamics. Economic Geography 47: 324–335.

HERBERT D.T., 1967. Social area analysis: A British study. Urban Studies 4: 41–60.

HOFFMEYER-ZLOTNIK J., 1975. Der Prozeß der Sukzession. Die Unterwanderung von Berlin-Kreuzberg. Diss. Univ. Hamburg.

HOFFMEYER-ZLOTNIK J., 1977. Gastarbeiter im Sanierungsgebiet. Das Beispiel Berlin-Kreuzberg. Beiträge zur Stadtforschung 1, Hamburg.

HOYT H., 1939. The structure and growth of residential neighborhoods in American cities. Washington.

HUNTER A., 1971. The ecology of Chicago: persistence and change, 1930–1960. American Journal of Sociology 77: 425–444.

JACKSON D.J. und E.F. BORGATTA (Hsg.), 1981. Factor analysis and measurement in sociological research. A multi-dimensional perspective. Sage Studies in International Sociology 21, London – Beverly Hills.

JOHNSTON R.J., 1980. Multivariate statistical analysis in geography. Longman, London – New York.

JOHNSTON R.J., 1984. Residential segregation, the state, and constitutional conflict in American urban areas. Academic Press, New York.

KERLINGER F., 1981. Foundations of behavioral research. Tokyo.

KILCHENMANN A., 1970. Statistisch/analytische Arbeitsmethoden in der regionalgeographischen Forschung – Untersuchungen zur Wirtschaftsentwicklung von Kenya und Versuch einer Regionalisierung des Landes aufgrund von thematischen Karten. Ann Arbor, Michigan.

KILCHENMANN A., 1986. Siedlungsentwicklung. Ein Vorlesungsleitfaden. Karlsruher Manuskripte zur Mathematischen und Theoretischen Wirtschafts- und Sozialgeographie 79.

KILLISCH W., N. MICH und O. FRÄNZLE, 1984. Ist die Anwendung der Faktorenanalyse in der empirischen Regionalforschung noch vertretbar? Darstellung und Kritik einer Methode. Karlsruher Manuskripte zur Mathematischen und Theoretischen Wirtschafts- und Sozialgeographie 66.

KIM J.-O. and Ch.W. MUELLER, 1978. Factor analysis. Statistical methods and practical issues. Quantitative Applications in the Social Sciences 14, Sage University Paper, Beverly Hills – London.

KLEMMER P., 1973. Die Faktorenanalyse als Instrument der empirischen Strukturforschung. Methoden der empirischen Regionalforschung 1. Veröffentlichungen der Akademie für Raumforschung und Landesplanung. Forschungs- und Sitzungsberichte 87: 131–146.

LAWLESS P., 1981. Britain's Inner Cities. Problems and Policies. Harper and Row, London.

LEY D., 1983. A social geography of the city. Harper and Row, New York.

LICHTENBERGER E., 1970. The nature of European urbanism. Geoforum 4: 45–62.

LICHTENBERGER E., 1972. Ökonomische und nichtökonomische Variablen kontinentaleuropäischer Citybildung. Die Erde 1972: 216–262.

LICHTENBERGER E., 1972. Die europäische Stadt – Wesen, Modelle, Probleme. Berichte zur Raumforschung und Raumplanung 16,1: 3–25.

LICHTENBERGER E., 1975. Die Stadterneuerung in den USA. Berichte zur Raumforschung und Raumplanung 19,6: 3–16.

LICHTENBERGER E., 1976. The changing nature of European urbanization. In: B.J.L. BERRY (Hsg.). Urbanization and counterurbanization. Urban Affairs Annual Reviews 11: 81–107.

LICHTENBERGER E., 1980. Die Stellung der Zweitwohnungen im städtischen System – Das Wiener Beispiel. Berichte zur Raumforschung und Raumplanung 24,1: 3–14.

LICHTENBERGER E., 1981. Die europäische und die nordamerikanische Stadt – ein interkultureller Vergleich. Österreich in Geschichte und Literatur mit Geographie 25,4: 224–251.

LICHTENBERGER E., 1983. Perspektiven der Stadtentwicklung. Geographischer Jahresbericht aus Österreich 40 (1981): 7–49.

LICHTENBERGER E. (unter Mitarbeit von H. FASSMANN, EDV-Technologie), 1984. Gastarbeiter – Leben in zwei Gesellschaften. Böhlau, Wien.

LICHTENBERGER E., 1985. Stadtgeographie I – Begriffe, Konzepte, Modelle, Prozesse. Teubner Studienbücher Geographie, Stuttgart.

MACKENSEN R., J.C. PAPALEKAS u.a., 1959. Daseinsformen der Großstadt, typische Formen sozialer Existenz in Stadtmitte, Vorstadt und Gürtel der industriellen Großstadt. Tübingen.

MAIER J., R. PAESLER, K. RUPPERT und F. SCHAFFER, 1977. Sozialgeographie. Das Geographische Seminar, Braunschweig.

MARRADI A., 1981. Factor analysis as an aid in the formation and refinement of empirically useful concepts. In: B.J. JACKSON and E.F. BORGATTA (eds.). Factor analysis and measurement in social research. A multi-dimensional perspective. Sage Studies in International Sociology 21: 11–49.

MORGAN B.S., 1975. The segregation of socio-economic groups in urban areas: a comparative analysis. Urban Studies 12: 47–60.

MORRILL R.L., 1974. The spatial organization of society. North Scituate, Mass.

MURDIE R., 1969. Factorial ecology of Metropolitan Toronto (1951–1961). An essay on the social geography of the city. Univ. of Chicago, Dept. of Geography, Research Paper 116.

PALME G., 1986. Entwicklungstendenzen der touristischen Nachfrage in der Steiermark. Ein produktzyklustheoretischer Ansatz. Studie im Auftrag der Steiermärkischen Landesregierung. Österreichisches Institut für Wirtschaftsforschung.

PAWLIK K., 1968. Dimensionen des Verhaltens. Eine Einführung in Methodik und Ergebnisse faktorenanalytischer psychologischer Forschung. Bern/Stuttgart.

REES Ph., 1971. Factorial ecology: an extended definition, survey, and critique of a field. Economic Geography 47: 220–233.

REES G. und J. LAMBERT, 1985. Cities in crisis. The political economy of urban development in post-war Britain. Edward Arnold Ltd., London.

ROBSON B.T., 1969. An ecological analysis of the evolution of residential areas in Sunderland (Great Britain). Urban Studies 4: 120–142.

SCHMALS K.M. (Hsg.), 1983. Stadt und Gesellschaft. Ein Arbeits- und Grundlagenwerk. Stadt- und Regionalsoziologie 1/2, Akademie-Verlags-Ges.m.b.H, München.

SCHÜTZ M.W., 1985. Die Trennung von Jung und Alt in der Stadt. Eine vergleichende Analyse der Segregation von Altersgruppen in Hamburg und Wien. Beiträge zur Stadtforschung 9, Hamburg.

SHEVKY E. und W. BELL, 1974. Sozialraumanalyse. In: P. ATTESLANDER und B. HAMM. Materialien zur Siedlungssoziologie. Köln: 125–129.

STÄBLEIN G. und P. VALENTA, 1974. Faktorenanalytische Bestimmung von Wohnbereichs-Typen am Beispiel der Stadt Würzburg. Berichte zur Deutschen Landeskunde 48: 195–218.

STÖHR W., 1974. Interurban systems and regional economic development. Commission on College Geography, Resource Paper 26. Association of American Geographers, Washington.

STÖHR W. und F. TÖDTLING, 1979. Spatial equity. Some antitheses to current regional development doctrines. In: H. FALMER und W. OOSTERHAVEN (Hsg.). Spatial inequalities and regional development. Boston: 133–158.

TARNAI Ch., 1978. Inhaltlich geleitete Anwendung der Faktorenanalyse zur Messung quantitativer und qualitativer Veränderungen. Informationen der Arbeitsgemeinschaft für interdisziplinäre angewandte Sozialforschung 1/2: 53–65.

TINKLER K.J., 1975. On the choice of methods in the factor analysis of connectivity matrices: a reply. Transactions of the Institute of British Geographers 66: 168–170.

ÜBERLA K., 1977. Faktorenanalyse. Berlin – Heidelberg – New York.

UHLIG K., 1971. Untersuchung über die Stadterneuerung in den USA seit dem Housing Act 1949, insbesondere der innerstädtische Wohnungsbau sowie seine möglichen Einflüsse auf die stadtregionale Binnenmigration. Diss. Karlsruhe 1969, veröffentlicht Bonn 1971.

WEBER A., 1909. Über den Standort der Industrien, Teil I: Reine Theorie des Standorts. Tübingen.

WEBER M., 1956. Wirtschaft und Gesellschaft. 2. Hbd., Tübingen.

2. Literatur zu Wien

BAUMHACKL H. und B. ZOTTL, 1985. Freizeitwohnsitze der Wiener. Probleme ihrer statistischen Erfassung. Geographischer Jahresbericht aus Österreich 42 (1983): 25–69.

BAYER I., 1979. Der Wiener Fremdenverkehr 1979. Mitt. aus Statistik und Verwaltung der Stadt Wien 1979,4: 11–14.

BAYER I., 1982. Die Wiener Bevölkerung 1951–1981 (1). Mitt. aus Statistik und Verwaltung der Stadt Wien 1982,1: 3–12.

BAYER I., 1984. Gastarbeiter 1982 in Wien (Teil 1). Gastarbeiter in Wien (Teil 2). Mitt. aus Statistik und Verwaltung der Stadt Wien 1984,1: 3–16; 1984,4: 3–19.

BERGER H., 1984. Gebietserneuerung 1974–1984. Das Wiener Modell. Magistrat der Stadt Wien. Beiträge zur Stadtforschung, Stadtentwicklung und Stadtgestaltung 15.

BOBEK H. und M. FESL, 1978. Das System der Zentralen Orte Österreichs. Schriften der Kommission für Raumforschung der Österreichischen Akademie der Wissenschaften 3. Böhlau, Wien.

BOBEK H. und E. LICHTENBERGER, 1979 (2.A.). Wien. Bauliche Gestalt und Entwicklung seit der Mitte des 19. Jahrhunderts. Böhlau, Wien.

CSERJAN K. und M. SAUBERER, 1977. Sozialräumliche Gliederung Wiens 1971. ÖIR, i.A. d. MA 18, Wien 1977 (unveröffentlicht).

DEUTSCH S., 1978. Die Veränderung der Sozialstruktur und der sozialräumlichen Gliederung von Wien 1961–1971. Hausarbeit am Institut für Geographie, Universität Wien.

FEILMAYR W., K. MITTRINGER und J. STEINBACH, 1981. Analyse und Prognose städtischer Verfallsprozesse, dargestellt am Beispiel Wien. Jahrbuch für Regionalwissenschaften 2: 36–61.

FEILMAYR W., T. HEINZE, K. MITTRINGER und J. STEINBACH, 1983. Verfall und Erneuerung städtischer Wohnquartiere. Grundlagen einer Stadterneuerungspolitik in Wien. Wien.

HASSINGER H., 1916. Kunsthistorischer Atlas der Reichshaupt- und Residenzstadt Wien. Österreichische Kunsttopographie 15, Wien.

HEINISCH H., 1985. Stadterneuerung und Stadtentwicklung in Wien. Diplomarbeit am Institut für Geographie, Universität Wien.

HEINRITZ G. und E. LICHTENBERGER, 1984. Wien und München — ein stadtgeographischer Vergleich. Berichte zur deutschen Landeskunde 58,1: 55–95.

HALASZ L., 1983. Arbeitsstättenzählung 1981 in Wien. Mitt. aus Statistik und Verwaltung der Stadt Wien 1983,3: 3–10.

HANSELY H.-J., 1985. Bevölkerungsvorausschätzung für Wien 1991–2001. Mitt. aus Statistik und Verwaltung der Stadt Wien 1985,4: 3–9.

HUSA K. und H. WOHLSCHLÄGL, 1982. Aspekte der räumlichen Bevölkerungsentwicklung in Österreich im Spiegel der Volkszählung 1981. Berichte zur Raumforschung und Raumplanung 26,3: 3–16.

KAINRATH W., 1982. Stadterneuerung. Der Aufbau (Wien) 37/2,3: 88–93.

KAUFMANN A., 1975. Umfang und Struktur der Wohnungsmobilität. Statistische Erfassung der Wohnungswechsler der sechs österreichischen Großstadtregionen. Veröff. Institut für Stadtforschung (Wien) 25.

LICHTENBERGER E., 1963. Die Geschäftsstraßen Wiens. Ein physiognomisch-statistischer Vergleich. Mitteilungen der Österr. Geographischen Gesellschaft 103: 405–446.

LICHTENBERGER E., 1972. Die Wiener City. Bauplan und jüngste Entwicklungstendenzen. Mitteilungen der Österr. Geographischen Gesellschaft 114,I: 42–85.

LICHTENBERGER E., 1978. Stadtgeographischer Führer Wien. Borntraeger, Berlin – Stuttgart (Sammlung Geographischer Führer 12).

LICHTENBERGER E., 1982. Wien – Das sozialökologische Modell einer barocken Residenz um die Mitte des 18. Jahrhunderts. In: W. RAUSCH (Hsg.). Städtische Kultur in der Barockzeit. Linz: 235–262.

LUKACSY M., 1982. Die Wiener Land- und Forstwirtschaft 1951–1980. Mitt. aus Statistik und Verwaltung der Stadt Wien 1982,4: 12–18.

Magistrat der Stadt Wien, Gruppe Stadtplanung/Stadtstrukturplanung, MA 18 (Hsg.), 1980. Siedlungsstruktur. Diskussionsgrundlage zum Stadtentwicklungsplan für Wien. Wien.

Magistrat der Stadt Wien, Gruppe Stadtplanung/Stadtstrukturplanung, MA 18 (Hsg.), 1982. Stadtentwicklungsplan für Wien. Entwurf. Tendenzen, Ziele und Maßnahmen der Stadtentwicklung. Wien.

Magistrat der Stadt Wien (Hsg.), 1982. Stadtentwicklungsplan Wien. Der Aufbau 2/3 (1982).

Magistrat der Stadt Wien, Geschäftsgruppe Stadtentwicklung und Stadterneuerung, MA 18 (Hsg.), 1985. Stadtentwicklungsplan Wien.

MARCHART P., 1984. Wohnbau in Wien 1923–1983. Österreichisches Institut für Bauforschung. Wien.

MATUSCHKA H., 1982. Versorgung in Wien, Infrastruktur und Siedlungspolitik. Der Aufbau (Wien) 37/2,3: 61–67.

MATZNETTER W., 1980. Junge Entwicklungstendenzen innerstädtischer Zentren. Der Strukturwandel der Wiener Geschäftsstraßen (1963 bis 1977) als Beispiel. Geographischer Jahresbericht aus Österreich 38 (1979): 50–77.

MATZNETTER W., in Arbeit. Die Standortpolitik gemeinnütziger Wohnbauunternehmen in Wien. Eine Anwendung des „Urban Manager"-Ansatzes. Diss. Univ. Wien.

N.N., 1980. Die inländische Bevölkerung der Wiener Zählbezirke. Altersstruktur und Sexualproportion. Mitt. aus Statistik und Verwaltung der Stadt Wien 1980,4: 3–8.

N.N., 1980. Die inländische Bevölkerung der Wiener Zählbezirke. Mitt. aus Statistik und Verwaltung der Stadt Wien 1980,3: 3–7.

Österreichisches Statistisches Zentralamt (Hsg.), 1983 ff. Integriertes Statistisches Informationssystem ISIS: I Daten im Direktzugriff, II Basisbestände und Merkmale. Wien.

SATZINGER F., 1977. Die Wiener Stadtregion. Berichte zur Raumforschung und Raumordnung 21,3: 24–32.

SATZINGER F., 1981. Ergebnisse der Großzählung 1981 in Wien. Mitt. aus Statistik und Verwaltung der Stadt Wien 1981,3: 3–12.

SATZINGER F., 1982. Die Wiener Bevölkerung 1951–1981 (2). Mitt. aus Statistik und Verwaltung der Stadt Wien 1982,2: 14–16.

SATZINGER F., 1982. Einwohner mit Zweitwohnsitzen. Mitt. aus Statistik und Verwaltung der Stadt Wien 1982,2: 3–8.

SATZINGER F., 1980. Die Bevölkerung in Wien 1980–2010. Mitt. aus Statistik und Verwaltung der Stadt Wien 1980,2: 3–5.

SAUBERER M., 1973. Anwendungsversuche der Faktorenanalyse in der Stadtforschung – Sozialräumliche Gliederung Wiens. In: Seminarberichte der Gesellschaft für Regionalforschung, Bd.7, Heidelberg, 1973.

SAUBERER M. und C. CSERJAN, 1972. Sozialräumliche Gliederung Wiens 1961. Ergebnis einer Faktorenanalyse. Der Aufbau 1972,4: 284–306.

SCHUSSMANN E., 1979. Kinderwunsch und Kinderzahl in Wien. Mitt. aus Statistik und Verwaltung der Stadt Wien 1979,4: 3–10.

SVOBODA W.R. und E. KNOTH, 1985. Das Instrumentarium für die Stadterneuerung. Institut für Stadtforschung, Wien, 73.

STEINBACH J. und W. FEILMAYR, 1983. Analysen der Wiener Stadtstruktur. Beiträge zur Stadtforschung, Stadtentwicklung und Stadtgestaltung (Wien) 13.

WEBER P. und E. KNOTH, 1980. Sanierungsbedarf in den Städten. Institut für Stadtforschung, Wien, 64.

WEIGL A., 1984. Die Wiener Bevölkerung in der Zweiten Republik. Mitt. aus Statistik und Verwaltung der Stadt Wien 1984,2: 3–13.

ZALESAK A., 1979. Gastarbeiter und Gastarbeiterkinder in Wien (1); (2). Mitt. aus Statistik und Verwaltung der Stadt Wien 1979,2: 12–14; 1979/3: 10–14.

3. Statistische und sonstige Quellen zu Wien

Magistrat der Stadt Wien (Hsg.), 1965,1966. Die Wiener Wohnbevölkerung nach Zählbezirken (Ergebnisse der Volkszählung vom 21.März 1961). Mitteilungen aus Statistik und Verwaltung der Stadt Wien, Sonderhefte zur Volkszählung 1961 1–4.

Magistrat der Stadt Wien (Hsg.), o.J. Die Volkszählung vom 12.Mai 1971 in Wien. Ergebnisse nach Gemeindebezirken, Zählbezirken und Zählgebieten. Hefte 1–4. Wien.

Magistrat der Stadt Wien (Hsg.), o.J. Die Häuser- und Wohnungszählung vom 12.Mai 1971 in Wien. Ergebnisse nach Gemeindebezirken, Zählbezirken und Zählgebieten. Wien.

Magistrat der Stadt Wien, MA 18, 1985. Flächenwidmungsplan 1:10.000 – Generalisierte Darstellung, Stand 1.1.1984

Österreichisches Statistisches Zentralamt (Hsg.), 1952. Ergebnisse der Volkszählung vom 1. Juni 1951. Wien. Volkszählungsergebnisse 1951 – Heft 10.

Österreichisches Statistisches Zentralamt (Hsg.), 1964. Ergebnisse der Volkszählung vom 31. März 1961. Wien. Volkszählungsergebnisse 1961 – Heft 10.

Österreichisches Statistisches Zentralamt (Hsg.), 1966. Betriebsstätten in Wien. Ergebnisse der Zählung von nichtlandwirtschaftlichen Betrieben. Betriebszählung vom 10.Oktober 1964. Wien.

Österreichisches Statistisches Zentralamt (Hsg.), 1974. Ergebnisse der Volkszählung vom 12. Mai 1971. Hauptergebnisse für Wien. Beiträge zur Österr. Statistik 309/8.

Statistische und sonstige Quellen zu Wien 255

Österreichisches Statistisches Zentralamt (Hsg.), 1974. Arbeitsstättenzählung 1973: Hauptergebnisse für Wien. Beiträge zur Österr. Statistik 433/10.

Österreichisches Statistisches Zentralamt (Hsg.), 1982. Land- und forstwirtschaftliche Betriebszählung 1980. Beiträge zur Österr. Statistik 660/9.

Österreichisches Statistisches Zentralamt (Hsg.), 1983. Häuser- und Wohnungszählung 1981. Hauptergebnisse Wien. Beiträge zur Österr. Statistik 640/9.

Österreichisches Statistisches Zentralamt (Hsg.), 1983. Volkszählung 1981 — Wohnbevölkerung nach Gemeinden (revidierte Ergebnisse) mit der Bevölkerungsentwicklung seit 1869. Beiträge zur Österr. Statistik 630/1A.

Österreichisches Statistisches Zentralamt (Hsg.), 1983. Arbeitsstättenzählung 1981. Hauptergebnisse Wien. Beiträge zur Österr. Statistik 650/9.

Österreichisches Statistisches Zentralamt (Hsg.), 1984, 1985. Volkszählung 1981. Hauptergebnisse I, II — Wien. Beiträge zur Österr. Statistik 630/10, 630/20.

Österreichisches Statistisches Zentralamt (Hsg.), 1986. Die Berufstätigen nach beruflichen Merkmalen und Berufspendelverkehr. Beiträge zur Österr. Statistik 630/22.

Österreichisches Statistisches Zentralamt, ISIS-Datenbank: Direktzugriff zu Daten der Großzählungen seit 1971: Arbeitsstätten- bzw. Betriebszählungen, Häuser- und Wohnungszählungen, Volkszählungen.

Unveröffentlichte Studien aus dem Seminarbetrieb des Instituts für Geographie der Universität Wien bzw. Forschungsarbeiten der Kommission für Raumforschung der Österreichischen Akademie der Wissenschaften:

Atlas der Bautypen und Flächennutzungen in Wien. Kartierung des gesamten Wiener Stadtgebiets im Maßstab 1:3500. Stand: 1963.

Forschungsprojekt „Commercial Blight in Wien": Aufnahme der leerstehenden Geschäfte im gründerzeitlichen Stadtgebiet von Wien nach früherer Branche, Schaufensterlänge, Dauer des Leerstehens. Stand: 1980/82.

Forschungsprojekt „Residential Blight in Wien": Hausweise Aufnahme von Verfallserscheinungen im gründerzeitlichen Stadtgebiet von Wien nach Abbruch, schlechtem Bauzustand, leerstehenden Wohnungen, Erneuerungstendenzen. Stand: 1982/83, teilweise Nachführung 1986/87.

Index

(F... Figur, K... Karte, T... Tabelle)

Abwertung, vgl. Blight, Stadtverfall
— Bausoziale 40 f.
— Soziale 165, 182, 227
Altbau 194 f., 201 ff., 202: F 31
Altbaubestand 118
Altbauwohnungen 119: T 15, 196: K 14
Alte Leute 208, 210, 211: F 34, 226
Altersklassen 147, 210
Altersklassengesellschaft 82, 92 ff.
Altstadterhaltung, Kredite 134, vgl.
  Stadterneuerung
Angestellte 94: T 7, 106: F 16, vgl.
  Tertiärisierung
Antisegregationsstrategie 25, 148, 222, 227
Arbeiter 92 ff., 94: T 7, 95: K 4, 96: T 8, 106:
  F 16, 188, 215 ff.
Arbeiterhaushalte 219
Arbeitsbevölkerung 128: T 19, vgl.
  Arbeitsraum, Arbeitsstätten
Arbeitsmarkt 114, 126 ff.
— Dualer 51 f., 57, 224
Arbeitsraum der Stadt
— Außenstadt 161 ff.
— Gesamtstadt 153 ff.
— Innenstadt 167 ff.
— Innere Bezirke 174 ff.
Arbeitsstätten 52, 127, 129, 153 f., 161, 174,
  192, 201
— Differenzierung 154: T 26, 162: T 29
— Dualer Arbeitsmarkt 51 f., 57, 224
— Faktoren 156: F 22, 163: F 24
Arbeitsteiliger Prozeß 24
Arbeitswohnungen 22
Aufgestockte Bevölkerung 91: T 6, 92, vgl.
  Bevölkerung
Aufwertung, vgl. Stadterneuerung,
  Komfortsanierung
— Bausoziale 40 f., 170

— Soziale 165, 182, 227
Außenstadt 144, 145: K 13, 157 ff., 225, 227,
  228
— Entwicklungsfaktoren 190 f.
— Östliche und südliche 144
— Westliche 144
Ausländer 19, 91, vgl. Gastarbeiter
Auspendler 90, 91
Äußere Bezirke 144
— Neubautätigkeit 173
Basiskonzepte
— Räumliche 28
— Stadt 28
Bassenawohnungen 119
Baualter 142
Bauliche Struktur, vgl. Baubestand,
  Physische Struktur
— Bestandsdauer 47
— Reproduktion 47 ff.
Baumilieu 194 ff.
— Altbau 194 f.
— Effekte 218
— Eigentumswohnbau 195
— Gemeindebauten 194 f.
— Niedrigbau 194 f.
— Regressionsmodell 195: F 29
Bausubstanz, vgl. Bauliche Struktur,
  Physische Struktur
— Bestandsdauer 47
— Gründerzeitliche 219
— Reproduktion 47 ff.
Bauträger 126, 224, 228
— Institutionelle 43
— Soziale Klassen 50 f., 216 f.
— Wohnklassen 43, 50 f.
Beschäftigungsstruktur 84, vgl. Arbeitsraum,
  Arbeitsstätten

Bevölkerung, vgl. Haushaltsgröße, Sozialgruppen
- Altersklassen 97: K 5, 103: K 8, 147, 210
- Aufgestockte 88: T 5, 91: T 6, 92, 225
- auf Zeit 51, 86, 91: T 6, 226
- Bezirkszentrierte 91: T 6, 92, 226
- Entwicklung 87: K 1
- Instabilität 44, 51, 86 ff., 90, 222, 225
- Instabilitätsbilanz 88: T 5, 91: T 6
- Marginalisierung 184
- Umverteilung 81, 84 ff., 85: T 3, 86: T 4, 180
- Wien-zentrierte 88: T 5, 89: K 2, 90, 226

Bezirkszentrierte Bürger 91: T 6, 92, 226
Bipolare Konzeption von Städten 21, 78 ff., 117, 225, Modell, Stadt
Blight 43, 47 ff., 80, 129 ff., 225, vgl. Stadtverfall, Commercial B., Industrial B., Residential B.
- Ghostbevölkerung 175 ff., 176: T 36
- Innere Bezirke 177: F 25

Bodenpreise 16 f., 228
Bodenpreistheorie 52
Bürgerstadt, Mittelalterliche 39
City 175
- Citybildung 168, 174 f.

Commercial Blight 17, 49 f., 131 ff., 132: F 20, 139, 175, 177 f., 225, vgl. Geschäftsleben
Counterurbanisation 16
Daseinsgrundfunktionen 20
Daten, vgl. Primärforschung, Sekundärforschung
- Aggregierungsniveaus 55, 56: F 8
- Disaggregierung 69 f.

Demographische Dimension 147
Disparitäten, Intra-metropolitane 17
Distanz, vgl. Segregation, Sozialgruppen
- Demographische 182
- Soziale 106
- Sozioökonomische 182

Duale Produktzyklustheorie von Stadterweiterung und Stadterneuerung 43, 223 f., 229
Duale Stadtmodelle 41 ff., 44, 79, 79: F 15, 223, vgl. Bipolare Konzeption
Dualer Arbeitsmarkt 228, 126 f.
Duales Modell des Geschäftslebens 49 f.
Duales Zyklusmodell von Stadterweiterung und Stadterneuerung 44, 45: F 6, vgl. Duale Produktzyklustheorie
Eigentumswohnbau 195, 198 ff., 199: K 16, 200: F 30, 228
Einpersonenhaushalte 26, 98 f., 99: K 6, 100: T 10, 147, 149, 172, 208, 212, 213: F 35, 219, 226, 227
- Wohnungsnot 112: F 19, 113, 223

Einzelhandelsnetz 192, vgl. Commercial Blight, Geschäftsleben
Entscheidungsträger, institutionelle 138, vgl. Bauträger
Entstädterung 16
Entwicklungsfaktoren 187: F 26, 189: F 27, 191: F 28, 185 ff., vgl. Faktorenanalyse
Erwerbsquote 208, 226
Ethnische Dimension 148 f., vgl. Segregation
Faktorenanalyse
- Analyseschritte 62 ff., 135, 138 f., vgl. Schrittweise F.
- Außenstadt 157 ff.
- Datenauswahl 61 f., 135 ff.
- Demographische Dimension 138
- Dynamische 66: F 12, 72: T 1, 73: T 2, 225
- Dynamische, Methode 65 f.
- Einfachstruktur 35
- Ethnische Dimension 138 f.
- Etikettierung der Faktoren 35 f., 64 f., 139 ff., 140: F 21
- Faktorenstruktur, Ähnlichkeit 67
- Forschungsablauf 38: F 4
- Gesamtstadt 146 ff.
- Hamburg 72: T 1, 73: T 2
- Hypothesentestung 60 f.
- Innenstadt 164 ff.
- Innere Bezirke 169 ff.
- Interpretationshorizonte 62 ff., 63: F 11
- Kommunalitätenproblem 34
- Komparative 225, 226 f.
- Komparative, Methodik 67 f.
- Meßtheorie 30
- Methodik 59 ff.
- Methodisch-konzeptionelle Kritik 30 f.
- München 72: T 1, 73: T 2
- Reevaluierung 59 f.
- Robustheit 32 f.
- Räumliche Aussagensysteme 36 ff.

Index

- Schrittweise 60 f., 62 ff., 137: T 21, 225, vgl. — Analyseschritte
- Schrittweise dynamische 228 f.
- Selection Bias 33: F 3
- Soziale Dimension 138
- Statistische Grundlagen 140 ff.
- Taxonometrische Verfahren 37 f.
- Technische Kritik 31
- Technische Parameter 34
- Theoretisch-methodische Vorgangsweise 135 ff.
- Variablen- und Populationsauswahl 31 f.
- Variablenset 136 ff., 136: T 20, 137: T 21, 179 ff.
- Verknüpfung mit anderen multivariaten Methoden 36
- Verknüpfung mit kartographischen Aussagensystemen 30, 36 f.
- Verknüpfung mit multipler Regressionsanalyse 68 f.
- Verknüpfung mit taxonometrischen Verfahren 30
- Weiterentwicklung 224
- Zahl der Faktoren 34

Faktorialökologie 24 f., 29
- Dynamische 81, 179, 180: T 37
- Hamburg 69 ff.
- Interurbaner Vergleich 69 ff.
- Komparative dynamische 69 ff.
- München 69 ff.

Familien, vgl. Haushaltsgröße
Familien-Arbeiter-Neubau-Syndrom 229
Familien-Faktor 171
Familienstruktur, Traditionelle 26
Filtering-down-Vorgang 40 f., 47, 170
Forschungsstrategie 54: F 7, 56 ff., 224 f., vgl. Primärforschung, Sekundärforschung
- Schema 58: F 10

Frauenüberschuß 204, 210 f.
Freizeitcity 80
Freizeitgesellschaft 222, 230
- Stadt der F. 21

Freizeitrolle 23
Freizeitwohnungen 22, vgl. Wohnfunktion
Gastarbeiter 22: F 1, 108 ff., 109: K 10, 110, 141, 149, 165 f., 167, 173, 188, 204, 215 ff., 227
- Innerstädtische Wanderung 181
- Milieu 161

Gastarbeitersyndrom 168
Gemeindebauwohnungen 194 f., 197: K 15, 198 ff., 200: F 30, Kommunaler Wohnbau
Gentrification 17
Geschlechterproportion 102 ff., vgl. Wohnbevölkerung
Geschäftsleben 224
- Commercial Blight 131 ff.
- Standortmuster 131 ff.
- Struktur 49 f.

Geschäftszentren 132: F 20
Gesellschaft, vgl. Sozialgruppen, Sozialsystem
- Arbeitsteilige 20 f.
- Differenzierung 148: T 23, 154: T 26, 158: T 27, 162: T 29, 165: T 30, 171: T 33
- Marginale Subsysteme 166
- Veränderungen 179 ff.
- Wandel 181 f., 183: T 38, 184, 185: T 39

Ghostbevölkerung 43, 51, 88, 133, 153, 162 f., 168 f., 169: T 32, 175 ff., 177, 180, 191, 192, 201, 202, 206 f., 207: K 18, 209: F 33, 219, 226, 229
- Außenstadt 161 f.
- Blight 176: T 36, 175 ff.
- Gesamtstadt 153 f.
- Innenstadt 169 f.
- Innere Bezirke 177: F 25
- Stadtverfall 175 ff.

Gliederung, Arbeitsräumliche 44
Gründerzeitliches Stadtgebiet, Probleme 164
Gründerzeitwohnungen 119: T 15, 188
Hamburg 70 ff.
Hauptwohnsitz — Zweitwohnsitz 24: F 2
Haushalte — Wohnungen 110 ff.
Haushaltsgröße 104 ff., 106: F 16, 111 ff., 111: F 18, 112: F 19, 173, 180, vgl. Einpersonenhaushalte, Vierpersonenhaushalte, Kleinhaushalte
Industrial Blight 17
Industriestadt 40
Infrastruktur, Sperrige 20
Innenstadt 144, 145: K 13, 164 ff., 225, 227, 228
- Entwicklungsfaktoren 189 f.

Innere Bezirke 144, 169 ff.
- Neubautätigkeit 173

Instabilität der Bevölkerung 86 ff., 88: T 5, 91: T 6, 225 f.
Integration, Demographische 104
Kernstadt 19
Kinder 102: T 12, 103: K 8, 206, vgl. Altersklassen, Kleinkinder
Klassengesellschaft, vgl. Sozialgruppen
— Demographische 223
— Soziale 223
Kleinhaushalte 112: F 19
Kleinkinder 100 f., 155, 210, 211: F 34, 212, 214, 215
Komfortsanierung 118, 119
Komfortwohnungen 112
Kommunaler Wohnbau 204, 228, vgl. Gemeindebauwohnungen
Konsumgesellschaft, Modell 20
Konvergenztheorie 18
Konzeption der Stadt 21
Leben in zwei Gesellschaften 24, vgl. Freizeitgesellschaft, Gastarbeiter
Lebenszyklus-Konzeption 23 f., vgl. Duales Zyklusmodell
Marginale Gruppen 159, 217: F 37, vgl. Alte Leute, Einpersonenhaushalte, Gastarbeiter
Marginalität, Soziale 217 f., vgl. Sozialgruppen
Marginalitätssyndrom 178, 221, 229
Mieten 203: F 32, 228
— Höhe 160 f., 161, 204 ff., 205: K 17, 206
— Indikatorfunktion 204 ff.
Mieterschutzgesetz 114 f.
Milieu 151, 228
— Bau- 194 ff.
— Bauträger 198 ff.
— City- 161
— Demographisches 210 ff., 211: F 34, 220: F 39
— -Faktoren 156: F 22, 160: F 23, 163: F 24
— Familien- 201
— Gastarbeiter- 161, 171
— Ghostbevölkerung 206 ff.
— Marginales ökologisches 173, 210
— Marginales sozialökologisches 151, 160 f.
— Natürliches 159
— Niedrigbau- 159
— Niedrigmieten- 159
— Ökologisches 149 ff., 151 ff., 152: T 25,
158 ff., 159: T 28, 166 f., 167: T 31, 172 f., 193 ff.
— Potentielles Substandard- 217: F 37
— Sozial- 215 ff.
— Sozialökologisches 218
— Traditionelles City- 153
— Traditionelles sozialökologisches 151
— Überalterung 151
— Wohn- 220: F 38
Modell 28, vgl. Stadtmodell
— Bipolare Stadt 117
— Duales sozialräumliches 44
— Regressionsanalyse 218
— Sozialökologisches, Wien 76 ff.
München 18 f., 70 ff.
Neubautätigkeit 123, 123: T 17, 124 ff., 125: K 12, 184, 187, 192, 201 ff., 202: F 31, 208, 214, 228 f.
Neubauwohnungen 166, vgl. Neubautätigkeit
Neue Stadt 40
Quartäre Einrichtungen 20
Pensionopolis 18
Physische Struktur 223 f., vgl. Bauliche Struktur, Blight, Duales Zyklusmodell, Stadterneuerung, Stadtverfall
— Bestandsdauer 47
— Reproduktion 141 f.
Planners' Blight 126
Primärforschung 53 ff., 54: F 7, 55, 56: F 8, 225, vgl. Forschungsstrategie, Sekundärforschung
Privatkapitalismus 27, vgl. Bauträger
Produktzyklustheorie, Bausubstanz 43, vgl. Duale Produktzyklustheorie
Pseudoeigentumsdenken 115
Rechtsformen des Bauens, vgl. Bauträger, Wohnklassen
— Baumilieus 195: F 29
— Sozialgruppen 198 ff.
— Standortwahl 194 ff.
Regressionsanalyse 193 ff.
— Variable 218
Rent-paying ability 44, 204
Residential Blight 17, 133 f., 139, 175, 177, 225, vgl. Stadtverfall
Residenzstadt 39 f.
Räumliche Aussagensysteme 36 ff., vgl. Faktorenanalyse

Index 261

Räumliche Einheiten, Disaggregierung 32, vgl. Daten
Segregation 24 ff., 170, 224, 226 f., vgl. Antisegregationsstrategie
— Demographische 25, 92 f., 104 ff., 147, 165, 182, 223, 227
— Entwicklungstendenzen 227
— Ethnische 25, 82, 108 f., 183 f., 227
— Soziale 25, 115 f., 148, 165, 181 ff., 222 f., 227
— Vorprogrammierte 21, 124, 229
— Wohnbautätigkeit 124: T 18
Segregationsindex 104 ff., 106: F 16,
— Gastarbeiter 110
— Neubauten 124
Segregationskurven 106: F 17
Sekundärer Sektor 153
Sekundärforschung 53 ff., 54: F 7, 56: F 8, vgl. Forschungsstrategie, Primärforschung
Selbständige 92 ff., 93: K 3, 94: T 7, 96: T 8, 106: F 16, 173, 188, 215 ff., vgl. Sozialgruppen
Sozialökologische Theorie 224
Sozialökologisches Modell, Wien 77: F 14
Sozialbrache 17
Sozialdarwinismus 27
Soziale Abwertung 165, 182, 227, vgl. Abwertung
Soziale Aufwertung 165, 182, 227, vgl. Aufwertung
Soziale Dimension 147 f., vgl. Sozialgruppen
Soziale-Mitte, Konzepte 39 ff.
Sozialer Wohnungsbau 51, 117, vgl. Gemeindebauwohnungen
Sozialgradienten 39 ff.
Sozialgruppen 104 ff., 147 f., 208, 214, vgl. Abwertung, Aufwertung
— Bauträger 216 f.
— Ghostbevölkerung 226
— Rechtsformen des Baues 198 ff.
Sozialraumanalyse 28, 42, vgl. Sozialgruppen
Sozialräumliche Differenzierung 147, vgl. Sozialgruppen
Sozialsystem 146 ff., vgl. Sozialgruppen
— Außenstadt 157 f.
— Gesamtstadt 146 ff.
— Innenstadt 164 ff.
— Innere Bezirke 170 f.

Stadt, vgl. Modell
— Basiskonzepte 21, 28
— Sozialraum 42, 146 ff.
— Struktur 47
Stadtentwicklung 185 ff., vgl. Entwicklungsfaktoren
— Entwicklungstendenzen 219
— Hauptphase 46
— Innovationsphase 46
— Konzepte 43 ff.
— Nachkriegszeit 81 ff.
— ökonomische Determinanten 52
— Spätphase 46
— Take-off-Phase 46
— Theorien 43 ff.
— Time-lag 46 f.
— Zyklen 46 f.
Stadtentwicklungsanalyse
— Datenbasis 57: F 9
— Forschungsstrategie 56 ff.
— Methodik 53 ff.
— Theoretische Konstrukte 57: F 9
Stadterneuerung 43, 43, 44 ff., 48 f., 57, 83, 91, 92, 170, 223, 230, vgl. Dualer Produktzyklus
— Finanzierung 48 f.
— Kredite 134
— Spontane 123
— Wohnungsverbesserung 118 ff.
Stadterneuerungsgebiete 117, 230
Stadterneuerungsprogramme 124
Stadterweiterung 42, 43, 44, 57, 223, 229, vgl. Dualer Produktzyklus
Stadtkonzepte, Bipolare 222, vgl. Bipolare Konzeption
Stadtmodell, Duales 41, 79, 79: F 15
Stadtverfall 47 ff., 129 ff., vgl. Blight
— Gebiete 131
— Ghostbevölkerung 175 ff.
— Merkmale 130
— Modell 130
Standorttheoretischer Ansatz 138
Struktur, Bauliche 47 ff., 120, vgl. Physische Struktur
Städtebau 78 f., 120
Substandardwohnungen 113: T 13, 229
— Gründerzeitliche 219
— Potentielle 121: K 11, 122, 122: T 16, 184, 192, 217

Suburbanisierung 16, 19, 21
Tag-/Nachtbevölkerung 188, 201, 202
Tertiärisierung 127
− Innere 128: T 19
Theorien, vgl. Forschungsstrategien
− Duale Produktzyklustheorie 43, 223 f., 229
− Sozialökologische 27
− Zentralörtliche 43
Über 60-jährige 97: K 5, vgl. Altersklassen
− Umverteilung 98: T 9
Überalterung 98, 155, 165, 177, vgl. Baubestand, Bevölkerung, Blight
− Milieu 227
Überschichtungsphänomene, Soziale 23, vgl. Abwertung, Aufwertung
Verfallserscheinungen 16, 43, 80, vgl. Blight
Verfallssyndrom 139
Verschattete Gebiete 17
Vierpersonenhaushalte 100 f., 101: K 7, 102: T 11, 147, 172, 213, 214 f., vgl. Haushaltsgrößen
− Neubautätigkeit 184
Wien-zentrierte Bürger 88: T 5, 89: K 2, 90, 226, vgl. Bevölkerung, Instabilität
Wohlstandssyndrom 26
Wohnbauformen 24
Wohnbaupolitik 198, vgl. Stadtentwicklungsprogramme
Wohnbautätigkeit, Segregation 124
Wohnbevölkerung, Männliche 105: K 9, 214
Wohnfläche 184, 185, 219, vgl. Wohnungsgröße
Wohnformen, Komplementäre 23, vgl. Wohnklassen, Zweitwohnungen
Wohnfunktion, Aufspaltung 22, 43, 51, 82, 116, 141, 222, 228, vgl. Arbeitswohnung, Freizeitgesellschaft, Gastarbeiter, Zweitwohnungen
Wohnklassen 117, 224, 228, 229
− Bauträger 43
Wohnraum der Stadt

− Differenzierung 149 ff., 150: T 24, 154: T 26, 162: T 29
− Konzepte 57
− Veränderungen 179 ff., 184 , 185: T 39
Wohnungen, vgl. Eigentumswohnungen, Gemeindebauwohnungen, Wohnformen
− Ausstattungskategorien 116: T 14, 119 ff., 142 f., 143: T 22
− Bauperioden 116: T 14
− Erneuerung 48
− Haushalte 110 ff.
− Leerstehende 133, 134
− Rechtsformen 116: T 14, 150, 194 ff.
− Sanierte 118
− Zusammenlegung 120
Wohnungsbestand 119: T 15, vgl. Residential Blight
− Gründerzeitlicher 118
− Veränderungen 119
Wohnungsgröße 111 ff., 111: F 18, vgl. Wohnfläche
Wohnungsmarkt 24, 83, 114 ff.
− Segmente 114
Wohnungsnot 227
− Einpersonenhaushalte 113, 223
− Kleinhaushalte 112: F 19
Wohnungsstruktur 142
Wohnungsverbesserung 118 ff.
− Kredit 115, 120
Wohnungswirtschaft 24
Wohnverhältnisse 83, vgl. Sozialgruppen, Wohnungen
Wüstungsprozeß 16, vgl. Blight
Zentralörtliche Theorie 43, 52
Zweitwohnbevölkerung 22: F 1, vgl. Bevölkerung, Instabilität, Wohnfunktion
Zweitwohnsitz 23, 24: F 2, 90, 91, 141, 208 f., vgl. Arbeitswohnung, Wohnfunktion
Zykluskonzeption, Baubestand 44, 139, vgl. Duales Zykluskonzept